〈侵略＝差別〉の彼方へ

あるフェミニストの半生

飯島愛子

インパクト出版会

第三部　解説と年譜

第一部

生きる

あるフェミニストの半生

書・藤原仙人掌

第一章　〈革命〉・〈性〉・〈自立〉の葛藤のなかで

敗戦

無条件降伏の「詔勅」をきいたのは一三歳の時だった。日本国民が初めて耳にする天皇ヒロヒトの声は、この世のものとは思えない奇妙な声だったのが印象的だった。私は、一年休学で遅れていたが、千葉市立高等女学校の一年生だった。千葉の町はその年（一九四五年）の七月七日の空襲で灰となり、郊外寄りにあった私の家は焼失をまぬがれたが、父は危ながって学校へ行かせなかった。ラジオ放送をきいて、すぐに母は、父のいいつけで隣家に、アメリカ軍が上陸してくるから娘さんたち——隣家にも私の家と同年齢位の娘たちがいた——を早く疎開させなさいと言いに行った。隣家の夫婦は「詔勅」の内容が理解できなかったので、日本は負けていない、そんなことを言う奴は国賊だと怒り、隣家の主人は近くに住む獣医軍人の家に町内会の人を集めた。父は軍隊経験の全くない人だったが、軍隊がどんな所か、日本の軍隊が占領地でどんなことをしたのか知っていたのだろう。

父は昔の旧制中学中退で、独学で医学博士になった、当時の立身出世の人だった。家では威張っていて、こわい存在だったが、いわゆる男らしい人ではなく、万事に用心深く、臆病だった。父の経営する東京の病院は、三月十日の東京大空襲（一九四五年）での被災はまぬがれたが、四月には焼けおちた。そのかなり前から、病院は人手にまかせ、危ながって東京へ出ることもなく、やる事もなく千葉の自宅にいた。易（筮竹）に凝っていて、日米開戦と同時に、日本本土空襲を予測し、翌年早々には東京の病院にも千葉の家の庭にも立派な防空壕を作り、本当に空襲が来るまでの間、私たちのよい遊び場になっていた。また占いで敗戦必至、ソ連は参戦すると出たとして、首相が東条から小磯にかわると、早々に会見をとりつけて進言したりする（東条とは会ってもらえないと易にでていたということだ）という、ちょっと変った人だった。だからといって戦争に批判的だったわけではなかった。

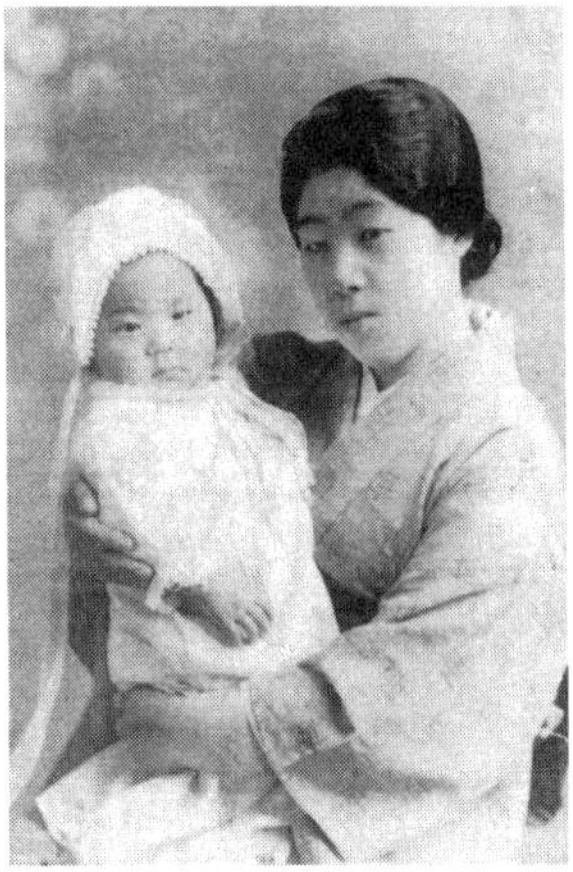
母に抱かれて

私と四歳年上の姉は、早々に九十九里浜に近い干潟というところの伯父の家に疎開させられた。ＲＡＡ（「特殊慰安施設協会」）の設立（一九四五年八月二六日）より早かった。まだ部隊解除令が出ていなかったのか、伯父の家には近くの海軍飛行場の兵隊たちが分宿していた。彼らは軍隊の酒や缶づめを持ち出して気前よく酒盛りをしていたが、やがて毛布や食糧を背負えるだけ持って散っていった。

占領軍はそれほど野蛮ではないと思ったのか、秋になってから母が迎えにきた。わが家は食糧難がつづいており、私たちは朝から晩まで空腹だった。軍需用のアルコールをとるためにつくられたとかいう、すごく大きくてまずいさつま芋や、馬の飼料用の歯のたたないコーンや、米軍放出のジュース缶が配給され、町内会の人々が道路で、食糧や衣料キップをわけていた。母は庭を畑にして、芋や野菜をつくり、火災をまぬがれるために湿気に強いという桐のタンスごと庭に埋めてあった着物を掘り出し、買出しに出かけては食物とかえてきた。東京で焼け出されてきた親類の家では、塩が入手できず海水で煮たきしていた。父はいざという時のためにと自分の郷里にすこしの田んぼを買い、甥にまかせていたが、いちばんの食糧難の時には何の助けにもならなかったが、その後の農地解放令（農地改革開始＝一九四五年一二月）で、不在地主ということで無償でとりあげられてしまった。やがて町の医者たちは、焼け残った千葉市教育会館に集まり、そこで診療が始まり、父は産婦人科を受けもち月給を貰うようになった。新円切替（一九四六年二月）で、貰った父の月給の半分だったか三分の一だったかは、私の雨靴で消えた。

七五三でおめかし

私は女学校に通いはじめた。一年生の教室は、戦災をまぬがれた県立男子中学校の片隅にある運動具入れの物置き小屋だった。校庭のプールは占領軍に接収され、白人兵たちが泳いでいるのを、教室の窓から眺めていた。焼野原の町には闇市が立ち並ぶようになり、女を小脇にかかえたアメリカ兵のジープに子供たちが群がり、ガムやチョコレートをねだっていた。私も学校の帰り道、たまにありつくことができ、ジープの上の女たちをうらやましく思った。

一九四六年元旦、天皇は自分は神でなく人間であると宣言して全国「巡幸」をはじめた。兄たちが家にもちこんだ雑誌は、天皇一家のおちょくりに満ちていた。四月の第二二回総選挙で女性代議士三九名が誕生した。小説家になることをボーッと夢見ているような少女だった私にとっても、それらの激動はそのまま天皇制反対、旧支配体制打倒、女性解放万歳！　として受けとられた。千葉県庁前の広場でおこなわれた共産党の演説会を見にいった。多分、延安から帰国（一九四六年一月）したばかりの野坂参三の演説会だったと思う。食糧メーデーの「朕はタラフク食ってるゾ、ナンジ臣民飢えて死ね」のスローガンもわかりやすかった。同時に、早々に開館した映画館のハリウッド映画は本当におとぎの国のようで私を魅了した。物質的豊かさと共に映し出されるスマートで明るい民主的家庭から、私は民主主義、自由主義にあこがれた。そして、それらはすべて、今まで、ただいかめしく、こわい、高圧的な存在だ

1938年、入学

った父親に対する批判にもなっていった。

私の父に対する姿勢は、社会的亀裂そのものの反映であり、当時の状況は私に社会的正当性を確信させるのに充分だった。私にとって、すべてを測る尺度は「科学的」「民主的」「進歩的」であることが絶対的善で、それらは同一のことを意味し、それに対置されるのは「封建的」「反動的」「非科学的」というレッテルですべて事足りた。それは年端のいかぬ私ひとりの思いこみではなく、社会全体の風潮でもあったろう。新生日本は「民主的」「科学的」でなければならず、日本の敗戦は、まさに非民主と非科学の結果だったという認識は共通のものだったろう。

一九四七年一月の皇居前広場の吉田反動内閣危機突破国民大会には三〇万人が集まり、二・一ストはその前夜、ＧＨＱの命令で中止された。そんな社会的激動が続いていたが、私にはやはり遠い世界の出来事だった。私は「もう子供でないが、まだ娘にならない」という年頃で、もっぱら恋を想像し、恋にあこがれる日々だったが、やがて言葉でしか知らなかった「共産主義者」が私たちの家庭に登場してきた。私たち女学校生徒が校舎を借りていた男子中学では、戦時中、生徒への軍事教練のため配置されていた、いわゆる配属将校の追放運動や、職員会議に生徒代表も出席させよという要求が出されていた。男子中学の一部生徒――私の二歳上の兄も含めて――が教師をさんづけで呼んだり、髪をのばしはじめたのを、私は新鮮な気持で見ていた。教科書はＧＨＱの命令で墨ぬりだったり、学期の途中で回収されたりもしたのだから、教師は全く自信をなくしていたし、生徒のそういう動きに迎合的でさえあった。

市井ではすでに青年共産主義者同盟が組織されていたのだろう。学内でのその運動の中心がのちに私と結婚することになるK・Tだった。彼はすでに青共のメンバーであり、北大生で非合法時代から共産党員だった彼の兄の影響を強く受け、その頃から職業的革命家になることを目標としており、自分をオルガナイザーとして自覚していたと思う。彼は私の二歳上の兄と同学年の友人で、私の兄を明らかにオルグの対象としていた。

そんなことのある一方では、やはり同期生で、廃止になった陸軍幼年学校から中学校に再編入してきた田中君が、ある朝、自宅で縊死をとげるという事件もあった。彼は日中戦争で戦死した職業軍人の遺児で、小学生の頃から私の家によく遊びに来て、お前ら医者の子は軟弱である、非国民であると言って、私の兄たちといつも口論になっていた。徹頭徹尾軍国主義教育を受けた彼には敗戦後の日本を生きていく気力がもてなかったのだろう。私たちは彼の死に驚きながらも深く考えることなく、間もなく忘れ去ってしまった。

恋愛、共産党へ入党

K・Tが私の家に最初に現われた時のことを、私は奇妙な鮮明さで思い出すことができる。炭もろくにない時代で、ニクロム線でつくった手づくりまがいの小さな電熱器を囲んで、毛布を腰に巻きつけたりして、土曜日の夜の恒例で、二人の兄と姉と、下宿人の大学生とでトランプのポーカーに興じていた。そこに軍隊の払い下げの外套に外の冷気をいっぱい染みこませて入ってきたのだった。そして彼のもつ雰囲気はそれ以上に冷たく、私たちにゲームを中断させるのに充分だった。兄たちは最近きいてきた野坂参三の演説のことか、天皇は「白痴」みたいな男だけれど悪人じゃないとか、勝手なことを言いあっていた。彼は見下したようにきいていたが、天皇はともかく退位させて絞首刑にすべきだと結論づけた。私は自分の幼なさでは話に加われないことがなさけなかった。

その頃の私はともかく早く大人になりたかった。つまりすべての男から、女として見てもらいたかった。しかしその中身は、自分はそのへんの女とは違うこと、より男の世界に近い存在として認められたいという矛盾したものだった。父は何かにつけて「だから女はダメなんだ」という言い方で母に対していた。兄たちに許される自由は私にはなかった。鏡の中の自分がなかなか女らしく美しくならないのに焦立ちながら、同時に私にとって女とは厄介な存在そのものであり、軽べつすべき下級の存在だった。

そのことを決定的にしたのは、初潮の時の母の対応だったろう。物のない時代とはいえ、ゴムののびた月経帯なるものを渡され、洗濯したら人目につかぬ所に干せと言われた時のショックは深かった。自分の物もろくに洗濯することもなく甘やかされて育った私には、人に隠れてする洗濯、周期が整うまでの間、不規則にひんぱんに訪れる出血、その時の腹痛と不愉快さは月経用品の不備と相俟って全くやりきれないものだった。おんな性を嫌悪し、おとしめる心は父によって造られ、母から娘にひき継がれる。私は学校での裁縫の時間を拒否した（旧制女学校では、週にかなりの時限、必修だった）。ついでに書道の時間も拒否して筆をもたなかった。つまり男子中学校にない課目を認めないことであり、「女らしく」あることの強制への抵抗だった。

私は女学校のあり方に一人で反抗することで、緊張しながらも何かすばらしく高揚した気持を味わっていた。空襲による焼野原、闇市も、そこに雑踏する復員兵たちも、G・Iに抱かれているジープの女たちも、それらすべての風景を通して伝わる秩序・権威の崩壊は、私にとってはそのまま、女の子として押しつけられる規則からの解放として感じられた。

私の家は、K・Tが、青年共産主義者同盟の組織拡大のためと考えたであろう「友の会」という名の親睦グループの寄り合い場となり、兄の友達の男子中学生や女学生が集まった。映画の話や、学校のことを話し合って、連れだって映画に行ったり、カキ氷を食べに行ったりした。そんなことが数回続いたろうか、ある日、母親に「桃色遊戯」だと嫌みを言われた。私はこの言葉に心臓が止まるようなショックを受けた。私にとっては、この上なく楽しく、向上心に満ちて、世界が拡がるような晴れがましさと、兄以外の男たちと語らう上気した気持をゴッチャにした心情を、こともあろうに桃色遊戯とは。その言葉が何を意味するかも知らなかったが、母の口調から、ともかく汚れた、嫌らしい何かであることを感じた。「アカ」呼ばわりされたのならこれほど傷つかなかったろう。家での集まりは、その思想性によってでなく、男女が同席しているということで禁止されたが、兄たちは相変らず女の子たちと自由に往き来し、夜遅く帰っても外出先を問われることもないのに、私の外出はうるさく問い糺された。私の舞い上った気持は、まず外出先の嘘をつくという母との間の暗い隠し事にかかわってゆき、世界で一番優しいと信じていた母親像は私の中から消えていった。

K・Tから恋文をもらったのは、そんな事のあとの一五歳の夏だった。分厚い手紙は、私がぼんやりと期待していた君が好きだとか、愛しているとかいう言葉が一つもない。何を言おうとしているのか理解できないので兄に読んでもらった。君は良い素質を持っているようだ、しかし、君を取り巻く環境は小ブル的だから、その影響を克服して革命の戦線に参加するよう僕は手助けするだろうというようなことが書いてあったのだと思う。

初めて二人きりで会った時、私は「お母さんが可哀想」と言って激しく泣いた。私はたちまち恋の虜になってしまった。私が性的なことを何も知らないことにK・Tが気がついて、ヴァン・デ・ヴェルデの『完全なる結婚』という本が本屋にあるから読みなさいと言うので、私は本屋へ行って大きな声で書名を告げて買い、帰り道ひらいてみて腰を抜かすほど驚いた。それまでも上の兄の本棚から谷崎潤一郎の『痴人の愛』や森鷗外の『ヰタ・セクスアリス』を引張りだして読んでどきどきしたり、オナニーをする自分は変質者ではないかと秘かに悩んでいた。子供の時から植えつけられた、女は何事にも不利であるという体験から生じた女であることへの嫌悪感が、男というものへの憧憬を一層もえたたせ、自分も男のようにありたいという気持はストレートにK・Tへの思慕になったのだと思う。男と女の間には性交という行為が存在するということを知ってからは、私は性快楽の追求に何のやましさを覚えることもなくなり、やがて処女を捨てた。それは私にとって長く暗い年月の始まりになった。

ほんの数年前まで私は母と同じふとんで寝ているような子だったのに、僅かの間に私は親から離れた。母にすればいちばんお気に入りの、おとなしくて虚弱体質の子を奪いとって悪い子にした、何もかもK・Tが悪いのだと、ひたすらK・Tを嫌悪した。私はふとんに入ると一人でよく泣いた。よくこんなに涙が出ると思うほどよく泣いた。昼間の母の一言、ちょっとした態度が寝床につくとどっと思い出されて、ナゼナゼ、ナゼという思いと一緒になって泣いた。表面の反抗的態度とはウラハラに、母の無条件の慈しみが懐しかった。だから必死になって自分の正当性を文章にまでして母に渡したりしてわかってもらおうとしたが、そこに男と女の「性」が介在するかぎり、とてもわかってもらえるものではなかった。

親にかくれて逢引するのがつらくて六・三・三の新しい学校制度（一九四七年）になったことにかこつけて、寮生活のできる日本女子大附属高校（西生田校舎）一年に入学した。寮もひどい食糧不足で七月に入ると食糧はつき、皆、脚気になった。もともとひどく病弱だった私は、それに加えて秘密の恋愛による緊張と疲労で夏休みを待たず膵炎になり、またも休学。結局、目白校舎に移してもらったが、ここでも六〇人以上のすし詰め学級で、千葉からの通学も身体にこたえ、その上、K・Tから「指示」されるマルクス主義文献を読むことに必死で、学校の授業はどんどん解らなくなっていった。それでも若干、年齢不足だったが共産党に入党して、戦後三回目の総選挙（一九四九年一月二三日）の時は、近所に住む大学生のお兄さん、お姉さん党員についてまわり、親に見つからぬかとヒヤヒヤしながら紙芝居をしたり、市川にあったニッケ（日本毛織）の女工さんたち相手の歌声運動に加わったりした。

三五名当選した日本共産党の議会における大躍進は、自分の正当性を裏づけるものとしてあったが、世の中は敗戦直後にみなぎった民主主義の解放感はとうに消えて、冷戦構造に移行していた。日本を共産主義の防波堤にするというアメリカの政策は、天皇と実業界に戦争責任なし（一九四七年一〇月、キーナン）となり、朝鮮人学校は閉鎖され、東宝争議には米軍戦車、飛行機、武装警官二千人が出動（一九四八年八月）した。下山事件、三鷹事件（一九四九年七月）は共産党員の手によるものとされた。朝鮮戦争の開始（一九五〇年六月二五日）に先立って、GHQから日本共産党の機関紙アカハタの発行停止と共産党中央委員の追放令（一九五〇年六月六日）が出され、細胞会議はひらかれなくなり、私のようなミソッカス党員は一方的に連絡を断たれた。

職業革命家をめざす

K・Tは、その頃には、すでに学校や地域での民主化運動から手をひいて「職業革命家」になるためのグルンドの勉強と自ら称して、それを自分に課していた。彼は一九一七年ロシアがやったように、この日本で資本主義制度を廃棄して社会主義革命を行わねばならないという信念に燃えていた。それは当時のいわゆる左翼的といわれる人が抱く最大公約数的考えであり、ソ連・東欧の社会主義国が崩壊し、社会主義とは何かの問い直しが始まるまでそうだったろう。ましてや戦後間もない当時から見たら、ロシア革命はたった二八年前に起った歴史的事実だったし、ロシア革命はロシアの敗戦を契機にしていたのだから、一九四五年の日本の敗戦を革命の好機到来と受けとめたのは、K・Tならずとも当然のことだったろう。

K・Tの「グルンドの勉強」とは次のようなものだった。

革命家になるためには、真に革命的な世界観であるマルクス・レーニン主義の理論でまず武装しなければならない。マルクス主義の中核をなす剰余価値学説、弁証法的唯物論、共産主義（それへの移行過程としてのプロレタリア独裁）は、レーニンの「マルクス主義の三つの源泉」に書いてあるとおり、第一にイギリスの古典経済学（アダム・スミス、リカード等）、第二にドイツ古典哲学（ヘーゲル、フォイエルバッハ等）、第三に空想社会主義（ロバート・オーエン、サン・シモン、フーリエ等）の三つの源泉をもっている。これらはブルジョワ的世界観の主柱をなしており、マルクス主義の精神とは実はこのようなブルジョア思想との闘争を通じて初めて生れ出てくるものであるが故に、我々もその三つの源泉にまでさかのぼって追体験しなければならない。そうしてこそ初めて、ブルジョア的世界観からきっぱりと断絶した革命的立場から、すべての領域に対する批判、革命的攻撃が可能になるというものだった。実にすっきりした図式だった。ここにある概念が存在のすべてであり、レーニンの「三つの源泉」から入門してマルクス主義を学ぼうとするなら、この図式は疑念をはさむ余地のない真理だったのかもしれない。

K・Tは敗戦直前の樺太からの引揚者で、旧陸軍下志津連隊のあった四街道という所に住んでいた。そこでは戦争が終結しても旧軍人たちが、その広大な土地で農場という名目で復員してくる軍人を受入れ、軍隊の組織、規律どおりの生活をし、戦車をトラクターにし、今までの体制を維持しようと、県庁の旧勢力と結託して軍の財産を隠とくしていた。それに対して周辺の住民や農民たちが生活擁護同盟をつくって物資の明け渡しを要求するという事件があった（マーク・ゲイン『ニッポン日記』）。K・Tの二番目の兄は、その主導者でもあり、一五〜六歳だったK・Tも兄について参加していたのだろう。どんな経過があったかわからないが、おそらく強硬派であったろう兄たちは党本部から呼びだされて党籍を剥奪されることになった。戦時下の治安維持法を解かれて、戦後解放運動に参加していくらも経っていなかった。最も尊敬する兄についてのそのような経過が、彼を、なんとしてもまず自分をマルクス主義者としての理論武装をしようと思い立たせたのかもしれない。兄の助言があったのかもしれない。あるいはまた、当時の日本共産党の平和路線（一九四六年二月第五回党大会）決定やユーゴ共産党のコミンフォルム除名（一九四八年六月）問題等々、指導部の権威、無誤謬性がゆらいでいたからのことかもしれない。いずれにせよ、革命の戦略・戦術上の誤ちは理論武装ができていないからと考えた。一八歳の彼は、頭脳、革命家、前衛集団が革命を指導するのだと固く信じていた。そしてこの理論武装を数年かかって成し遂げ、革命の指導者にならねばならぬと。そして彼は私にもそれを求め、自分が私のことを教育するんだと思っていた。

私は彼のたてたプランによって読書し、ノートをとり、一日何時間その勉強に打ちこんだかを報告させられた。私の報告はいつも彼の不興をかうものだった。それでも、私にとって理解困難で苦痛にみちた「勉強」に自分を縛りつけ従属させることが、なぜ持続できたのだろうか。

絶対服従の日々

一方、私の家では父は勤務医をやめて自宅を改造して病院をはじめた。ベビー・ブームとそれにつづく中絶ブームで、私の家は昔のように高収入になっていた。一日十件位の中絶手術があったろうか。一九五八年頃で一件二千円位だったろうか。父の権威は敗戦後少しもゆらぎはしなかったし、家庭内の民主主義や女性解放などとは、およそ縁遠かった。一般的に一家の父の権威がゆらぐのは、その後の高度成長を迎え、一九六〇年以降、共働きが一般的現象になってからのことである。私は子供の時から強度の近視だったのに、眼鏡をかけた女は嫁の貰い手が減ると眼鏡をかけさせてもらえなかった。将来、医者になりたいと言ったら、い、い、い、い、ちゃんとした男は医者の女房などもちたがらないと言われた。

母は千葉の町一の大きな宿屋の末娘で、その年代としては高等教育を受けていたのに、「女の悧巧は男のバカ」だの、「起きて半畳、寝て一畳、浮世のバカは起きて働け」だのが口癖で、居直っているのか本心かわからないが、処世訓にしていた。その昔、御用聞きの男と台所で立ち話しをしたといって父になぐられたとか、父の最も得意だった頃(東京で病院をしていた)のことか、どこそこの芸者を囲おうと思うから金を用意してついて来いといわれ、特上の着物を着て(母にすれば張り合ったのだろう)、芸者置き屋に父と行ったとか(……)、父が亡くなってから母が語った。母は父に絶対服従だったが、父が留守だと自分の身内を呼んだりして、のびのびと楽しげだったし、母を中心に家中がのんびりした。私は父がいつも不在であればよいと思っていた。

私は父に反抗し、母に批判的だったのに、やがて結婚してからのＫ・Ｔに対する私の関係は、父に対する母の関係のひき写しであった。私はＫ・Ｔの言うことに終始従い、彼が不在だと心が安らぐのも母と同様だった。Ｋ・Ｔは私との関係をマルクス主義学習における教師と弟子の関係であると、ことあるごとに強調したが、それは女は男に従うものという図式の上に可能であるところの、指導する者とされる者との絶対的関係であって、二人の間には人格の平等だの民主主義は念頭にも浮かばなかった。その証拠には、私だけが炊事、洗濯をして、そのやり方がのろいと言って彼は腹を立て、私はおろおろとした。

私を駆りたてたそもそものエネルギーは、自分の受けている性差別、性抑圧――それらはまず兄たちとの親の遇し方の違いから始まって――から抜け出たいという所にあったはずなのに、その中身は女忌避と男並みになることへの願望だった。両親は私に、女はより劣った存在、社会的にもわりの悪い存在であるという意識を植えつけ、Ｋ・Ｔは私にマルクス主義の遅れた弟子であり、自分の生徒であることを叩きこんだ。あるがままの姿の自分を、自分で評価しようもなく、性的にも能力的にも劣等感の虜になっていた。自己への欠落感情が私を、憎しみへ、誤った向上心へ、同性に対する蔑視へ、そして性行為へ駆りたてた。Ｋ・Ｔと最終的に別離するまでの約一七年間のすべては、その呪縛をとき放とうとする葛藤の過程でもあった。

ベーベルの『婦人論』を読んだ。そこには女の二重の苦しみ――第一は男性社会つまり階級社会への社会的従属、第二には経済的従属の下にあり、それらからの女の解放は社会制度の根本的改革によってなされると説いている。エンゲルスの『家族・私有財産および国家の起源』も読んだが、要するに家族、私有財産、国家は原始共産主義社会が崩壊し、階級が生じることによって発生し、それらは生産力の発展段階に応じて変遷するということである。井上清の『日本女性史』（一九四九年一月）はあったが、それはエンゲルスの考えを日本社会にひき写したにすぎず、私を鼓舞するものではなかった。のちに女たちに大きな自信を与えることになった高群逸枝の『女性の歴史』（一九五四年四月～一九五八年七月）もまだ私の目に入ってこなかった。結局、Ｋ・Ｔの言うとおり、すべては社会主義革命を待たねばならず、そのためには自分が主体的マルクス主義者にならねばならなかった。

しかし同時に、私はともかく彼と性交がしたかった。私は目の前にマルクス主義の本をひらいているが、どこへ行けば邪魔されないでセックスできるか、そのためにどうやって親に偽って外出するかということで、いつも頭がいっぱいだった。マルクス主義の勉強は、言ってみれば彼と会う一瞬のエクスタシーをより光あるものにしたいためのものであり、自分の存在を彼の中に定着させることを願い、自分自身を確認したいためのものだった。マリノウスキーのトロブリアンド島の研究『未開社会における性生活』はまだ翻訳されていなかったし、ライヒの『性と文化の革命』は一九三〇年にはすでに書かれていたが知るよしもない。マルクス主義と性の問題を調和させようとし、精神分析を社会変革に役立てようとしたライヒの著作を当時、読む機会があったとしたらどうだったろう。しかし、当時の私にとっては性差別、性抑圧からの解放は、何よりも女である自分への自己卑下からの解放であるべきだったのに、そのことを意識にのせ、対象として見つめることはできなかった。ただ、その不当性に圧しつぶされそうになるのを、必死になってナゼ、ナゼと問いつづけながら、ひたすら社会変革の理論としてのマルクス主義にとりすがった。だから私にとって本当は無味乾燥である哲学だの経済学だのに自分をしばりつづけることが可能だったのだろう。

さかりのついたネコ娘は、さぞや親の頭痛のタネだったろう。しかし父の育った農村環境は決して、きびしく禁欲的でなかったろうし、父自身、結構ルーズな女性関係をもっていたと考えられるし、職業柄からも若者の性抑圧がいかに困難なものであるか知っていたはずだから、婚前セックスを不道徳だなどと本心思っていなかったに違いない。ただ父の築きあげた社会的地位から見ての体面的なものだったろう。共産主義についても「アカ」＝危険思想のイメージそのものでありながら、その本音は、そんな男と結婚したら他の子供たち（私の兄、姉）の出世、就職、結婚にさしさわりになるという、これも実利的なものだったろう。だから父から見たら、とんでもない私の恋愛を、断固として阻止することもできなかった。父がいちばん恐れたのは、あまり強く出て、私を自殺に追いやるのではないかということと、私が妊娠することへの危惧だったと思う。

父親による性抑圧が可能なのは、父親の妻子、女への経済支配による（ライヒ）。私もまた父親の支配から脱して性的自由を獲得する唯一の道は、住み込み奉公でもなんでもして親から経済的に絶縁するか、大学進学するかして数年後の自立をめざす道しかあり得なかったはずだが、私は「働く」ということに全く無知にされていた。女は結婚して養われればよいという躾をすることによって結婚前の性的抑圧を可能ならしめていたといえる。母は経済的に自立している女に対して「芸が身を助ける女のふしあわせ」と見下しているような言い方をしていた。法律上の男女平等が実現したとはいえ、女が自立できるだけの労働からはまだまだ遠かったし、高校や専門学校を卒業したら、結婚するまでの間ひとまず就職するということが一般的になるのは、まだ先のことだった。それでも、私とほぼ同年代の女たちで経済的に自立した人たちは沢山いるのだから、それからみたら、当時の私は本当におろかだった。

経済的自立という考え方からも生き方からも疎外されていた私をさらに惨めにしたのは、K・Tが自分に経済的能力を身につけて結婚に漕ぎつけねばならないという考え方が全くなかったことだけではない。職業的革命家になるため、そして革命をするためには、小ブルジョアである私の父から金を引出してくるのは当然であるという理屈で、それを私に求め、私がそれに従ったことである。父は自分の目の前で、父から見て贅沢と思われることが行われない限り、あとは財布と関係なかった。

父の内なる女性は二つに分裂していた。一つは自分の母親への思い。父は七〇歳になっても自分の母親、私にとっては祖母のことを涙なしに語れないほど慕っていた。彼にとっては観音様の如き存在だった。いま一つの女性は妻や娘であり、それらは男より劣ったもので男に従うべきものだった。祖母は私が生まれるはるか前に亡くなっていたが、大小便の世話になりたくないといって、三週間ほど絶食して亡くなったという話を父からきかされていた母は、死の病床についてから食を拒んで周りの者を困らせた。人生の最後に、もう亡くなっていない夫が理想とする女性像に近づこうとしたのだろうか。

母は毅然ということからは程遠い人で、経済的にそれほどしっかりしているわけでもなかった。父の経済力の大きさもあったが、兄姉たちも自分の将来の経済的自立について深く考えることもなかった。その上、自立を求めない躾をしたのだから、私も結婚してからも長い間、母は文句を言いながらも私の要求に負けていた。

田中吉六のグループへ

K・Tは一九四九年末頃から、『史的唯物論の成立』（一九四九年四月）、『主体的唯物論への道』（一九五〇年三月）をあらわした哲学者、田中吉六へ傾斜していった。後に田中は、自らの著作『成立』はスターリンのマルクス主義哲学の理解は客観主義の典型であることを証明したものであり、マルクス主義的唯物論を存在の論理＝客観主義的唯物論としてでなく、本来の実践の論理＝主体的唯物論として把握すべきであり、その哲学的解明であったと言っている。田中たちは『季刊理論』派（理論社刊）と呼ばれ、遊部久蔵、上野ひろし、武谷三男等が集まり、『月刊理論』（民主主義科学者協会）に根拠をおく、共産党の御用学者と対立していた。K・Tはそこにスターリニズム批判の哲学的根拠を求め、トロツキストとしての道を歩みはじめる糸口とした。

K・Tに連れられていった田中宅は東武東上線の大山駅を降りたところだった。小学生の息子と二人暮らしで貧乏そのものだったが、野にあって節を曲げずというような古武士の風貌の人だった。当時は謄写版印刷の筆耕で収入のよかった三浦つとむ（哲学者）が時々現われて経済援助をしているようだった。すりきれた畳の部屋には、彼の生活や理論創作を助けるための青年たちが集まり、マルクスの『経済学哲学草稿』を中心にしてヘーゲルだのフォイエルバッハだの、あるいは武谷三男の三段階論や技術論とか、私にとってはひどく難解な議論をし、時には発表されたばかりの対馬忠行の『スターリン主義批判』（一九五〇年四月）も話題にのぼっていた。

女は一人もおらず、もともとひどく子供っぽく見えた私には誰も声をかけてくれるわけでなし、終始、沈黙のまま同席しているのはかなり苦しかった。それでもそれらの議論を耳にし、また自分でも読むことによって、それまでただただ、搾取と支配からの経済的、政治的解放の理論と思っていた共産主義、マルクス主義は、もっと人間存在の本質にかかわるものであることを知った。ことに『経済学・哲学草稿』の「男性の女性にたいする関係は、人間の人間にたいするもっとも自然的な関係である。（……）」また「共産主義は完成した自然主義＝人間主義であり、完成した人間主義として自然主義である。それは人間と自然とのあいだの、また人間と人間のあいだの抗争の真実の解決であり（……）」の一文は、快く、すがすがしく私の記憶

1953年、24歳

に残った。大山は千葉の私の家から遠く、たびたび来るために親への外出証明が欲しくて、武谷三男なら当時非常に高名な物理学者だから親も権威を認めるのではないかと思い、桜台の自宅を訪問した。事情を話したところ、「科学概論に関するゼミナールをやります。お嬢さんから御相談をうけましたが、別に御懸念になる事はないでしょう」と添書をした名刺を下さった。肩書に「日本学術会議員、科学技術行政協議会員」とあったが、親には何の効果もなかった。

スターリニズムに従っていた日本共産党に対する公然たる対立・反対運動は、政治思想的にはトロツキズムと関係してゆくが、同時にそれにひきつづいて哲学思想的には、初期マルクスの思想（『経済学・哲学草稿』や『ドイツ・イデオロギー』）への回帰という流れがあった。

K・Tは、田中吉六の理論活動をバックアップするために「史的唯物論の再興と進化のための会」を他の人々とともにつくった。しかし他の人々がこの会を哲学研究グループと位置づけていたのに対し、K・Tは革命が成った後、共産主義社会へ移行するための指導理論として田中グループ＝主体的唯物論をとらえていた。そのため、二年も経たないうちにこのグループを党形成の母体にしようと考え、その意向に沿わぬ者を排除したかったのだが、田中とその信奉者たちの考えとおよそかけ離れたことであったから、結果的には自分ひとりがそこから離れる格好になった。

一九五一年頃になるとK・Tは、五三年中には一国の党あるいは国際的党の建設に向って進み出さねばならず、またその前衛のイニシアチブをとらねばならぬとし、自分は数多くの人々を幹部として育てねばならず、私＝A子もその一人であり、これのみが彼女を真に愛する途であるという考えにとりつかれていた。私はすぐさまK・Tに同調し、やがて田中のもとへ行くこともなくなった――と言ってもミソッカスにもならない存在だったが、あの時知った『経済学・哲学草稿』の魅力とそれを説き明かす田中の熱気はあとあと、私の内に感性として残った。その後一五年以上を経て、全共闘運動のさなか、再び主体性という言葉が意味をもって語られた東大の五月祭で、田中が「唯物論における主体性とは何か」というテーマで講演した。相変らずの難解な語り口で、私はただお顔を拝見するにとどまった。

その頃の私の「われわれの分派活動の意義」（一九五一年七月）という文章がある。自分では信じたくないが、まぎれもなく自分のものである。

われわれはプロレタリア革命を実現するための、権力を掌握するための、真にふさわしい頭脳と心臓をかねそなえた党を形成しなくてはならない（……）。その原則、その目的からそれるものは早くうちころされねばならぬ。プロレタリアの党、革命を遂行する党は厳密に純粋なものでなくてはならぬ。（……）K氏、M氏への攻撃を何にせよ逡巡躊躇することは、自分自身のうちにある同様の傾向をゆるすことになる。（……）彼らへの許容は自分自身の欠陥の許容である。（……）私は何よりもまずプロレタリアートの前衛にふさわしい人間に自分自身を養成することである。（……）つまりプロレタリアの窮乏を正確に自分のうちに移植しうるような勉強をおしすすめること、である。

私は田中の難解な哲学が解っていたわけでもないし、ましてやKやMたちが何を考えていたのか知っていたわけでもないのに、何故、ここまでK・Tの意向を狂気じみて己れにつきつめたのだろうか。私が攻撃しているのはKやMではなく、自分自身を敵とし、K・Tと少しでも異なるものを排斥することによって自分をK・Tと同化、合体して安心を得たかったのだ。自分を「小ブル的」ときめつけているが、それは押しつけられたものに沿いきれない自分の感性をなんとか封じこめようとする努力であり、女である自分の存在への正体不明の焦だちと嫌悪感の表現でもあったと思う。

妊娠・中絶・結婚

私はとっくに学校へ行く意味を見出せなくなっていたし、もう学校の勉強をしているフリをしたり、嘘をついて「研究会」に出かける毎日に耐えきれなくなっていた。K・Tは私に家庭内闘争を指示した。――家庭を変革せよ、即ち自分がA子（私）の家に自由に出入りでき、A子が自分の指導下にすっかり入れるような家庭にせよ、A子の結婚への願望は決してA子の家庭にとって外的なものではなく、かえって家庭の内的な・本質的な・ヒューマニズム的なゾルレンであることを把握せよ。問題の本質は二人にそれぞれ可能な資力をいかに有効に利用するかであり、結婚あるいは婚約の状態が獲得されれば、A子の家庭の資力は、われわれの血肉と化し、革命の事業の達成に進むだろう――と。

私にとっては殆んど命令ともいうべきこの「指示」は私の家の父権の強さと私の存在の弱さからみたら考えられないことだったが、私は従った。このたいへん困難な事業を実行に移すためには、理屈でガチガチに武装しなければならなかった。私は彼への手紙で決意を示した。自分自身の教育課程の中で、この闘争がいかなる意義をもっているのか、今まで学習した理論を家庭内闘争という場に適用することによって自分を新たな本質力に創造することができるのだ、結婚への実現過程によって理論を主体化するのだというような内容だった。これこそ主体的唯物論の実践だと自分を馳りたてた。

私はまず二人の兄と姉に、それからどう話したら解ってもらえるかさんざん考えた末、母にきりだした。医学は人体の病気を治すことを目的とするように、社会科学は社会の病気を治すことを目的とし、そのどちらも基礎理論の勉強が必要なこと、そして父が尊敬している吉田松陰や佐倉宗五郎をひきあいにだして、私は日本の国は共産主義によって救われると信じているし、そのことでもし迫害、弾圧されても仕方のないことである。K・Tは私の協働者たりうる人であり、二人は共産党員であるが、やがて結婚する相手であることを認めてもらいたい等と。

私は当然、正面から反対されるか、「お父さんに相談しなくては」と言われることを覚悟していたが、案に相違して、「ともかくお父さんに話すのはやめなさい。K・Tの家で交際すればよいのだから」と言われた。母にすれば私が死ぬほど父になぐられるのを見たくない一心だったのだろうか。それともこのように育ててしまったことを夫から叱責されることが恐ろしかったのだろうか。私の姉は自分の好まぬ男と結婚させられたが、その時も母は唯々父の意見に従ったのだから。とりあえずは母にすべてを話したおかげで外出のたびに母に嘘を言う必要はなくなり、私は居直っていつも深夜帰宅した。母は最終電車まで眠りもせず起きていて、父に気づかれぬよう裏木戸をあけてくれた。私と母は行く先不明の、途中下車のできない列車に一緒に乗っているようなものだった。

性快楽は私にとってマルクス主義の勉強をすることと同様、全くやましさとは無縁だった。二人が同時にエクスタシーに達することは、私の成長にとって必要であり、二人の革命的結合にとって大事なことだと考えた。しかし現実的には、おさえがたい性の衝動であり、快楽の追求のため避妊する意志をもちつづけることができなかった。

年末の日曜日だった。その日は母が使用人みんなを上手に外出させ、私はただ、今日やるから朝から湯茶も食事も一切とらぬよう言い渡されただけだった。なんとしても私の妊娠を世間の眼から隠し通し、家の体面を傷つけまいとして、無人にした家で母を助手にして父の手で麻酔ゼロで中絶手術された。僅かに薪ストーブがもやされているだけで歯の根が合わないほど寒かった。耐えがたい痛み、父の罵り、私には失われた生命への感傷はなかった。術後の私は泣くこともせず、ほっとした母が運んでくれたお粥をがつがつとすすった。

しかし私の内側には、暗い暗い手におえない憎しみの感情がしっかり居すわって、誰にも気づかれぬように封印された。そこから抜けでるのに何と長い年月がかかったことか。私のその後の生涯は、そのことのために費されたといっても言い過ぎではない。長い間、私は死児の年を数えた。胎児が生まれるべき時と殆んど同じ頃に生まれた兄の子の生長を、誰にも悟られることなく憎んだ。まだ無邪気だった頃、一ダースも子どもを生みたいと言ってK・Tを驚かせたことがあったが、私はもうどんな幼な子も触りたくなかった。

クリスチャンが聖書に救いを求めるのに似てとでもいうのか、私はゲーテの『ファウスト』をくり返し読んだ。第一部のグレートヘンの独白、第二部冒頭の妖精たちの合唱に慰めを見出した。ファウストを愛したがゆえに逢引するため睡眠薬を母に飲ませ、誤って母は死ぬ。兄も殺される。そしてファウストの子どもを池に投じ、私生児殺しで断罪されるグレートヘンに自分を重ね合せ、メフィストフェレスに魂を売り渡し、最後に干拓事業を遂行するため堂守りの老人二人を焼き殺してしまうファウストを、革命家K・Tに重ね合せた。ファウストはただの一言もグレートヘンに言いわけも謝罪もしないにもかかわらず、天使になった贖罪の女グレートヘンはそのファウストを天上に導く。最後の「永遠に女性なるもの、われらを引きて昇らしむ」の詩句は、私の見果てぬ希望だった。私は中絶手術のあと日記に書いている。

何がかくも吾々を自負させ、歓喜させたか。それは唯一つの事がそうさせたのだ。即ちブルジョワの奴隷になるな。既成のあらゆる事実を否定するという立場である。(……)帝国主義戦争が、あるいはブルジョアジーの攻勢が、あるいは何らかの災害が、吾々仲間をひきさき、ひきむしり、ばらばらにしたとて、唯一の共通の立場が、吾々をしっかり統合し、不滅のものたらしめるだろう。(……)そのような立場、生き方を完徹するためには、常にためらわず最愛の宝をも投げ棄てるであろう。

両親は、私が再び妊娠することを怖れて、しぶるK・Tの両親を押しきって、生活は双方の親で面倒を見るという形で、私たちを結婚させた。私の家の資力をひきだすという当初のK・Tのねらいははからずも実現してしまった。私の家に数人の親戚が集まり、名ばかりの披露宴で男たちは私たちに関係のないことを話題にして飲んでいた。私は白洲にひき出された罪人のようだった。田中グループでのK・Tの友人長沢元夫（のち東京理科大学名誉教授、生薬・ホメオパシー研究者）、一橋大学院生だった山中隆次（のち初期マルクスの研究者）が出席してくれたのが私の唯一の慰めだった。家をあとにする時、暗く烈しい雨が降っていた。私はジューン・ブライドだと心ひそかに思ったが、出しなに「女は三界に家なしだよ」といった母の言葉は重く悲しくつきささった。

私は生まれて初めて飯を炊いた。まだガスのない時代で、燃料は薪か炭で、私はなかなかうまく出来なかった。石油コンロというものがあるときいて五井町（市原市）の製造所へ汽車に乗って行って買ってきたが、思うように火があがらず、やたらと石油くさくて厄介な代物だった。しかしともかく両親の家での絶えることのない緊張感と、汚れた存在として見られているのではないかという身構えから解放され、マルクスやレーニンの本をおおっぴらにひろげることができたのは嬉しかった。

母は私とK・Tをペアとして見ない限りでは私に優しかった。結婚してからも洗濯がうまく出来ない私に、日本製の洗濯機の第一号とでもいうものだったろう、神鋼電機とかの、ただ震動する桶というようなものだったが、二万三千円もするものを買ってくれた。床屋百円、下駄二百円、押麦一キロ五五円、コッペパン十円、電球十円だった。実家に行くと、いつまでも引き止めて帰したがらなかったが、母は相変らずK・Tを憎んでいたから、姉夫婦と私たちがかち合せになると姉たちは客間でもてなされ、そういう時の私たちは台所の横の部屋で使用人と一緒に食事をするというように、すべてにわたって差をつけられた。

　私は家父長的権威主義を忌避したはずなのに、私の行きついた先の結婚は新たな権威を求めて入っていったものだった。母がいつも父の顔色を伺っていたように、私はいつもK・Tという教師の評価に一喜一憂し、オドオドしていたので、K・Tから見たら自発性、創造性が全く感じられず、ひたすら従順なだけがとりえの私に、さらに焦立つという悪循環がくり返された。彼が私の中に成長を認め、評価した時は、二人の愛は燃えあがり、またそれが冷えるという関係が交互にやってきた。

　K・Tはよく私に「A子の怒ったのを見たことがない」と不満を言った。もちろん社会的不正義に対しての怒りについて言ったのではあるが、私は長い間、彼の考え方を至上のものとし、彼の評価を気にしているうちに、自分の気持を現わすことがなくなり、いつのまにか自分の感情や感性さえ失いつつあった。しかしK・Tとのそういう関係性に僅かながら疑念をもちはじめたのは、結婚によって父の家から離れ、K・Tとだけ向いあえるようになってからだった。私にとって父とK・Tはまさに前門の虎、後門の狼だったのだ。その一方が遠ざかったので、もう一方を正面から見ることができるようになった。

創作活動と〝自立〟への芽

結婚してしばらくすると、K・Tはいつのまにか社会党の周辺にいて、ほとんど家を留守にして政治活動に専念していた。社会党は講和・安保をめぐって一九五一年一〇月に左右に分裂し、総評が五二年大会で左派社会党支持を決定、同じ年の衆議院選挙で左派は一六名から五四名に飛躍、五三年には七二名に（参院で四三名）なったのに、党員数は相変らず一握りだった。真剣に戦闘的社会民主主義のあり方とその理論的支柱を模索していたであろう野溝勝（当時、初代書記長であり青年部長を兼任）の下、社会主義青年同盟の中で、K・Tは、山口健二（のちアナーキスト）等と共に、右翼社会民主主義思想（ベルンシュタイン主義）とスターリン主義＝ソ連共産党を頂点とする一党独裁主義を批判し、カウツキーの見直しとトロツキーの存在に目を向けるよう促していた。トロツキズムの文献の翻訳者山西英一はすでに左派社会党に加入して活動していたと思われる。K・Tもその指導下にあったのかもしれない。

ある日、K・Tは社会党入党届の用紙を持ってきて私に書くよう命じた。私は言われるままにそれに記入したが、六〇年安保の時、再度入党届を書くまでの間、私は一度も党の会議も活動も知らないまま過ぎた。かつてあんなに外の世界に心が躍ったのに、今では全く興味を失っていた。私は、五二年も五三年も革命的自己批判＝革命家への自己変革の過程と位置づけて『資本論』やヘーゲルを読むことを自分に課していた。そのあとにレーニンを読まねばならぬはずだったのに、革命の対象である社会そのものの動きには全く関心がなかった。結婚という目的を達成してしまった私には、自分を「職業的革命家」に鍛えあげるという目標はいつのまにか薄れてしまった。哲学だの経済学は、ある意味では抽象理念の世界だから、そこにはまり込んでしまえば読みつづけることは可能だが、レーニンの著作になるとそうはいかない。『何をなすべきか』だの『一歩前進・二歩後退』などは、どんなに義務づけられても、もう我慢の限界にきていた。

　私にとってはマルクス主義の古典的勉強よりもレーニン夫人クループスカヤの『レーニンの思い出』や、マルクス・エンゲルス往復書簡の中にでてくるマルクスの生活苦の訴えのほうが、はるかに興味があって、自分をクループスカヤやイェンニー・マルクスにおきかえて読んでいた。亡命先のスイスでレーニンが裕福な上流女性に好意をよせる逸話などは、わがことのように心が痛んだ。幸いにK・Tは留守にすることが多くなり、もう以前のように弟子としての私の成長具合を点検することにさほど関心を示さなくなっていた。が、私としては革命的自己批判の勉強をなし崩し的に終りにしたとしても、やっぱり革命的理想に向って目的を設定して何かやらねばならなかったので、自分の分野を文学的創作活動にあると決めた。自分にそのような才能があると思ったわけでもないのに、政治でなく文学にしようと考えたのは、そうすることによってK・Tとの間に距離を保つことができるだろうという潜在的期待からだったと思う。

　生活費の基本は、私が私の両親から毎月せびっていたが、その都度K・Tの仕事と将来の見通しについて問いただされることは非常につらかったし、少しでも自分で金を得たかった。文学的体験ということで自己納得して、缶詰工場や化粧品工場、造花屋とか新宿西口の焼き鳥屋に住み込んでみたり、次々に場所を変えたりして、同時に何とか戯曲一三〇枚を書きあげたことで、自分自身の生活を守ろうとする気持にはずみがついてきた。

その戯曲は大化の改新を革命、そのあとにつづく壬申の乱を「裏切られた革命」に見立てたもので、私にとっては史実的にこじつけだったとしてもかまわなかった。中大兄皇子、大海人皇子、大友皇子をそれぞれレーニン、スターリン、トロツキーになぞらえる悲劇で、その言わんとすることも伝わらない幼稚で舌たらずのものだったが、同人文学誌にのったりして、それなりに嬉しかった。また安藤昌益や漢方医学の歴史を考えたり、シーボルト事件を材料にして書きはじめたり、自分ひとりの時間を楽しんでいたが、K・Tが家に帰ってくると自分の気持が途端に萎えてしまうことに気がつきはじめていた。

本屋にはトロツキーの『ロシア革命史』も出はじめていた。K・Tは社会党青年部から高野派によって排除されたこともあって、一九五五年一月にはトロツキズムの立場に立ったスターリン批判の小冊子を個人的に出しはじめ、一〇月には社会党員、共産党員を含む数人で日本共産主義労働党を名のり、機関紙・誌『トロツキスト』、『第四インターナショナル』を出し、共産党員や社会党員へのメッセージを発信しはじめていた。トロツキー関係の翻訳者、山西英一とも連絡をとるようになったのだろう。

五六年二月にはソ連共産党第二〇回大会でフルシチョフのスターリン批判、四月にはコミンフォルム解散、六月にはポーランドのポズナニ暴動、一〇月にはソ連軍が圧殺したハンガリー事件が続いた。そしてやがて五七年一月、すでに各地でトロツキズム運動を志向していた群馬の日本共産党旧国際派だった内田兄弟、黒田寛一ら、三多摩の社会党員グループや遅れて日本共産党京都府委員の西京司らとともに、日本トロツキスト連盟が結成された。ただし結成大会に出席しているのは、内田兄弟、太田竜、黒田寛一と学生が一〜二名の五、六人のメンバーだった（『日本革命的共産主義者同盟史――日本トロツキズム運動の20年』党史編纂委員会）。

連盟の総意だったかどうかわからないが、K・Tはフランスにある第四インター国際書記局と連絡をとり、第四インター（パブロ派）の第五回大会に出席するため、五七年九月フランスへ向った。まだ外貨交換が非常に限られていたのか、航空券を送ってもらい、すべて国際書記局の負担だった。第五回大会は南仏のある村で一週間（九月二一日〜二八日）ひらかれた。第四インターは加入戦術をめぐって五三年に加入戦術派のパブロ派とアメリカを拠点とするキャノン派に分裂していた。社会党への加入戦術をとっているベルギーにも寄り、帰路は経済的理由のためか、それともセイロンとサイゴンのトロツキストとの連絡のためか海路で、一〇月二六日マルセイユを発って、五八年一月二五日、横浜港に帰ってきた。

もともと「日本トロツキスト連盟」は反スターリニズムでは一致していたけれど、ソ連の性格規定――堕落せる労働者国家、過渡的社会と見るか国家社会主義と見るか等についても、あるいはまたK・Tのように第四インター、しかも加入戦術を絶対とすることでは論議が煮つまっていないままの連合体だった。K・Tの旅行中から、早くもK・Tは教条主義者、裏返しされたスターリニスト等と言われたり、K・Tのほうも、キャノン派寄りの山西英一、第四インターに否定的な黒田寛一を批判していた。黒田と袂をわかつのは時間の問題であることは目に見えていた。

パリの町なみ、ルーブル、道路、ギリシャ彫刻そのままに美しいイタリア女性（……）彼は自分の中に西欧に対する憧憬がひそんでいることに気づかされていた。当時の日本から見たら比較できない洗練されたスマートな国際会議、男とともに仕事をする女性同志、宿泊した同志のアパート、夫婦像。不十分な語学力で外国人の中にただひとり投げこまれた心細さもあったのだろう。旅行の間中、愛の手紙を私に発信しつづけた。知り合っての一〇年間を想い出し、分析し、自分がどんなにA子の成長を願い、慈しんできたか、そして沢山の無理を強いてきたか、A子とA子の家庭の経済的負担なしに日本支部は結成にまでこぎつけられなかったろう、今度帰国したら自分が翻訳などして生活費を稼ごう。そして更に、A子の生活が自分の附属物になっていた、このことがA子の創作活動の発展を阻害していた、財政が許すなら二人が別居してもA子の才能を伸ばそう、帰国したら家事をA子にばかりやらせない、その点ではA子は自分を教育し、命令するのですよ、と。そして帰国は新しい恋愛の初まりだ、と。

フランスへ出発する前一年間位、冗談のようによく「離婚しようか」と言い合った冷えた関係がまるで嘘のようだった。冗談まじりではあっても、二人ともその底にある深刻な状態をそれぞれが感じとっていた。優しさに満ちた手紙の言葉に私は幸せだったが、やっぱり帰国したからといって簡単に二人の生活が経済的に保障されるとは思えず、また同じ状態が繰り返されるのではないかという疑念は消えなかった。手紙の内容は、また今後は政治活動と文学活動という、それぞれの二人の領域の間では自分は教師としての役割はないとし、今までは自分の指導を全面的に受け入れてきたA子は今や自立したトロツキストとして歩みはじめるのだから、それに相応した遇し方をするであろうというものだった。
私はこの頃になってようやく、K・Tと私の関係、従ってK・Tの考え方はおかしいのではないかと思い始めていた。お互いの愛の吐露の中に、二人の手紙は奇妙にすれちがっていた。K・Tの基本にあるのは、自分は選びぬかれた絶対者とする認識であり、人と人との関係を指導者と大衆、教師と弟子の関係として見て、その間には権威と秩序がなくてはならず、忠実な弟子であってのみマルクスの途を歩むことができるという認識だった。なぜ彼がこれほどまでに硬直した価値観を、私の知る限りでは一六歳頃からずっと持ちつづけるようになったか、私は知らない。私が彼にわかってもらいたかったのは、この基本的認識、感性に対するものだったのに、その事が通じなかった。私は彼が帰国する間際になって、かなり勇気を奮って、寄港する香港あてに次のような二通の手紙を書いたが、自分の言っていることがひどく見当ちがいだったような気がしておそろしくなって、またすぐその後の便で前言を撤回したり、私の気持はゆれ動きながら、K・Tのようには舞いあがれなかった。

これはホンコン宛の二番目の手紙です。第四インターが今日なお大衆を獲得するにいたっていないことの原因を現実の理論と実践の欠陥に見出すべきか、一九二三年当時の情勢に求むべきか、私にはわかりません。K・K（黒田寛一）はT（K・T）のことを政治的感覚がない、裏がえされた官僚主義、客観主義といい、だから組織がのびないと批難します。その批難が何らかの意味で当を得ているとするなら、それはこういうことではないかと私は考えます。（……）同盟内部でのいろいろな議論について私はただきわめて漠然とした直感的な意見しかもち得ません。Tの革命理論の深化発展は考えの外において、T自身の人間的成長を考えた場合、抽象的な純粋性の革命家から現実的な革命家へ大きく生長することが必要でしょうし、また願ってやみません。それは、ただ組織を拡げることでのみ、なしとげられることではないでしょう。うまくいいあらわせませんが。（……）私はTが他人から非常にゴカイされやすいことを知っています。K・KはそれをTのセクト主義と解し、私は誇るべき純粋性と思います。しかし、そのままでは決して誇るべきものでなく欠陥として現象するでしょう。

TのA子より　五八・一一・一三

（註）黒田寛一やK・Tとの間でこんな議論のやりとりがされていた。

（……）Tは私のことをTの生徒、弟子といいます。何故、友人と言わないのですか。私はこの長年使われたこの呼び名をどうしても好きに、親しめるものになりません。（……）先生と生徒は本質的な概念であり、またTの弟子であることを否定しようとは思いませんが、そう呼ばれることは、いやです。（……）現実の本当の人間対人間は、そんな一面に限られてはいないはずです。（……）水準がちがうとそれぞれの個性をお互いに享受することがさまたげられるのでしょうか。どんな人間だって他の人間を包含しきることはできません。ゲーテが自分の影像として女を愛したにすぎないのに対し、Tの行為は変革の弁証法唯物論者のそれです。しかし低いものを変革すること、低い存在に変革意欲をかきたてることがすべてではないはずです。Tは、A子はTの本質に何ら参与しなかった、その事実を認めることはA子にとっておそろしいことではないか、と書いてきましたが、Tの本質とは何をいうのでしょう。思想、世界観ですか。もし、この言葉がすべてなら私はとっくに窒息死したでしょう。それにこれからだってとても一緒にやってゆく勇気はありません。私はいま気持よくない予感におそわれています。それはいま、ここに私が書いたことと、K・KのTに対する批難が全く異なった面に触れているのに、どこか奥深い一点で結ばれているのではないか、という思いです。

TのA子より　五八・一・一四　午前三時

彼が「帰国は二人の新たな恋愛の始まりだ」と言ってくれたので、私は「教師と弟子」をやめにして欲しいとようやく言い出すことができたのだったけれど、二人は全く違う言葉で語り合っていたのだ。K・Tからはその後もその点についての考えをきかせてもらうことはなかった。私もさらに突っこんで話しあう勇気を持っていなかった。新たな関係は手紙の中でのかすかな芽生えに終ってしまった。

見失われた回路

K・Tがフランスから帰ってきて二ヵ月たたないうちに、私は父親から生活費の打ち切りを宣告された。

父にはフランスへ行った目的が何だったにせよ、その頃、外国へ行くのはまだまだ大変だったし、明治生まれの人間として「洋行」というものへの期待感があった。しかし帰ってきたK・Tに将来の展望を問いただしても、そこには父が望むようなものはなにひとつ出てこなかった。それまで月一万円位、何とか貰っていたが、両親にとってはいつまでも私たちに金を支給する理由は何もなかった。直接の言い分は、今迄働いていた看護婦の一人が退職するから家に帰ってきて働けということだった。しかし、もう一つの理由は家の経済事情にあった。

　私の両親の家では、次々と将来設計を変えて自立しない兄の家族と、学位をとらせるため勤務医をやめさせ大学病院の医局に無給で通う姉婿一家と、大学院在学中の二番目の兄、それに私。七〇歳になる父はその全部を養っていた。それに加えて決定的だったのは上の兄の嫁さんの実家が破産して、嫁さんの親も引き取って面倒をみなければならないことになってしまった。家に戻って働けという父の言葉は、経済的自立の方策がない私にとってはほとんど命令であり逆らうことができなかったけれど、結構な就職として割り切ってゆこうと思った。

一九五八・二・二八（日記より）

　私の内にある、もっとも大きな不徳は忍耐と謙譲である。私のもつ消極性、自分に対する不信はこの二つときり離すことができない。自己犠牲とは、本来は楽観主義にもとづいているべきであり、忍耐心や不信の念から発生したのは正しくない。犠牲的精神のあらわれとみえる私のいっさいの行為は、この不徳につながっている。たまたま、それらがぶつかりあうと、解決のしようのない腹立たしさにおちいってしまう。(……)

昨日の考えでは今日は戯曲に手をいれるつもりでいたのにどうしてもできない。(……)

文学評論をかく。題は「次の指図は何か——社会主義リアリズム論——」にするつもり。才能皆無。たくましさなく、記憶力非常にわるく、話下手このうえなし。(……)

映画「波止場」(米)をみる。血みどろにぶち倒された男にむかって牧師が言う、「やりかけたことを途中でやめてしまう気か。さあ立ってみるんだ、ひとりで歩くのだ」「誰も手をかしてはいけない、ひとりで歩かせるんだ」。(……)

一九五八・三・一八(日記より)

ここで働らいて五日目。たいへん結構な就職と思って諦めよう。(……)あらゆるものに優先する革命のための当然の権利としてなのか、Tは私から容しゃなく時間を奪いとってゆく。パリへゆくだいぶ以前、私は結婚を解消することを考えていた。IS(第四インター国際書記局)からの援助がきまった時、もうそうしてもよいと思い、またパリへいく仕度のできた時もそう思った。羽田を発って間もなく、私はTの影響下からぬけでるためには別暮しが必要だし、それを為しえないでいるのは自分が意気地なしだからと思った。そしてパリからの手紙では、もうA子の内面にまで立ち入らない、またTがそれまでに享受した生活を、これからはA子が享受するのだという意味のことを書いてきた。Tは私の内面にまで、もう入ってこようとしない。

しかし、文学的生活を享受するための物質的基盤はない。かつてTがそうするために、私の親が、また私自身が物質的提供をなしたように、Tは私のために物質的提供をしようとはしない。何故に？　革命はあらゆるものに優先するからか。そしていま、私の両親は送金をうちきるという。結婚を解消することによって私じしんは時間と金をもつことができるようになるかもしれない。労働し、創作し、革命運動に参加する、三がなえのものが本来の生活である。私たちの関係を夫と妻とするのは有名無実であるのに、私はその呼名によりかかろうとするところに気持のわだかまりができる。（……）独立した個人として私は自分にも他にもハードになろう。

しかし現実には父の家に戻ることによって、せっかく光を見出しかけたと思った思考は回路を見失った。私の内部に深く根づいていた、いつものコンプレックスが再び頭をもたげた。私は親の家に一室を与えられ、K・Tは自分の両親の家（東京・葛飾区）と私の間を不定期に往復した。私はK・Tが来ると父と顔を合わせ、また叱責が始まるのではないかと、結婚前の緊張した精神状態に舞い戻った。手術、分娩の手伝い、入院患者の世話、退院後の往診、沐浴、保険の点数計算が私の日課だった。

ほんのちょっと前まで私は自分自身の将来をひらかれたものとして想像し、その到達点は選ばれた人たちのみが享受し得るような高みと美しさに満ち、「今」が早く過ぎ去ること——それは「将来」に近づくことだったから——と願っていたのに、今や私は何かが終ることをただ漠然と待っていた。現在の社会体制をなのか、結婚生活をなのか、自分自身が崩れ去るのをか、無気力と無意味さに悩まされた。兄弟の中で私だけが毎日、血と汚物の中で働き、そこからかせぎ出される金が、兄や姉の生活費に消えてゆく——私は父母や兄姉に対して息苦しいまでの憎悪感で頭がいっぱいになった。

K・Tから離れるべきだという考えは、彼と別れた自分は無に等しいという恐怖にかき消された。そして不安になればなるほど、仕事の合間を縫って「組織」の会議に出かけてゆき、奇数日は漢方医学の勉強、(註)偶数日は文学と第四インター関係の学習ときめて自分を束縛した。ごろりと寝ころぶと、私の意識下の世界は一人歩きをはじめる。突発的事件がおこり家族全員が死んでしまったり、父母がひどい貧乏につきおとされて兄姉より私の方がずっと頼れる存在として振舞っていたり、姉が悪性の病気におかされて、私が母を励ましたり、それが現実のことのように進行してゆくのだ。そしてドアの外の呼ぶ声で我にかえるのだった。

（註）一六歳の時発病した病気、膵炎を長沢元夫の紹介で、曹洞宗の僧で漢方医学の大家だった荒木正胤師に治していただいたことから、東洋医学に興味をもった。当時、千葉大学医学部で藤平健（のち東洋医学会会長）が、病院が終ったあと、希望する医学生数人に講義をしていた。おそらく日本で唯一、最初に漢方を健康保険で診療していたところだったろう。私もそこに加えていただいた。その一連の体験がその後の私の生活や考え方に大きく影響を与えたと思う。

K・Tの「浮気」と流産

私にとっては「革命運動に参加する」といっても、「組織」の会議に出席するだけで、会議で何が決まろうが、行動に参加する場も、行動の対象もなかった。若い男女学生の間で自分が少し年長であることも、寡黙であることも、ことごとくを恥じていた。私は会議で喋るようなものは何も持っていなかった。会議のテーマは勤評に対する闘争方針や加入戦術のテーゼとか過渡的綱領の学習だったが、私はそんなことよりも、会議の席でK・Tがいつも私との間に距離をおいて、よそよそしく、年上のS嬢に親しげであるのを気にしていた。私には、K・Tが純粋な気持でSに愛情を持っているとは信じられず、彼女からなにがしかの金銭的援助を受けているように思えてならなかった。ISから送金はあったかもしれないが全く微々たるものだったろう。

結婚する一年前、K・Tはたみえさんという人に愛情をもったことがあったが、その時は、彼女をどう思っているか、自分にとってそれはどういう意味をもっているかを私に説明した。それはこういうことだった。――たみえさんが共産主義者に成長できるとした場合、自分が指導するのがもっともよいと思うが、この感情が恋愛とどうちがうのか自分にもよくわからない、本当の人間の愛情とはどういうものかさぐってみたい、この世にたくさんおこる三角だの四角だのという関係がいかに人間的に考えうるのかを知りたい。たみえさんを愛するようになったらA子に対する愛情を弱めることになるだろうか。否だ、A子を、ふるくさい恋愛において愛しうるよりも、その百倍も強く愛してみせる。たみえさんを共産主義者へ引きあげるという目的が達せられた時は、二人への恋愛をもつことができる。人々と愛情を多く持てば持つほど自分じしんの内容が高まってゆくことになるというこの考えは、あまりにも魅力的ではないか。その境地はどんなにか美しいものだろう、と。

私は彼が私以外の女を愛するということに気持が動転し、泣いて抗議しながらも、結局は彼の自信と気負いの前にますます金縛りにあい、すべてを彼の純粋さと誠実さとして受けとめ、一層期待に沿いたいとさえ思った。たみえさんは彼に関心がなかったのだろう。何の進展もなく終った。自分の自己発展のためには何事も許されるというこの考え方は独善的ではあったが、あの時のひたむきさと率直さは、今はどこへ行ってしまったのか。今度のSのことに関しては、私が問いつめても否定するでもなく、言い訳するでもなく、私との関係を終わりにしたいということでもなく、関係は続いていた。

そんな状態の中で私は妊娠していた。今度こそ生むつもりだった。私の心の中にはK・Tがかつてたみえさんと私の間に夢見たユートピアが忘れがたく存在していた。その裏づけを私はゲーテの戯曲『シュテラ』（第一稿）——二人の女が一人の男を共有する——に求めた。私はSとの間にシュテラは可能だろうかと考えた。私はSに対して、たみえさんに抱いたような美しいイメージを持つことがなかなかできなかった。

翻訳者が山西英一ということもあってノーマン・メイラーのものも私は読んだ。『バーバリの岸辺』はトロツキーの暗殺の歴史を伏線にして、当時アメリカに吹きあれたマッカーシズムに言及する小説だったが、私はそういうことよりメイラーが暴きだすアメリカの性にひかれた。そこには制度を度外視した性快楽の追求が公然と語られているように思え、それは非常に誘惑にとんでいた。「性は哲学の出発点であるか」（ノーマン・メイラー『鹿の園』）という神への問いかけに意味を見出したかった。

私はK・Tがかつてたみえさんとの間に夢みた関係をSとの間で自分に課そうとした。以下、当時の日記から――

七月一〇日　十日間近く、私の考えていたことはエレナとベダ夫妻（『鹿の園』）の間に行われたようなことだった。私はこの考えを実行に移した場合、果して彼女（S）にそれが受け入れられるかどうかわからないし、どんな結果になるか全く予想もつかなかったが、Tを想う時、又彼女と同席する時の烈しい苦痛、想念から解放されるための唯一の手段のような気がした。（……）エレナとベダ夫妻、エレナとアイテルの間にメイラーは何を見出し、提出しようとしているのかは理解できないが、エレナはメイラーの創造しえた新しい試みではある。このような変形、変態は、われわれ人間の意識の底にかくされた欲望であり、従って非常に誘惑にとんでいる。身をさかれるような苦痛から、ともかく自分を支えたのは、このような仕方での解決が可能であるかもしれぬという希望によるものである。（……）いつか人間は、この反道徳的な悪魔じみた考えを、明るい光の下で美しく飾ることを可能にするだろうか。いつか私もK・Tが他の女性に与えるものさえも喜びをもって感ずるようになるのだろうか。

しかし、結局、私は彼女のアパートまで行ったが、ノックすることなく帰ってきた。私は烈しい心悸亢進に悩まされつづけ、安定しているはずの六ヶ月で流産してしまった。「女の子だったら嫌だな」とK・Tは言っていたが、死産児は男の子だった。火葬にする必要上、K・Tを呼びよせた。埋葬許可証とともに小さな小さな骨壷に納められて帰ってきた。七月の空は雲一つなく限りなく青く、悲しかった。私はその数日間におこったこと——K・Tの態度、言葉、父との争いをくり返しくり返し反芻した。

七月一四日、子供の死。一五日、火葬。この二日間のことを当時の心境に戻って思い出そう。K・Tは呼ばれて来た時から気むづかしそうだった。父が部屋に入ってきて、私の枕元でK・Tへの叱責がはじまった。三〇歳になろうというのに、キンタマはついているのか、と。黙ったままの彼を後に父は出ていった。彼は二重党籍が社会党内で問題になり、それを国際書記局へ事後承諾の形で解党宣言することを考えていた。(註)K・Tは私に、「A子は僕が今、どんな圧力の下にあるかを理解していない。その強大な圧力のもとで僕は何もかもしなければいけないんだ」と言ったが、私はただ悲しくて、どんな言いわけもききたくなかった。私は顔を見るのも嫌だと執拗に怒鳴り、ここから出ていくようにくり返した。あの時、彼がちょっとでも優しい言葉を言って抱擁してくれたら、私は自分の涙に慰めを見出すことができたろう。

しかし、実際は、彼は火葬領収書の上に釣銭を置いて黙って出ていった。金を置くというその行為は私の魂を凍らせた。なぜなら、それまでどんな場合でも、彼から私へお金がバックされるということがなかったから、その行為は、これで二人の間はおしまいということに私には受けとれたからだ。靴音が消えて一分たたぬうちに私は立上がり、外へ追いかけた。このままの状態で体の恢復するまでの二〜三週間を過ごすことを考えたら、居ても立ってもいられなかった。彼は戻ってきた。今まで何回となく繰り返し言われていた言葉——革命以外のことは何ひとつ考えたくない——が、私の胸をつきさした。「恋愛も結婚も革命運動の障害になるなら坊主のように禁欲する」と言って出ていった。

（註）一九五七年一月二七日結成された日本トロツキスト連盟は、五七年一二月一日に日本革命的共産主義者同盟と改称された。五八年一月フランスからK・Tが帰国すると、K・Tと黒田寛一との対立が表面化し、K・Tは黒田と別れ、日本トロツキズム同志会（五八年一二月より国際主義共産党・第四インター日本委員会＝ＩＣＰ）を名のる。革共同第一次分裂といわれるものである。分裂の直接の要因は社共への加入戦術（現実的には共産党へのもぐりこみはほとんど不可能だった）を主張するK・Tとそれに反対する黒田であったが、さらに明確になっていったのがソビエト国家の性格規定をめぐるものであり、従ってトロツキーを中心とする「ロシア左翼反対派」、国際左翼反対派＝第四インターナショナルの評価をめぐる対立だった。さらに、K・Tの去った革共同ＪＲは五九年八月黒田を除名し、黒田は革共同全国委員会探究派、のちのいわゆる革マルを名のった。革共同第二次分裂といわれるものである。

一方学生運動は、五五年の六全協により学生党員はキャンパスに戻り、学生運動の再建がはじまった。五六年の国立大学授業料値上げ反対闘争にはじまり、五六年の砂川闘争、五七年の平和擁護闘争、五八年の勤評、警職法闘争を闘い、その昂揚の中で、学生共産党員の主たる部分は、ハンガリー事件等の検討を通じてスターリニズムからの訣別、トロツキズムへの開眼が準備されていった。その流れは五八年五月の全学連第十一回大会で決定的になっていった。宮本ら日本共産党中央と決定的に対立した学生グループは分裂—別党コースをとり、五八年一二月全学連主流派の学生党員をほとんど結集して共産主義者同盟＝ブントが結成された。日共中央は反トロツキズムキャンペーンをはり、更に第七回大会ではソ連派・中国派を切りすてて宮本独裁体制を確立した。

そういう情況の中にあって最初、学生運動に無関心だったK・Tは、戦後終始共産党の独占的領域だった学生運動を社会党内につくりだすことを考えた。ICPのメンバーは、社会党青対部に、社会党の学生運動を創立することを申入れ、社会党はそれを歓迎し、学生運動民主化協議会（学民協）を結成した。しかし、ある新聞が学生運動の内幕記事の一つとしてICPの社会党加入をバクロしたため、K・Tは二重党籍問題で社会党から統制処分に問われることを避けるため、防衛措置としてICPを形式上解消して、代って第四インター日本委員会を存在させることにし、国際書記局（パブロ派）もそのことを了承した。（『日本革命的共産主義者同盟史——日本トロツキズム運動の20年』党史編纂委員会　参照）

七月一六日（日記より）

Tは去っていった。今後、立ち寄ることはあるかもしれないが心は永遠にかえることはない。「T」はなくなってしまった。存在するのは「ピエール」だけ。(註)一三年前に始まった私の人生は昨日、音をたてて崩れてしまった。（……）

生きていくために。死なぬために。

1、文学として形象化することによって生きる。（……）

2、自活する。自活のための困難、外的困難が精神的困難を忘れさせる。（……）

3、他の男と交接する。（……）安全弁になりうるものなら男と簡単に交情することに慣れよう、そのためのてだてをも知ろう。

私ははたして生きられるだろうか？

（註）当時、組織の中でそれぞれパーティ・ネームを持っていた。K・Tはピエール、私はマリー。

そしてまた、その二日後には気持が変わって次のように書き記す。

七月一八日　今まで書いたことは、その全部ではないが、大半とりけしだ。（……）すくなくも現在、私は大丈夫だ。今までよりずっと大きな涸渇しない愛を内側に感じる。相手の自分に対する態度や感情に左右されることなく愛することにやがて慣れるだろう。ピエールのいっさいの行動、行為に慣れねばならない。偶然的なつみ重なりが、あの結果をひきおこしたのではないかと思う時、胸が痛む。死産した日に火葬をすませ、彼がそのまま火曜会（組織の定例会）に出かけていれば（……）父にも会わずにすんだのに。（……）小さなつまづきさえなかったらピエールは貴重な二日間を悩まされていらいらしながらも、何事もなく別れたにちがいない。しかしはりつめるだけはりつめていた、今にもきしり音をたてそうになって並んでいた二本の糸には、その小さなつまづきさえ、我慢ならないものになっていた。ピエールは政治的重みに耐えつづけていたし、私は限られた小さな世界に閉じこもっていたとはいえ、人間的な苦しみが重なっていた（……）私は自分こそ慰められるべきだと思いあがっていた。ピエールはもっと男らしくあってもよいのにとさえ思っていた。彼に加えられている重圧がどんなにきびしく、大きく、比較するもののないほどだということを知らなかった。（……）私はただピエールを苦しめていただけだった。（……）私はいま非常に後悔している。しかしやはり原因は私のピエールに対する無知にあるのではない。何が二人をここまで追いこんだのだろう。

この先、一年間、次のことを守ろう。

1、私生活上における過去のこと、未来のことは語らない。（……）

2、私的なことでピエールに問うてはならない。健康などにかんしてはよい。又、何かを約束させてはならない。時間の待ちあわせはよい。

3、ピエールに性行為をさそってはならない。接吻することは交接と隣りあわせているからいけない。彼のさそいには応じてよい。ピエールが拒絶しないなら、手をつないでもよい。手をつなぐことは心を静めるほうに、より多く働くから。

4、保留（前に書いたことの）——他の男とねない。他の男との交接は私の心を荒れさせるだけだろうか。それとも新たな視界を展げるだろうか?

現在の住居を離れるのは、精神的準備ができたら早いほうがよい。（……）この家にとどまれば私は自滅するより他にない。精神のみならず生命そのものが。政治的準備、1、トロツキズムの歴史的文書の研究　2、「労働者の声」（当時の組織の機関紙）研究会での情勢の分析（……）　3、4、略そしてまた考えつづける。

七月一九日　ピエールは禁欲するといって出ていった。（……）問うまい。何事も彼に問うまい。あの日かぎり、私は一人で生きているのだから。（……）私は目に見えぬ何かに追いつめられている。その何かは、あの日のことと無関係ではないが、そのことではない。ただあのような形で現われでたにすぎない。もっと奥底にひそむ大きな力、それは私の内部に、そして外部にある力が、私を追つめ、この家から立ちのかせるのだ。もし、困難を怖れて決行しないなら、そのあるものは私を死へ。死を怖れるなら永遠につづく後悔と倦怠と自己嫌悪の渕にしずむだろう。気むつかしく、何事にも興味を失い、自分の傷手だけを後生大事に守りながら、何事も理解しえず、何十年間か生きてゆくのだ。自然が許してくれるまで（……）。いかなる仕方においてもピエールを性愛的に愛することをやめるべきではないか。（……）ただ日本のトロツキスト運動＝革命運動の担い手としてのみ、尊敬し、援助し、保護すべきではないか。自己嗜虐症的か？（……）私のうけた啓示は、そのような愛のものと全く相反する冷厳なものだった。あの時、私はファウストの最後を思いうかべていた。〝人智の最上の断案〟を実現しながら他方の手で残酷に二人の老人を殺していたファウストの像。そして私は、うけとった全感じを形象化するという仕事をするのでなかったら生きていくことはできない、その仕事によってのみ生きる力を見出すことができるだろうと思った。

（……）

もう以前のような仕方でピエールを愛することはないだろう。なぜなら今こそ、私の心の内のK・Tは死んだからだ。現存するのは冷厳な一個の革命家にすぎない。そして彼は私が現実社会と結びつくための媒介となるようなことを自己に課することを拒否している。お前はお前の仕方で現実と闘うのだと。彼は私にとって、一つのつくられた世界をなしていた。全きものだった。しかし、今はそうでない。もう私は彼の存在を精神的負担に思うことも、視界がさえぎられたような気持になることも、傍らに居るのをいとうこともないだろう。（……）

七月二十日　もっとも人間的なものを求めてする行動が、非人間的な冷酷さを結集していく。人間的なものを求める行動――それは政治に集約される。

〝政治（革命）以外何も考えていない〟という言葉に接するとき、私の胸は悲鳴に似た叫びをあげる。それにもかかわらず、否、それ故にこそ、私はその全存在を愛し、そこから断絶することができないでいる。われわれの出発点は自己がナポレオンたりうるかどうかを心理学的に実験するラスコーリニコフではない。ドストエフスキーの主人公たちが、やがて到達したであろうところの革命家から発する、革命家とは何か。社会的に余儀なくされた自己歪曲の道を最後までたどった人間である。（……）彼の意図がどこに存しようと、彼は非人間的結集をその行為から生みだしていく。（……）

あの日にうけた啓示にしたがって生きる方針を決定するのだ。私の全的世界はあの瞬間、決定的な危機にさらされた。もっとも人間的な、美的な、愛の世界。私はすこし前から危機を感じていた。言葉どおりの意味での嫉妬をおぼえはしなかった。もっと事態は美しくあるはずだと思った。ヴァランス夫人と二人の男の場合（ジャン・ジャック・ルソー『告白』）を想定してみた。何かしなければならぬと思ったが、ピエールを余計な繁雑さにおとしこむのを怖れて何もしえなかった。私が焦立ち、嫌ったのは、あざむかれているような感じに対してだった。ピエールがかくし、偽ったとは思わない。私の全的世界が私をあざむいていたのだ。現実は決して人間的でもなければ、平板な愛の世界でもなかった。私のいだいていた世界、つくられた世界、私を保護していた世界が完全にとびちってしまった。私は執拗にピエールに出ていくようにくり返した。そうすることによって私の世界を守ろうとした。（……）若きウェルテルが市民社会に絶望したように、私は革命家に絶望する。

七月二三日　ピエールと私は異質である。☆彼の内部にはやまぬ衝動がある。私にはない、あるとすれば単に善くありたいという漠然としたものである。☆私は自分自身の直面している問題以外、何ひとつ理解できない。彼はそうでない、問題が本質的・普遍的なものを含むなら、いちはやく感知する。私は資本論もヘーゲルも読んだが、それらに対する知識、理解の低さは驚ろくべきである。☆彼は理性的であり感情的である。私は理性的でも感情的でもない。感情的であるかもしれない。☆彼は世界史的個人の資質を多くもっているが、私にはない。彼は指導者であり、私はそうでない。ゲーテの文学に出てくる女に似ているところがある。鋭どさや烈しさがない。☆彼は常に自分自身を知っており、その優位性を自覚している。私は自分が何者かよくわからない。いつも自分に対して懐疑的である。☆彼は明確であり、私は諸事につけて漠然としている。☆誰の目にも彼が優秀で私が劣等に見えるだろう。生活の変化がおそらく私を変えるだろう。どのように変えるかは予知できない。

ピエールは私の夢、私の世界をぶちこわしてしまった。私は革命家というものに、ピエールに失望した。しかし、以前から私はピエールを押しのけようと邪魔にしていたではないか。彼が同室に居ること、繁く帰ってくること、彼の本や原稿が近くにちらかっていること（……）すべて私を焦立たせた。彼の存在が、私の思考を、展望を、行動を、さまたげているような感じがした。彼が私の前を歩くことさえ嫌った。まことに奇妙な話ではある。私は彼と同じこと（政治）がしたくなかったのに、共通してすることがないといって寂しがる。一人でいると気分が晴れるといいながら、来ないと不安がる。一人で暮し、自分の可能性を試してみたいと何度も願った。ピエールにある革命家の本性（冷酷な、非人間的な）にさむけし、私を保護している世界をわずらわしく思っていた。

七月二六日　書記局会議出席流会。パブロから手紙——解党宣言を全面的に支持するとのこと。二重党籍問題、民協のほうも無事に済むことだろう、とのこと。ピエール、精神的負担、ひとまず軽くなる。「二つの主要演説からみた第三回ソ連作家大会」書きあげて渡す。『永久革命』掲載のはず。

フロイトへの関心

社会党内で問題になり始めていた加入戦術による二重党籍問題は、ISのパブロから解党宣言を全面的に支持するという連絡もあり、解党宣言をしたが、そういう実績とは関係なく立消えていった。加入戦術で社会党に入った人数は、社会党が問題にするほどの数でもないし、社会党の方針に影響を与えるほどのものでもなかったから、多分、構造改革派の若手党員が何かを言っただけにすぎなかったのではなかったかと思う。五九年といえばキューバ革命あり、社会党書記長浅沼稲次郎が中国で「米帝国主義は日中人民共同の敵」と発言したり、安保改訂阻止国民会議が結成された、六〇年安保の前年でもあったのだから。

一方「組織」としてはISからマルタン・リビオという幹部（第四インター国際書記局員、イタリア支部書記長）が来日してカードル・スクール（一〇月八日〜一二日）がもたれた。それを前にして総会で過渡的綱領の成立の過程とか、加入活動を定式化して把握することなどを内容として学習会があったが、二〇人弱のほとんどが学生で、大学の授業とあまり変らなかったのではなかったかと今、思う。加入戦術として共産党にもぐりこんでいた社会人もいたが、後、彼はそのことがバレてリンチされたと記憶している。

私は自分の日常生活や悩みと全く接点のない事柄ばかりだったが、会議だけには出席した。「K・Tと共にいることと自分自身の生長とは絶望的なまでに両立しえない」という結論に、くり返し到達しながら、現実の生活は流産前と何ら変わりなかった。彼とSとの関係が続いているのを十分に感じながら、彼が私のところに来るのを拒むこともせず、相変らず、一日中、外の靴音や電話のベルが彼からのものであるような気がして、絶えず動悸がして苦しかった。しかし、じわじわじわじわと、K・Tと自分の関係は何なのか、自分の根深い劣等感の正体は何なのかを、事あるごとに見つめ始めていた。

九月二日　いままでの私の生活の大部分は彼との関係においてあった。マルクス主義、革命、文学、すべてのものに対する関係は、ただ彼に対する関係の投影にすぎない。(……)私はこれまでただの一度もそれらのものに直接、対峙したことはなかった。ピエールはたびたび言った。「A子は僕なしに居ること、考えることが必要だ」と。その通りなのだ。しかし私はピエールの恋人でないと感じる時、絶望したくなる。ピエールなしにあることは、私にとっては世界から隔絶されること、絶対的な孤独を意味していた。私はピエールを、ではなく、マルクス主義を、革命を、文学を、幾多の個性的同志を、私じしんが必要とするに至るだろう。その二つの時期(私の過去と未来)の合間としての現在、私はたえがたいほどの孤独を感じるのだ。私は果してうまく未来の、その岸辺にとびつくことができるだろうか。それに失敗した時、ピエールもピエール以外の全世界をも失い、今度こそ生きる力をなくすだろう。(……)この一ヵ月半、私は自分の内面のこと、殊にピエールに関連して、ばかりを飽きずにくり返して記述している。私はそれらを執拗に書こう、そしてやがて記述の内容は異なってくるだろう。〝世界〟を書くようになるだろう。たんなる投影、ピエールとの関係の投影としてでなく、私じしんの心の動き、興味の対象としての

〝客観的世界〟を。

私にはどうしてもうまく喋ることができない。質問さえもだ。（……）何故なのかわからない。問題意識が明確でないのだろうか。すばやく整理し言語にまで高める意識の運動神経が鈍いのだろうか。それとも何かのコンプレックスが邪魔しているのだろうか。いずれにせよ、そのためひどく劣等感にさいなまれ、人に対することが、いかなる場合でも苦痛でたまらない。本当に困ったことだ。

十月四日　昨日、マルタン・リヴィオ東京着。

☆Pが私にとって完全人格なら当然彼の生活の一部をなす彼の恋人＝私は無欠であらねばならぬ。しかし自分のことをそうは思わない。彼のアキレス腱として自分を評価する苦しさ。私は完全でなくてはならぬ。どの女性より精神的魅力にあふれているべきである。この意識が私の一切を支配する。私の消極性、ダンマリ。それは彼のアキレス腱をあらわしたくないからだ。（……）私はPと離婚すべきである。（……）

☆自己劣等のコンプレックスから最終的に自己を解放すること。私に対するPの圧力、影響力はあまりにも巨大であった。彼が私に与えたものと同量あるいは、それ以上のコンプレックスを私にうえつけた。私の問題はすべてをそこ――圧力をおしのけようとする――に帰着する。私は文学や東洋医学に心をひかれた。Pとの紐帯がゆるむ場において私はより良い状態になれた。（……）

☆規準はPでもなければ自分自身でもない。政治活動に入ろうとするのは普遍的規準を求めてのことである。（……）現代のすべての道は政治に存在するから、そこに行かないわけにはいかない。私は自ら行動することによってのみ普遍的規準に対応することができる。Ｐの側にとどまる限り、私の意志は現実的行為になりえない。（……）

☆私が最初に印刷ローラーをもった時のことを思いだした。Ｐが留守の時、印刷をしたが、インクが軟らかすぎて乾きがわるかった。部屋いっぱいに拡げて乾かしている時、彼がひどく疲れて帰ってきた。彼は私のヘマにひどく腹をたてた。私はその時かぎり、自分には印刷はできないのだという観念にとりつかれた。自分がそんなにも気のきかないものと思われている深い絶望感。私は完全に打ちのめされたようになった。人は二〇歳にもなって、そんなにも傷つきやすいことを滑稽に思うにちがいない。私のＰに対する憧憬がつよければつよいほど私にうえつけられた劣等感は大きい。私のおかれていた主体的精神的状態は全く幼児のそれだった。すなわち絶対的信頼、あるいは被庇護と無力。（……）このままの状態にあるなら私の心、私の舌、私の行為は永遠に、にかわづけされ、苦悶し、その重みにたえがたく、歪んで（神経症、神経的心悸亢進）しまうだろう。いったい、私が他の誰かにくらべて救いがたく劣っているというのか。成程、のみこみがわるい、記憶力がわるい、口下手。しかし、それは本源的なものである以上に結果なのだ。（……）

☆私は自分をＰのアキレス腱としての存在から解放しよう。すなわち離婚、その言明。私は何ものにも怖れることなく自分自身を露呈することができるようになる。そして自分と他との連けいをただ己れの発現によってのみ得るようになる。私は書き、行動し、報告し、質問する。私の内部にたくわえられた力はすべて外へ向って発露する。もし、そうすることをなしえず現在の状態がつづくなら内部から腐るだろう。

☆いかなる意味があるにせよ、私はそこを通らざるをえないのだが、一体、自分自身に限られたこの問題と真理あるいは革命といかなる関係があるというのか。トルストイの偉大さはそのすべてに、偉大な社会的変動の力学がそこに反映されているからである。ウェルテルの悩みの意義はその時代のすべての人間がやがて直面せざるをえない問題と対決しているからである。私のこの内的不安にどんな意味があるというのか？　私の心の本当の切実な願いは何か。Ｐの心をひきつけたい？　否、否、一万回も否だ。自分がすぐれたいという欲求？　そうではない。私は手をつなぎたいのだ。はなれがたい関係をもちたいのだ。誰と？　すべてと、階級と、歴史的潮流、法則と。

☆ウェルテルの美しさ、悲劇は人類の失ったものに対するあこがれでもある。ウェルテルの克服をゲーテは憂愁にみちた気持で思う。〝お前は別れゆくために選ばれた〟（ゲーテ）と。私がＰに対していだいた慕情も幻想にすぎなかった。どんなに願おうと再び帰ってこない失われた幻想である。すべては終ってしまっているのだ。幕はとうに降りている。

☆（……）彼が思想のすべて、革命運動の、「組織」のすべてであり得るはずがない。Ｐが革命について正しい方針をとるかぎり、彼は何ものにも優先する権利をもち、他はそれに従う義務をもつ。しかし、私は、その当然の権利が不愉快でたまらないのだ。（……）第一にＰと離婚すること、第二に東京に在住し、住居を集会場、連絡所として使うこと、――そのことによって私は自己の内省的関心、あるコンプレックスから自分をひきはがすだろう。私は自分を他に理解してもらうために、自己釈明をするために何らかの具体的行為（創作、政治運動）をおこさざるをえないハメに己れを追いこまねばならない。自己およびある種のことに関する異常な、神経症的な敏感さと、ことに政治問題に関する異常なカンの悪さ、理解する困難さ、記憶しておくことの困難さ（水を手のひらに止めておくほどのむづかしさ）とから救いだすこと。救いだすことができなかったら私は最後的に破滅する。そのことは、私が世界、革命と結合しえないということを意味するのだから。（……）☆東京に移ってからなすべきこと――◎フロイトの研究。フロイトはマルクスと共に十九世紀の二大思想家であり、マルクスが経済的・社会的問題において果した業績を、意識の世界を対象として行ったといわれるが、それが事実なら作家はフロイトをさけて通ることはできない。◎ヘーゲル、精神現象学の研究。意識の問題として、若きウェルテルの悩みの研究。自分の創作のスタイルを決定する問題として。

一一月六日　（……）私じしんに一つの一貫した生き方というものがあるとするなら、あるいは私の書く小説中に私の分身があるとするなら、その生き方はいかなるものだろうか。それはたぶん無限に政治に接近しようとしながら、それに一致しえないところの人間ではないだろうか。（……）政治という大河に合流しようとしながらも決してそれをなしえない。政治に失望しながらも決してそこから離れることができない。このことは私がスターリニズム的党しか知らないのではなく、トロツキストの世界党を知っていることによっても解決はされない。（……）メイラーの主人公に比較したとき、私の生き方はどんなものだろう。私のかたわらには小さくはあるが明確な、信ずるにたる世界観と組織とがある。しかし、私はそれと一致しえないでいる。けっして熱狂しない、むしろ漠然とした絶望感にとらわれている。

昨夜、ピエールがきて、私の『永革』五号を探したが見つからなかった。私はことによると無かったかもしれないというと、ピエールが腹をたてて「関心がないからだろう」といった。関心がない!! 私はその言葉をピエールの口からきいた時、何か正体のしれない大きな物にぶつかった時のような衝撃が体中に伝わったように思えた。その物が何なのか、わからなかった。氷山にぶつかった時の、あるいは暗礁に乗りあげた一瞬の乗客のように、ただ何かにぶつかったという感じだった。関心がない──それは本当のことでもあり、間違ってもいる。日本の革命運動が私にとってスカートのガラほどの興味もないというのは、真実かもしれない。しかし、それにもかかわらず、それなしに、そのような生活の核なしに私が実際に生きてゆくことが可能だろうか。否だ。

この全く相いれない二つの態度が、どうして同時にあることができるのだろうか。私にはわからなくなってしまう。学生時代をおわるとともに革命運動から遠ざかり、有能な社会人となる人間がたくさんいる。そして彼らの多くは学生の時は、非常に情熱的であり、戦闘的であり、革命家として優秀でさえある。とするなら彼らにとって革命とか革命理論はいったいなんだったのだろうか。私が革命から離れえない理由は私がピエールの妻であるという特殊理由によるだけのものだろうか。関心がないからだといわれた時、私は（……）ピエールは私から離れて革命運動を生活の主軸としているような女性と一緒になるべきだと考えた。

私とピエールの結びつきがひどく稀薄なもの、部分的なものに思われても仕方がない。二人とも、そのことが、もっと決定的に、表面化する時を待っているのではないだろうか。日本のトロツキスト運動がもっと拡大する時であるかもしれない、又は生活条件がもっと苦しくなる時であるかもしれない。私が本当に革命運動に合流しえないでいるという理由はどこにあるのだろうか。それに縁遠い生活環境におかれているためなのか。ピエールに対する心理的劣等感があるのか、それとも私じしんの性格――自分自身に具体的・内面的につながった問題以外のことは何ひとつ理解しえないという性格のためなのか。そのどれもがみな理由なのか。

もし私の作品中の人物が無限的接近性のうちにとどまるとするなら、その理由はすくなくとも右のようなものに限定されてしまってはならない。トルストイの文学が極限的可能性にあるのはロシア的特殊性のためであり、まさにそれの正当な反映だからである。

一一月一九日　「〝世界を変革せよ〟とマルクスは言った。〝生を変えよ〟とランボオは言った。「この二つの命令の言葉はわれわれにとって一つのものでしかない」（サルトル？）（……）

一一月二五日　整理しているうちに結婚したころのピエールの日記帳がでてきた。〝残念ながらA子にはひらめきがみられない（……）〟と。どんなにかそのこと――ピエールが私をそう感じているということとゆえに苦しんだことか。私は言葉どおり息がつまりそうだった。ピエールに密着しようとすればするほど催眠術にかかったように、私は思考することも行動することも自由にならなくなってしまった。（……）精神分析学からいうとどういう状態なのだろうか。フロイトはぜひとも勉強することが必要だ。（……）この催眠術から最終的に解放されねばならぬ。そのための一つの有効な方法として「男をかえること」（……）だが私にはなかなかそうできない。

生活者の街で

私は父の手伝いをするかたわら、病院収入から不正に貯金し、二〇万円になった五九年の一二月、父母の留守の日をねらって夜逃げのような引越しをした。二〇万円あれば一人なら一年半から二年間、稼がないで食べていかれるだろうという計算だった。当時、女は工員でも住み込み店員でも月四〜五千円だったと思う。働かないですむ間、「どのていどの精神的蓄積をなしとげられるだろうか。精神的蓄積とは世界観、方法論の適用の能力を鍛えることであり、精神的強じんさを持つこと」、「沢山読みためること」、「沢山書きためること」を目標に、アリストテレスから始まって日本の戦後作家、外国作家に至るまで読書せねばならない予定だった。そのため上野図書館の近くにアパートを探した。それほど決意をかためたはずなのに、東京へ出て二週間と経たぬうちに、K・Tの両親の懇願であっけなくまたまたK・Tと一緒に住むことになってしまった。

日暮里のアパートは四畳半に半畳分の台所がついているだけだったが、当時は冷蔵庫や洗濯機を誰もが持っているわけでなかったので、労働者階級にとっては、ごく普通のアパートだった。K・Tはしばしば外泊をし、そのたびに嘘やゴマカシを言う、私の持ち物を持ち出して金にかえる、私が病気の時の冷淡な態度。度重なるそれらに対し、私の内には殺意をもったうす暗いとぐろをまいた感情がくすぶりつづけた。別暮らしの時は、「革命家」に幻滅したと日記帳に書きながらも、それは美化した上での観念的なものだったが、私の不正貯金だけで暮らす生活でのそれは、もっと現実的で泥くさかった。それでも夜おそくまで足ぶみプレスの音のする零細企業や内職がひしめき、夜になると銭湯に行く労働者に囲まれたアパートの生活に私は安らぎを覚えていた。

電車で一時間そこそこの千葉―東京間ではあっても、自分の育った土地を離れ、私のことを誰も知らないここでは、私は○○のお嬢さんでもなければ、毎日隣あわせに見る兄家族や姉家族への親の対応と自分へのそれを比較することもなかった。私の気持の中に残っていたお嬢さん的自尊心を傷つけられることは、もうなかった。私は上野図書館へ通うのを日課にしようとしたが、マルクスが大英図書館に通うのとは違って、読書計画はあまりにも漠然としており、その上、自分の心の底にひそんでいる欲求と遠くへだたっているために、なが続きすることはなかった。

私の欲求の本当の核は現在の政治・経済体制を変革することではなく、私自身の生、生き方を変革することだったのだ。そしてそのためにはマルクス主義の革命理論ではなく、なにかしらよくわからないがフロイト心理学のようなものが有効なのではないかと思いはじめていた。

当時、トロツキズムあるいは反スターリニズムを標榜する者にとって、五三年のスターリン死後のソ連の動き——五六年二月のフルシチョフのスターリン批判、それによってソ連国内で言論の自由化が始まるかと見えたのは束の間で、五六年六月ポーランドのポズナニ暴動、五六年一〇月ハンガリー暴動へのソ連軍の介入で再び硬化した——は、自分たちの主張の正しさを証明する事柄だった。文学面では、五五年エレンブルグの『雪どけ』、五六年ドウジンツェフの『パンのみに生くるにあらず』、五八年末パステルナークの『ドクトル・ジバゴ』（そしてノーベル賞受賞にともなう国外追放）が発表され、更に五九年五月には、第三回ソ連作家大会がひらかれ、日本からも何人か作家が出席した。作家大会では漸く文学への政治の介入に対し疑問視する意見は出たが、フルシチョフは相変らず七ヵ年計画における作家の役割というようなことで、「作家は砲兵」説を演説した。

一方、日本では進歩的文学者の結集の場である新日本文学会では、文壇、また会の沈滞が言われ、竹内好から解散論が提案されたり、社会主義リアリズムの再検討が議論されていた（新日本文学第九回大会、五九年一一月一～三日）。

シュールレアリズムも当時云々されていた。私にとっての興味は、ブルトンがトロツキーと連名で宣言をしたということもあるが、それよりも、シュールレアリズムはフロイト学説と関係が深く無意識とか潜在意識の問題と深くかかわりあっているという事が、自分の精神状態のことに即して、何かを示しているのではないかと思い興味があった。当時読んだ江原順の『見者の美学』は次のような事を書いていた。ブルトンが「生活を変革する」＝内部を解放するという意志を「世界を変革する」動機として固執することを、彼らにとって不満であった第三インターナショナルの運動のアンチ・テーゼとして対置した。スターリニズムの哲学は、一応マルクス主義を旗印にしながら、その実、機械的唯物論であり、主体と客体間の弁証法的発展を無視したものだったと言えるだろう。そのアンチ・テーゼとして、まず生を変えよ、というのは正しい。また江原は次のようにも解説していた。シュールレアリズムは次のことをねらう。文明社会では物質と精神、対象と意識、知覚と表現は分離している。両者の統合は回復され、両者は解放されねばならない。これはごく一般的な哲学的な主張であるが、それはどうしたら可能になるかが問題であり、シュールレアリズムはその統一体を「超現実性」という形でとらえようとする。その手段はまず意識の排除に成功することであり、そのことは自動的記述《オートマティズム》やオブジェを帰結する、と。私は「内部を解放する」また「意識の排除」ということに強い共感を覚えた。しかし、傘とミシンの出合いとかいう式のシュールリアリズムによるという絵画は、ちっとも理解できなかった。

日本の共産主義運動にトロツキズムの思想が登場してくるのは、一九五五年頃になってからのことであり、当然、フロイト的なものとも無縁だったのではないか。ドイツ・ファシズムが胎頭してきた時、西欧の知識人はトロツキズムも含めたマルクス主義の有効性を問うなかでさまざまな思想を生みだした。その中には唯物史観とフロイト心理学を結合しようとするフロイト左派、フロイト・マルクス主義者もいた。彼らは人間存在の本質である性の意識と政治の関連性を深く追求していたし、また当然スターリン的党から異端視、排除されていた。七〇年代の日本のフェミニズム運動、あるいは全共闘にも影響を与えたライヒやマルクーゼもその中にいたわけだが、日本の左翼運動に性に関する思想が登場してくるのは七〇年代前半まで待たなければならなかったのではないか。

マルキシズムは輸入された時から危険視され、その有効性を云々するほど根づくいとまがなかったといえるだろう。マルクス主義の日本における客観的適用のため、労農派と講座派による日本資本主義論争――日本の資本主義の発展段階や、天皇制の性格規定などについての論争――はなされていても、マルキシズムを受けとめる主体性とか実践の主体的把握とか意識の問題は云々されることはなかった。それが議論されるようになるのは知識人の戦争責任を問うたといわれている主体性論争であり、さまざまな哲学論争があったが、たまたま私が最も近く接したのは、その哲学的研究としての田中吉六の労作だった。田中吉六は言う。「戦後は依然として、唯物論のこの客観主義的理解の伝統が強く残っており、主体性の問題に対して唯物論の側に正しい態度が欠如していたうらみがある。（……）唯物論を私たちが単に存在の論理、客観の論理としてのみ理解しておれば、私たちの主体的要求は、それによって満足させられるはずはない。そこでこの満たされないところを無の哲学や実行の哲学で何とか埋めようとすることになる。もともとこのようなものは主体的の哲学たることを標榜しているものだからである。」（『わが哲学論争史――労働と思索』人間選書、一一〇ページ）

シュールレアリズムに対する私の個人的秘められた関心とは別に、私は『永久革命』誌に五九年後半、「第三回ソ連作家大会について」とか「ソ連政治革命とドウジンツェフ」とかの表題で四回ほど文芸評論を書いたりしたが、その内容はひどく政治的で、ソ連を過渡的社会と見ての内容だった。また、六〇年一〜三月には、芸術文化活動も展開すべきだということで、「組織」内の有志で月例会をもってトロツキーの『文学と革命』やブハーリンの『プロレタリア革命と文化』、ヘーゲル美学やルフェーブルの美学の勉強会や、社会主義リアリズム論、民主主義文学論等の検討、そして自分たちの立場を明確なものにしてゆこうということになった。私もこれで「組織」内における自分の活動分野が見つかるだろうと意気込んでいた。しかし、二回目の集りでSが『永久革命』誌に私の文芸評論がのるのは「組織」のどこの決定によるものか、そしてこの集団は誰から確認されているのかということを問題にした。私のアパートの部屋でおこなわれたのだが、Sが出席したということで私の気持は重くなっていたのが、さらに部屋の空気がよどんで息苦しかった。K・TとSとの間が険悪になっていることは知っていたが、私の知らない所でそれは個人的関係から「組織」にかかわるものになっているのを感じた。他の二人の出席者、フリードリッヒ（湯浅赳男）とダヴィンチ（森井芳勝）は、それぞれに、決定とか確認とかいう類いの集りではないと言ったが、Sはピエール＝K・Tの独裁制をなじり、この集りは何を目的にしているのかと喰い下った。三回目は、ダヴィンチと私で、政治的立場と創作方法の関係を少し討論して、この種の集りは終りになってしまった。私たちはあまりにも能力が欠けていた。結局FもDも私も、その頃「組織」の内部で進行していた対立に一番遠いところにいる人間だったのだろう。

そして私はまた、いつものパターンの思考の迷路に入ってゆく。絶対的善、人道的とは、すべての人が平等になるように社会を変革すること、そのためにはすべてを投げ捨てて政治革命をすること、それこそが至上命令であり、何ものにも優先するというパターン。一九六〇年三月一〇日の日記から。


人間的ということはどういうことか。本来の意味での人間主義とは何か。（……）しかしながら「革命家」は「現実的・具体的社会の革命家」なのであり、従って彼の実行する人間主義は反人道性に転化する。小市民的幻想で革命家を虹でつつみこむことは正しくない。革命家は人間的でありうるか。革命家は本源的に人間主義者ではある。なぜなら彼は社会総体的、根本的に変革を目的意識するからである。そして彼は変革の円環の中に自らをおくことを本意とするからである。しかしそのことは、目的のために多くの人間的感情をおしげもなく捨て、冷酷になることと結びついている。

よれよれの背広姿に赤ン坊を背い、両手に大きい包みをもち、これまた同じように子どもを背おった彼の妻に従って歩く男。そういう姿に心をひかれる。これこそまことの仏！　なぜか、それが人間らしいと感ずる。本来のありうべき感情が何の虚飾もなしにむき出されていることに心をうたれる。

革命家。たとえば彼が妻の病気にであったとする。（……）妻の病気は再起不能のものだったとする。（……）妻を見すてるか。（……）この革命家のばあい、二人のあいだは社会的にやむをえない分業―男は革命運動を、女は生活費のかせぎと家庭労働―がなりたっていたと仮定する。いわゆる「人道的」たろうとすることと、本源的「人間主義」を貫徹することが、この場合、どうしても同時的に一致しない。（……）もし彼が人間主義を自己にいいきかせ、涙をのんで自己をふるいたたせ、自己にムチ打つなら（……）なお「弁解の余地」を常人は見出すだろう。しかし、彼が衝動として人間主義を疑惑なしに、躊躇せずに行動するなら常人は彼を批難するにちがいない。なぜなら衝動にまで高まった人間主義＝変革の意欲は当然、彼じしんの性格と不可分であるはずだから。したがって彼の対人関係は当然、冷酷であり、我意（即変革の意欲）を押しとおす人間であり、独善的である。だから常人の彼への批難は尤もなことなのだ。

赤ン坊をおぶい家庭に専念する男。彼は人間的であり、同時に人間的であることをやめる。（……）より幸福そうな家庭をつくるために、それに奉仕することは、人間主義に反するのだろうか。家庭だって己れの環境であり、幸せな家庭は彼の品性をなごやかにする。家庭が自己充足し、幸福であるかぎり家庭は社会性をもたない（……）

（……）革命家が彼本来の姿＝人間主義者としてとどまりうるのは（……）組織＝党においてでありその内部においてしか人間主義を貫徹することができない。党の外で発現された人間主義はユートピアであるか、悲劇におわる。

こんな日記を書くことによって私は全く生活を省みようとしないＫ・Ｔの態度を自分じしんに納得させよ

うとしていた。

安保闘争に燃える

安保阻止国民会議は条約調印予定の前年一九五九年の三月に結成され、請願デモと集会を内容とする「統一行動」が組まれていた。同時平行的に三井三池闘争が始まっていた。国民会議は総評、中立労連、社会党護憲連合、日中友好国民会議、平和委員会、日中友好協会、全国基地連、全日農、青年学生協、人権を守る婦人会議、東京平和と民主主義を守る共闘など一三団体を常任団体とし、共産党はオブザーバー参加だった。東京では地評を軸としてそれまでの基地闘争、砂川闘争、警職法、勤評闘争、全国一律八〇〇〇円の最賃制闘争の中で積みあげてきた地域共闘の実績の上に、東京平和と民主主義共闘会議がほとんどの行政区ごとに結成され、共産党も全学連も入っていた。それらは一九五〇年代運動の総結集の場でもあった。

一方、国民会議に結集される「革新勢力」「民主団体」に対して、五七年一月のトロツキスト連盟、五八年の全学連を主体とするブント結成等の過程を経て、いわゆる「革命的左翼」＝「新左翼」は、日本共産党の反トロツキスト・キャンペーンの中で六〇年安保闘争を契機に公然と登場してきた。全学連を主体とする実力行動と、国会周辺の連日の抗議行動で、五九年末から六〇年へかけて騒然としていた。

五九年末、東京へ出てきた私はしばらくは家にひきこもっていたが、国民会議の請願署名用紙が社会党の荒川支部を通してK・Tから私へも渡された。自分自身を駆りたてねばならないという思いと、安保の問題

60年安保闘争のなかで。中央やや左より、眼鏡の女性が私。

を少しでも多くの人にわかって貰わねばならない、そして署名簿の山で安保を阻止するのだと真剣に考えて、毎日荒川区内の駅頭や零細企業の門前に、携帯マイクと手製の画板を持って一人で立った。少し慣れてきて労働組合のある工場では役員に頼んだりした。

六〇年五月一七日、社会党は国会議員に禁足を指示した。それまで私は主に荒川区内で動いていたが、それ以降は毎日、社会党本部に行って、その日の行動をきめた。上京してきた地方県連の人たちや労組婦人部と、アメリカ大使館に行ったり首相官邸に行ったり、宣伝カーにのったり国鉄ストへの激励にいったり、朝から夜までかけまわっていた。

もともと議員と労組幹部の連合体である社会党には、活動家党員、ましてや女性の活動家は皆無に近い。私はたちまち女性党員活動家ということになってしまった。六・一五の夜中、機動隊に頭をたたかれ救急車で運ばれると、すぐ地区の社会党の支部長が見舞にとんできた。国会での華々しい活動と裏腹に、社会党は組織的に非常に弱体だった。だから私は末端地域班で、国会周辺で、社会主義青年同盟（社青同）や人権を守る婦人協議会の中で、会議でも街頭でも社会党の隊列の中だったら自分の行きたい所に参加することができ、社会の一部としての自分、そして自分もまた社会を動かしている一つの因子であることを感じた。マイクで訴えかける快さ、その日のデモの反省、明日へ向けての作戦会議で自分の言葉で発言する誇らしさ、宣伝カーでデモを先導する楽しさが待っているようで、出かけて行かなければ損をするような気持ちだった。

デモと集会はいつも日本共産党を最右翼とする「お焼香デモ」「統一と団結」路線と、学生の最左翼「実力突破」路線に分裂し、私は国民会議系が流れ解散すると、一目散に戻って学生隊列のうしろにくっついた。機動隊と対峙した時に間に割ってはいる社会党の国会議員や日本共産党の宣伝カーが流す「本日は御苦労さまです、挑発にのらずに流れ解散しましょう」のスピーカーに、私は「革命的左翼」として心底から焦立ち、腹を立てていた。

アパートに一人でいる時の黒いとぐろを巻いた心情は嘘のようだった。

一方、ＩＣＰの「組織」は安保激動のさ中も、加入戦術をめぐってか、学生戦線への対応をめぐってか、東大生を主とする多数派と東京学芸大を主とする少数派（Ｋ・Ｔ側）の間で烈しく内部対立していた。そしてその過程で、Ｋ・ＴとＳとの関係が中傷の材料となっているようだった。私は一方の関係者として「同志」

アレクセイ（吉村英臣）へ自分の考え方を手紙にかいた。

連日の御健闘、ごくろうさまです。多数派と少数派の分裂の深化の過程において、特定の同志たちが私生活上のトラブルを中傷の材料にしはじめたことを、先日あなたの口からききました。（……）彼らがひとつの事実をどのように利用しているのか知りませんが、一つの階級あるいは一つの党、一つの人生の歴史を醜悪なやり方で曲解し、しかもそのことが多くの人たちの心に何となく無意識のうちに肯定も否定もしないウヤムヤな形で事実として刻みこまれることに私は我慢できません。（……）中傷せんがための材料として事実に向かうつもりでないなら、あるいはまた人間性にたいする信頼（共産主義者はその信頼のうえにのみ存在すると信じます）を失いたくないなら、男と女の関係についても共産主義の展望をもつべきだと（……）強調したいのです。そして共産主義は理想＝未来であるとともに現在でもあるのです。現在のそれを人間性と名づけようが本能と呼ぼうが同じことです。共産主義者は決して本能を卑下しないし、また本能も進化することを否定しないはずです。共産主義においては、したがって本来ならばマルクスの言うごとく愛はただ愛とのみ、信頼はただ信頼とのみ交換されるべきなのに、試された現実においては三人（ピエール、S、私）の当事者はいずれも精神的にいやしがたい傷をおったのです。なにが愛と愛との交換をさまたげたのか？　なにが愛の消滅を愛の消滅として表現することを妨げたのか？

愛は物質的条件と取引された。愛は対社会的、法的条件と取引された。愛は先取的な妻という名の存在によって交換を妨げられた。――私はそれを肯定も否定もしません。階級社会に生きる以上、愛は愛とのみ交換することは一般的に不可能であるにもかかわらず、我々は倦むことなく求め、失望をくりかえすのです。Sはこの現実の裏切りを極度に通俗的に感情的にとらえ、醜悪なものにでっちあげようとしているのです。私は中傷の具体的内容について知りませんが、いったい事実のどの点を誇ろうとするのでしょうか。ピエールを擁護するためにでなく、Sと相対的位置に置かれている私じしんの釈明のために言いたいと思います。

一、妻がありながら他の女性との関係をもったことについて――男であれ女であれ、一人以上の異性と性的関係をもつことを私は否定しません。ただし性的欲望が人間的なものであるかぎり、つまり最初から一方的な快楽を要求したり、快楽以外の何か（金銭など）を目的とするものでないかぎりにおいてです。したがって私はピエールの行為について精神的苦痛をおぼえながらも否定しなかった。また既成の道徳観念から批難されるところの、しかも多く存在するこの関係（姦通）にどれだけ共産主義的に対処しうるか期待しましたが、私の感情内では決して成功しませんでした。

一、Sが妊娠したことを知って間もなく、ピエールが関係を断ったことについて――（……）私は当時精神的苦痛に耐えがたいから、Sか私か、いずれか一人をえらぶようにピエールに要求していました（その時はまだその事実＝妊娠を知らなかった）。他方、彼女はピエールに党の発展、革命運動にとって最善と思われる決定をしてくれ、それこそピエールにとってももっとも幸せな道であり、自分もそれに従うつもりだという内容の手紙をよこしました。これに対してピエールは結婚しても性格的にうまくいかないだろうから結婚の意志はないことと、革命運動をつづけるかぎり経済的負担の能力はないと答えたようです。Sはまた手紙をよこしましたが、それは脅迫めいていました。つまり、自分がさきにああ言ったのは、ピエールの革命家としての政治的生命を保持するために、ピエール自身の口から責任ある回答を言わせようとチャンスをつくってやったのだという意味のこと、さらに、そういう考えなら自分は第三者と相談するということ（つまり口外するという意味にうけとりました）を言ってきました。

私は次のように考えます。（……）Sの手紙は明らかに脅迫の意図をもっており、これこそ、もっとも卑しむべき行為であること、そして今、多数派と少数派の分離が公然化しつつあるとき、それを役立てるチャンスを見出したと考えます。もちろん彼女のやり方はさげすまれるべきものですが、私はSひとりを責める気はありません。人間性の解放をめざすはずの革命家の人格がこの上なく冷酷な、非人間的な結果をもたらすことが、あまりにもしばしばあり、おもわず呻きたくなります。（……）私は今度の誹謗の材料となった事実と革命家としてのピエールを善意のもとにきり離して考える必要はないと思っています。

（……）

マリー

同志アレクセイへ

（六〇年三月二〇日）

こんな手紙は六〇年安保と党派闘争の坩堝の中にあってはあまりにも場違いであり、誰からも反応はかえってこなかった。答えの見つからない自分自身の悩みを誰かに求めていたのであり、また「組織」の中での自分の存在＝ピエールの妻であるという存在を主張したいがための一人よがりに終った。六月二三日、安保批准書交換の日、多数派は総会をひらき、K・Tを除名し、K・Tは制裁を受けて鼻血で染まったビリビリに裂かれたシャツで帰ってきた。『日本革命的共産主義者同盟小史――日本トロツキズム運動の20年』（党史編集委員会編、一九七七年、新時代社）によると、多数派はすぐさま革共同（JR）との統一を決定した。少数派は安保闘争後、三多摩地区の社会党へ加入活動に入っていったが、K・Tへの不信感から、連絡はとりながら距離をおいた。K・Tはメンバーのほとんどを失って、事実上一人でICPを守るという状態に陥った。私はICPの加入戦術として社会党周辺にいたのだが、私にとって安保闘争はK・TもICPも関係なかった。おかしなことに「組織」の中で何が対立し、論争されていたのか、何の記憶も記録もない。

それからしばらく経って父の所へ行った時、父からK・Tはいったい何をしているのかと渋い顔で言われた。トロツキストK・Tはエロ本の飜訳や執筆で生活しているという記事が、ある週刊誌にのっていたということだ。それは全くの事実無根だった。私はそのネタが何を材料にしてどのように作られたのか推察はできたが、その記事を見る気にもなれなかった。

離婚へ向けて、最後のあがき

ブント全学連の活動家、東大生だった樺美智子の死、岸首相の退陣表明、韓国李承晩政権の崩壊、アイゼンハウアー大統領の訪日中止を決めた六月一五日を最大の山場として、新安保は六月一九日午前零時、大群衆が国会をとりまく中で自動承認され、それを機に高揚した安保闘争の波は潮がひくように消えていった。私の中の熱気も、結局はやり場のない精神的発散に終始し、その後なにをしてよいのか全く見当がつかなかった。間もなく家の近くのチューブ印刷工場で働き、本給七八〇〇円、一時間の残業手当が九三円。皆勤手当の一〇〇〇円が欲しかったが、なかなか貰えなかった。K・Tも区役所の事務臨時雇いなどにも行っていただろうか。安保が終って一〇ヵ月間位の間に、私は四～五回、K・Tに離婚したいともちかけた。一緒に住んでいながら口で言い出すことができないで、いつも紙に書いて彼の机の上に置いた。彼はほとんど無視したが、それよりも、いつも数日も経たぬうちに私のほうから深い後悔と悲しみの中で申し出を取り消すということを繰り返した。

私たちは離婚したほうがよいように思えます。肝心な困難のときにお互にいかにも愛しあっていないからです。（……）あなたに愛を語ることが許されるのは、私があなたを人格化された革命運動と目することによってのみ可能なのでしょうか。（……）トロツキーの最後に接したトロツキー夫人のあの感動的な文章は、そんな心情で書くことができるものでしょうか。（……）もしあなたが以前に言ったように愛などわずらわしいだけだと考えているなら（……）やはり私たちは別れたほうがよいと思います。

（六〇年六月頃、手紙）

私と離婚してください。私の身体はあと二〜三年経つと子供を産むのが困難になってきます。あなたの子供を産むことが理想的ですが、それはできますまい。私にとって、また女にとって子を産むことは、性欲の大きな部分です。男にとっては結果にしかすぎません。（……）あなたの子供でなければ嫌だと強く思っていましたが、今は誰の子でもかまわない気持です。あなたが区労協の書記になったら（註）すぐに産んで、二〜三歳になったら保育園に預ければなんとかなると考えていましたが、それも駄目になりました。（……）私は十数年先、つまり私が絶対に子供を生むことのできない年令で、あなたにまだまだ生殖能力のある時のことを思うと怖ろしくてたまりません。更年期になった時の私は、精神的にも肉体的にも全くすさんでしまうでしょう。（……）

（六〇年九月末、手紙）

（註）そういう就職話があった。

六〇年一一月の日記から。

一一月四日　ごまかしの生活、悔い多い人生がすぎていく。なにもかも新規まき直しにしたい。労働することを厭いはしない。むしろ快感を覚える。
一一月六日　日曜出勤。性交、バスコントロールしない。私がこわがるとTは心配しなくても大丈夫とやさしく言った。何が、何が大丈夫なのだろう。生活感覚のちがいなのだろうか、男と女の感じ方のちがいなのだろうか。妊娠中、出産後一〜二年の生活をTが保障するということなら本当に嬉しい。しかしそれはあまりにもあてにならないそら頼みだ。Tは、私と子供が活動上の負担となれば、必ず捨て省みないだろう。（……）
一一月七日、欠勤。一万円のことからケンカ。本当を言うと私はそれほど腹をたてていたわけではない。それなのに私は離婚用紙をとりに行った。帰ってきたらTが「今日は一緒に遊びにゆこう」ととりなした。どうしてその時和解しなかったのだろう。まもなく内山さんが来たためそのチャンスがなくなった。そして私は、「私は一人でやってゆきます」という絶交状を書いて離婚届と一緒において外にとびだした。（……）夕飯はTがつくってくれた。夕飯時、今度はFがきた。（……）Tと私は一日中話しする機会をもたなかった。夜、私は自分の寝床しか敷かなかった。Tが私の床に一緒に寝るか、それともいつものように二つをつけて敷くかと思ったが、そうしないで離れたところに敷いた。私は親鸞の下巻、Tは中巻を読んだ。そうだ、風呂にも入ったのだった、一緒に。しかし、お互い肌に触りもしないし、流しあいもしなかった。風呂の中で小乗と大乗の話をしたが、二人とも確かなところは知らない。
一一月八日　欠勤。朝飯はTがつくる。タマゴを食べないか、という。何か新聞記事のことを話したような気がする。朝食後、Tはすぐどこかに外出。私は掃除と洗濯。快晴。私の腹立ちを時の経過が解消するのを待っているのだと思っていた。しかしどうもそうでなかったらしい。一〇時半頃戻ると米穀通帳をもってまた出ていった。（……）昼飯に戻ってきた。御飯はもう食べたかと私にきいた。私はまったく食欲を失っていた。私は「植民地革命」を見ていた。読んでいたのではない。Tが何か話しかけるかと思って待っていたが、何もいわずそのまま出ていったきり、夕方の八時まで帰ってこなかった。帰ってきて彼は離婚届に署名した。

何もかも終ってしまい、元に戻らなくなってしまった。昨日の朝から今日の夜まで坂をおちる小石のように、どんどん事態は深まっていってしまった。（……）もう今となってはおそすぎる。（……）夜中、性交、バカ、Tは心のどこかで私を拒絶し、かたくなになっていた。二週間ちかく眠っていた性欲がどうしてこんなに急に激しく燃えあがるのだろう。こんな時に、昼も夜も。一三年間の性生活を総ざらいしたいような衝動。（……）

一一月九日　欠勤。事態は同様。Tは就職のことで出かけたらしい。早ければ今晩から私は一人になる。まったくやりきれない。なんで絶交状なんか書いたのだ。私は断言しないで相談すればよかったのだ。どうしても子供が欲しいと。そしてそのための必要条件を考えてくれと。ダメダ、ダメダ。私たち二人の間には、そういう内容が、普通の夫婦の間では当然の相談をする場などは最初からなかったのだ。Tは全生活を革命運動にぶちこむ――これが至上命令で、これが全体なのだから。相談したいこと、大きな声で叫びたいことは、みな喉元まできて飲みこまれてしまった。いつ頃からそうなったのだろう。（……）私の内部に世間並の欲望が芽生えてきた頃からか。私は至上命令にたえられなくなった。多数派との分裂、Sとの関係は私の力をもっと弱いものにした。至上命令に従うには、どんな小さな疑いも許されない。

さようなら、T。私はTを愛し、憎んだ。信じながらも疑惑を完全にとり去ることができなかった。（……）私がTに対して持ち続けた最大の疑惑はこうだ。——私、または私の生家に、二人の生活、従ってTの活動を維持してゆく能力があるから私と一緒にいるのだということ。耐えがたく重苦しい疑心だった。疑惑の虜になるほど私は自分の財産?に固執した。嫌なことだ、浅ましいことだ。このぬぐい去ることのできなかった根深い観念が、ついに私をここまで駆りたててしまった。何度もTにうちあけようとしながらできなかった。それは、私の心の内部で、私が子供を生んだらTは離れてゆくという固定観念になっていった。なまじっか、親に財産があるから純粋に考えられないのではなかろうか。

T、いつかまた一緒に暮そう。私が何人かの男を経験したのち、とげとげしい感情をなくし、あるがままにTを愛せるようになった時に。私に何らかの収入が確実に入るようになった時に。しかし、その時も、私はただ本能的な仕方で愛するにすぎない。革命運動の理解の上に立ってとか、そんなリクツによってではなしにだ。いつかまた一緒に暮らせるだろうか。さようなら、T、いつかまた一緒に暮らそう。

私は敗けた、挫折した、本能の虜になって敗北した——。

一一月二七日　自分の気持の整理がつかない。今迄の生き方が崩れてゆきつつある。それは止めようがない。虚無だろうか、諦観とも言うべきものだろうか、それともそんな高尚な概念とゆかりのない俗化だろうか。この傾斜のきっかけは？　「ねばならぬ」の生き方、構えが失なわれてゆく。しかも何も達成しなかった。「かくある」というあきらめ、無力感。おそらく「かくある」という諦観のうえに、なお行動の欲求を失なわせないことが偉いのだろう。未知の世界観に触れてみたい。破壊、死への欲求、自動記述、無意識の世界などをいうシュールレアリズムやダダイズムやモダニズムなどに。

それらには「ねばならぬ」がない。何か、わかるかもしれない。

私のこの無防備な未練がましさ、弱腰は当然、彼の横暴さをますます引出した。革命運動以外のことは考えたくないといい、自分の政治論文を書くために机の前に坐ったきりで、新聞を持ってこさせ、食器を洗う音にもやかましいと文句を言う。しかし、私も暫くすると、また性こりもなく、離婚したほうがいいのではないかともちかける。

（……）別れたい理由は、これから先、二人が一緒に生活していくため、精神的にも経済的にも自信がなくなったからです。私には一年ぐらい前からTが、人が変ったように思えます。（……）あなたは、自分にとっては恋愛などわずらわしいものにすぎない、革命運動以外のことは、いっさい考えたくないといいました。革命運動あるいは革命家には非人間的な冷酷さが強要されることは事実だし、私はその時、あなたの考えをそのまま是認しました。しかしその後、折にふれ、あなたのその考えが日常生活で実証されはじめた時、私は自信をなくし始めました。もっと具体的にいいましょう。今年のはじめ頃、あなたは今年いっぱいに書く原稿枚数の計画をたてました。それによると、あなたは朝から晩まで食事と洗面に必要とする約一時間半ていどを除いて机の前にいることが必要でした。そこで私に対しては当然、女中に対する態度をとりました。(……)ある日二人で冗談にこんなことを言いあったのを覚えています。「インターナショナルの指導者が皆Tみたいだったら私はインターナショナルそのものに失望する」。あなたは答えました。「後進国の特権だよ」と。(……)

Sの今度の事件のおこる最初の原因は、自分に対する尊敬や慕情をそのまま革命に対する忠誠だとするあなたの態度にあると思います。多くの同志たちが最初から不信の眼をもってSが(ICPの)党員だったことについて、ぺぺは私に、長いあいだの不満を告げました。ローザはこういいました。彼女が金持だから入党させたのだ、しかしそれは感心しないことだ、と。(……)私はあなたに不似合いな小人の服を着せたいとは思いません。また去年、あなたが私に言った「A子には(……)いまどんなに烈しい支配階級の重圧がかかってきているか理解できないのだ」という叱責を忘れているわけではありませんが、何かが狂っているような気がします。(……)

（……）私が病気になった時、あなたは今までと同様に不機嫌に、冷淡になるのでしょうか。お金がない時、あなたは今まで以上に私を責めるのでしょうか。（……）今後、一緒に生活していくなら、次の事を承知してもらわねばなりません。即ち、Tのいっさいの活動費（交通費、郵便料、文房具料、［ICPと社党の］党費全部、紙誌代、書籍代）、小づかい銭、自分の衣料費を自分でまかなう事です。（……）あなたが金など稼いで時間をつぶしていられない理由、いらいらしてくる気持は十分わかっていますが、現実はどうしようもないということ、あなたがいらいらすると同じように私もいらいらし、それ以上にも悲しい時があるということを承知してくれないことには、おそらく一緒に生活してゆけません。（……）

（六一年三月頃、手紙）

私はこの時になって初めて、私にばかり経済的負担を押しつけるなら一緒に生活できないことを口にした。二人の関係は僅かに変化した。しかし、それは同年代の友人たちからは羨しがられるような住宅を私の親が買い与えてくれた時でもあった。

一九六一年に入ると間もなく、私の両親は、上の兄の次々の要求に株券も貯金も千葉市内に持っていた土地もすべて売り払い、最後に残っていた東京（大田区北千束）の土地を売らねばならないことになった。母が愛子にも財産をわけてやって下さいと父に頼んでくれ、私にもその売却金の一部を生前相続の形で品川区に一軒屋を買い与えてくれた。家は借地権（四〇坪弱）つきで二五〇万円で、その時初めて洗濯機二万円、冷蔵庫五万一五〇〇円、電話一万五〇〇円で買い、ICPに一〇万円カンパした。私はもう三〇歳になろうとし、これほど親に心配をかけ恩恵を受けながら、両親と兄姉に対する憎しみが再び燃えあがり、それはK・Tに対する憎しみと交錯しながら現われた。誰かに話せるものでなし、話せたとしても私の主体性の無さと身勝手さを指摘されるのはわかりきったことだった。

永い間、一人になった時の自分に何の価値も見出せず、彼と離れることを怖れてきたが、この頃には彼へ抱きつづけてきた熱い思いも実は幻想にすぎなかったという心境にだんだん追いつめられ、張りつめてきた気持のツッカエ棒そのものが崩れようとしていた。それは「革命」というものは知的にすぐれた人物と司令部＝レーニン党が指導するものと思いこんでいたことへの懐疑でもあった。どうにも自分の気持がもちこたえられなくなると無断で家をとびだした。山谷は男の世界でとても居られそうもなく、新大久保の一泊二〇〇円の「ねむりや」のカイコ棚に二～三日、天井を見つづけては、また家に戻るということを何度もくり返した。

三つの出発点——フロイト、シュールレアリズム、トロツキズム。三つの柱の上に立つこと。三つの本質的、総合的理解のうえにたってはじめて新しい芸術理論が可能なのではないか。（……）

精神分析は通俗的な性愛解説と狭義の診療室に閉じこめられ、そこに流れる真に人間的・革命的な精神は忘れ去られた。フロイトは言っている。「どういう進化の過程を経て無意識は否定されたのか。その否定はどういう利益があったのか」——それは人間社会の歴史として、また人間個体の過程として理解されねばならない。（……）無意識界に比べると意識界は氷山の一角にすぎない。無意識界は欲望＝エネルギーの貯蔵庫である。無意識界を白日の光にさらすこと、解放すること。否定されたそれを取り戻すことが共産主義の仕事である。（……）

精神障害をおこしかかっているような気がする。一、二行の文章の意味が読みとれない。人の話しているることが聞きとれない情態。何も意識しないときは変でないが、気持がひっかかると（……）おかしくなるらしい。外側の世界に心が向かなくなって閉じこもった情態になると、人の話がわからなくなる。そして内部だけの反芻がはじまる。（……）追いつめられたような気持がする。（……）ああ、なにかはっきりすべきだと思うのにそれができない。こうしていることは恐ろしいことだ。それなのに現状を変えることも怖い。（……）両親に対する憎悪にひとたびとらわれると何時間もそこから脱けでられなくなり、憎しみの反芻、復しゅうの反芻がはじまる。夫に対しても全く同様だ。しかし面と向かいあった現実ではそうでない。ごく普通の情態なのだ。

（……）最初に一人でいることを願った時、そうすべきだった。その時から今日まで、私は闘いをひきのばし、妥協していた。古典哲学も経済学もフランス語も漢方医学も文学も、そして社会党にも加入した。でもみんなダメだった。私はそのどれにも心を奪われなかった。ただ自分だけを見ていたにすぎない。なにもかも中途半端ではないかと言われる時、私は心の隅のどこかで呟く。「だって私自身が選んだものではない」と。これが私の本質なのだ。決して、決して世界と対決しない。従って自己自身とも対決しない。「女だから」いい、仕方ないというかくれた言い訳。（……）失敗に終った時、絶望することのできる状況に身を置くこと。私はそういう状況のもとにない。最近迄、私は自分に絶望しようと自分をかりたてた。しかし今ではそれさえもしようとしない。社会から、家庭から、妨害され、拒絶されたエネルギーは歪められた形で彼女の内部に生涯まつわりつく。己れの関心事にのみ集中された持続した時間、持続した気分、それはやがて一つの事業に対してうち込まれる情熱となる。移り気、むら気、本気でない——という女性の共通の性格は、彼女の父や母、兄や姉が、そして社会がつくりだしたのだ。（……）

私の無意識の世界に根深く存在するもの。瞬間的な白昼夢。それは父母が死ぬことである。（……）父が屈辱を受けること。たいていは裸で四ツン這いになることである。その脇に私が立っていて笑っている。笑うことになにか腹をくすぐられるような快感がある。そうだ！　もう私が何をやっても足を頭の上にのせようが、道路に寝っころがろうが、世界中何も文句はいわない。父が裸で四ツン這いにされているのだから！

（六一年九月四日、日記）

この時の日記には、さすがにためらって書かなかったが、私は父にレイプされることすら想像した。最も恥ずべき行為を父にさせることによって復しゅうする。

昨日、電話の応待のことでTに「A子は女子供の部類だね」と言われた。今日もまたどうしても所番地が憶えられないで「いいかげんに、もう憶えてくれないか」と言われた。Tが見ていることを意識すると急に茶碗や皿をとり落すのではないかと心配になる。皿一枚とる手がぎこちなくなる。（……）私は逃げだしたくなる。なにひとつビクつくことのない所に自分をおきたいというおさえがたい欲求。些細なことを注意されても批評されても私の頭は混乱する。（……）子供の頃は父が不在でさえあれば、ただそれだけでたまらなく楽しかった。父さえいなければ何ひとつビクつくことのない生活、すべての欲求は満足させられる生活が実現する。母の気まぐれな怒りさえ、それは父の指図によるものだったから。（……）少しでも安心感を得たいため、意識して父の前では良い子ヅラをした。私は何故Tに対してビクつくのだろう。（……）

所番地をどんなに憶えられなかろうが、人との応待がまずかろうが、十枚の皿を一度に落とそうが、一日中猫のように日向でボンヤリしていようが——つまり自分の欠陥をさらけだし、自分のしたいようにすることがどんなにたるみきったものだろうが、ビクビクオドオドしないでいたいのだ。もし、そういう状態になったら、私はヘソを天井にむけて半年もの間、ゴロゴロしていようと思う。枕の周りには出前の丼や蜜柑の皮できたならしく散らかしてやろうと思う。そんなふうに半年か一年暮らしてみたら、少しは人間らしい、ゆったりした、自分のこと——つまり自分が本当にやってみたいこと——が自分で理解できる、人間らしい人間になれるかもしれない。それとも全く通俗的なその日暮らしの人間になってしまうかもしれない。としても、もとっ子ではないか。現在だって、自分の欲望に従ってなど、行動していやしない。心から関心を持っているものなんて何一つありはしない。

（……）本当にやりきれないのは、すべてのヒステリー女を含めた大多数の女の生き方なのだ。マルクス夫人やトロツキー夫人だとて、夫というヘソのオを通して世界と交渉をもったにすぎない。（……）外界、社会、世界と関係をもつためには、そのための準備と訓練が必要なのだ。成長期における利己主義、自己中心。家族、環境における対等な扱い等々。そこから女は除外された。

いったいこういう関係が永く続くものだろうか。（……）Tは「A子は革命についてまじめに考えているのか」と焦立つ。私は心のなかで「革命のことなど考えていない」と叫ぶ。「どうせ私は女子供なんだ、自分の生活というものがないんだ、自分がないんだ、それでなんの革命だ」とわめく。――これで一幕の終りではないか。（……）解決は二通りある。――一つはすぐに別居すること。もう一つは、Tは私の焦立ちにも知らぬ顔をし、女子供の部類だと思っても決してそれを口に出さず、私が次第に老いぼれ猫のように無気力になるのを待つことだ。

（六一年一一月一五日）

大晦日の決別

ちょうどその頃、私は右胸にしこりができて乳癌の組織検査を受けることになった。その結果を待つ一週間、自分が惨めで惨めで、今までの生き方が情けなくて食事もしないで寝こんでしまった。検査結果は異常ナシだったのだが、良く生きた者は良く死ねると思った。そのことも心の一つのバネになったのだろう。そしてまた六〇年安保闘争を通して「組織」外の大勢の行動する人たちを眼のあたりにし、しかも自分も社会党の隊列の中でもてはやされたこと。私は使わぬ一部屋を賄つきで学生に貸すことにした。二食つきで七五〇〇円、二人分入ることもあった。この頃になって初めて、私にばかり経済的負担を押しつけるなら、一緒に生活してゆくことはできないと、口にした。K・Tは、だんだん私の機嫌を伺うようになっていった。

K・Tの所には、三多摩地区で社会党に加入したメンバー（JR）や東京学芸大系のメンバーが顔を出すことはあったが、私は何も知らないで、家に出入りする人は皆、K・Tの指導下にあるのだと信じていた。そして、私は新しい居住地、品川区で、またK・Tと共にICPの加入戦術として社会党に参加しはじめた。

当時、社会党を支えていたのは、総評傘下の国労、全逓、日教組等の官公労を中心とし、東京では、東京交通局、都職労等の都労連に結集する親方日の丸の労組の幹部と、それらを出身母体とする議員の連合体であり、その周囲にわずかに民間、中小企業などの労組幹部、それに戦前の労働運動や農民運動の流れを汲む人たちや、党や組合の書記で構成されていた。社会党は、一九六〇年安保の大衆的高揚のあと、地域と職場の末端からの党づくりによる「党勢拡大」の必要を感じて機関紙（『社会新報』）と党専従者の強化拡大をはじめていた。

そこに、とっくに日本共産党に見切りをつけた学生運動家たちが党の地区書記、機関紙専従者、労組書記あるいは労働現場に新たな活動分野を求めて「就職」してきた。彼らはそれまでの労組幹部依存、議会主義的社会党の体質と異質だったし、学生運動で培ってきた思想性やセクト性をもって、社会党を階級的党に変革すべく、あるいは利用の対象としていたが、学生運動がさまざまな潮流をもっていたように、さまざまな傾向をもって入ってきた。その中には女性もいた。ＩＣＰのように加入戦術として明らかに社会党の外に党組織を持つものだけでなくとも、多かれ少なかれ社会党外にフラクションを持って多かれ少なかれ階級的革命党への道を模索していた。しかし、社会党そのものが共産党のような一枚岩的組織でなく、議員派閥で構成されていたから、学生運動出身者たちの流入は自派の強化として、また議員党的体質から、大衆的社会主義政党をめざしていた、いわゆる「左派」からは好意的、利用主義的に受入れられた。

1962〜63年頃、伊豆にて

当時、品川区は京浜工業地帯の一環だったが、隣接する大田区や川崎市のような大企業が林立しているということはなく、中小零細企業がひしめいていた。大きいのは、国鉄の大井車輛工場、日本光学、それにソニー、明電舎、小糸製作所等の電機関係だったが、それらも資本の規模はそれほど大きくなかった。電機関係の零細な下請けやアメリカに輸出するクリスマス用電球の家内工業や内職も多かった。自動車関連はほとんど無かった。

社会党品川支部は、東交、国労大井、電機労連の支援をバックとする右派と、中小企業の労組や零細企業などをバックとする左派にわかれていた。人脈でいうと、加藤勘十（衆）、シズエ（参）が右派で、経済学者で大学教授の木村禧八郎（参）、ハガチー事件の被告の一人で六〇年安保の波に乗って当選した元党本部書記、大柴滋夫（衆）が左派ということになっていた。選挙の時は、右派系は大労組丸抱えで労組員が動員され、左派系は中小零細企業地域を小まめに歩いて支持を集めるというふうだった。学生就職組は大体、左派系を手伝った。当時、品川支部にはオルガナイザーの専従者として増野潔《きよし》もいた。そういう中の一人として私は、区議会議員で、次回都議選に立候補予定の中小企業労組出身の中大路まき子のもとに六三年一月から秘書という名目のアルバイトについた。四月の統一選挙で彼女は都議会議員に当選した。

私自身はＩＣＰの加入戦術としてという自覚はあまりなく、謄写版印刷や選挙用名簿の整理などでも周囲から評価され、そのことでアルバイト代が貰えることが嬉しかった。私は、本来のアルバイトの仕事と同時に、党費や「社会新報」代を集金したり社会党関係のビラを配ったり、会議に顔を出しはじめ、そんな生活の変化の中で今までの限られた狭い人間関係の中ですべてをＫ・Ｔの目を通して見ていたことからだんだん自由になっていった。一方では、「革命的左翼」の立場から社会党の「議会主義」を見下し、他方では、そこにいることの居心地の良さと、そしてあたり前の生活者、労働者が同時に政党人（党員）であることに、新鮮さと驚きと、人間的ぬくもりを感じていた。

六三年一一月、衆議院選挙を手伝うなかで、同選挙の選対本部に常駐したＮのさそいにのって性交渉をもった。多分、Nにとっては、ゆきがかりのいわゆる「浮気」のひとつだったと思う。私も深く考えることもなくさそいに乗ったのだが、今までのK・Tへのうっ積がいっきに噴出して、三一歳の今までの人生はいったい何だったのだろう、とり返せるものならとり返したいと激しく泣いた。Nは私のK・Tに対するこれまでの経過を何も知らなかったろうから、こんなはずではなかったと戸惑ったと思う。その場限りの関係で私から離れようとする彼をひきとめたのは私の方だった。その後長くつづいた関係の中で彼の家族に対するうしろめたさを打ち消しながら、時計の正確さで訪れる彼から傷つけられるということもなく、といって、彼から何かを得るということもなく安住し、私は自分の世界を歩んだ。

一方、K・Tの欲求を拒否したことから、K・TにともかくN離婚したいといってNとの関係を告白し、この家から出ていって欲しいと告げた。そして六三年の大晦日の日に、この一日を越えたら元の生活に戻ってしまいそうな気がして、何がなんでも、今日中に出ていって欲しいといって、出ていってもらった。

以下、当時の日記より。

この日記は誰にも見せまい。現在の私は非常に偽りが多い。それぞれの場面で真実をさらけだせば追及され、自殺においつめられる。

偽りの一、——Nとの関係をK・T以外の（ICPの）メンバーに偽っている。

偽りの二、——Nへの愛情をK・Tに偽っている。自分がメンバーであるという確信をもっていないことをK・Tとメンバー全員に対して偽っている。

偽りの三、――メンバーであることをNに偽っている。

最初は、自分がICPのメンバーであることをNに対して秘匿する以外、何も偽るつもりはなかった。しかしK・Tから、どんなにしても離婚はしない、Nとの関係は全く許せないといわれた時から、どうしても離婚したいがために偽りが始まった。

離婚できたら、その時点で精いっぱいの努力をして、一人で考え、生きてみようと思っていた。しかし現実は甘くなかった。その第一歩において、私は偽りの鎧に身をかためた。このままの状態では精いっぱい生きることはできない。どこかで結着をつけざるをえない。

自分が精いっぱい生きた過去、共通の考え、言葉、楽しい語らいを、今、すべて捨てようとしている。今までの人生を、全てを否定し去ることになるのかもしれない。

しかし、同時にその過去は本当に彼の思いやりのない、異常な冷たさの日々だった。私の運んでくる金、金、金のためにある日々。そしてそのことが革命運動という大義名分のために正当化されていた。やっぱり嫌だ。

Nに久し振りに会う。彼――家庭を破壊して妻を不幸にするなら、あとあとまで苦しまなければならないからすぐに結婚は約束できない。（……）

私の気持——Nと結婚したいとも思う。しかし、彼の妻の不幸、思想上のこと、いろいろな気持があって結論は全くでない。

メンバーのTがある日、こう言った。奥さんは離婚したら組織人としてやっていけるとは思わない、だから離婚せぬがよい、と。私はひどく腹が立つ。成程、メンバーとしては現在でも半脱落の状態かもしれない。しかし、私は足かけ十三年間K・Tと一緒に生活し、彼の生活と相当の活動資金を支えてきた。私は単なる金づるだったというわけだ。私は一人の独立したメンバーとして認められていなかったのだ。そのようなものとして自己を確立していなかったというわけだ。

私は、K・Tを頂点としたそういうやり方が全く我慢できなくなったのだ。

彼の欲求を拒絶して、どうしても別れたいといった時、彼は一人言のように、「自殺してしまうわけにもいかんしな」と言った。この言葉は私のためらいの気持を一掃した。ひどく滑稽ではないか。彼にいわせるなら彼の全生活は革命運動のためにあるのだから、それが十分果せないような生活環境は自殺にも値いしよう。しかし、よく考えてくれ。二年前までの私の収入はいったいいくらだったのか。日本チューブK・Kでは残業してやっと九千円だった。

その頃、私の提起した離婚話に彼が容易に応じたのは何故か。彼は自分の不道徳（Sとのこと）を省りみて、止むを得ぬと思ったからだという。それなら何故、あの時、そのことを私にいわなかったのか。ただ黙って離婚届に署名捺印したのか。その時は私がその願いをとりさげたのだが、何故、反省の一言、これから努力してみたい、再出発したいと、今回のように泣いて言わなかったのか。私はだから全く信じられない。

「これから、子供を生めばよいのではないか」ですって!?　「なんで、こんな失敗をしてしまったのだろう」と言って彼はしばらく泣いていた。そういう言葉の一つ一つが、私の決心をますます不動のものにしてしまった。

K・TはNとの関係を切るなら離婚もしましょうとも言った。もし、私とNとの関係がICPグループの耳にでも入ろうものなら、死に追いやられる、書記長は辞任だと。それで私はNとはもう会わないと約束してしまったのだ。彼はNと私の関係はなかったものとして扱うと言った。彼はグループをあざむく。彼は自己保存の為に、この頼りにならない私との約束をとりつけようとしたのだろうか。組織の動揺を押さえるため、革命のためにか。

私はもう本当にいかなる意味においても彼を愛していない。人生の真の喜び、生きる喜びを与えてくれたK・T、ゲーテのファウストを教えてくれたK・T、ドウジンツェフの「パンのみに生きるにあらず」を理解できるようにまで私を仕立てあげたK・T。

彼は私にこうも言った。「自分の過去十数年A子に全生命を打ちこんだといってもよい」と。しかし、それなら、どうしてあんなに自己本位だったのか。

小深（結婚直後に住んだ四街道の小深）の家の裏の林、静かで美しかった。井戸は遠かった。彼が水を汲んできてくれることがどんなに嬉しかったことか。彼は小深の家からICPの国際会議のフランスへ行った。フランスへ行く直前、二人の仲はあまり良くなかったが一カ月も経たないうちにお互いにひどく恋しくなって、毎日毎日手紙を書いた。充実した高尚な心、関係と卑小な自己本位の計算づくの関係が交互にあらわれて、続いた。

やや気持が落着いた頃、また日記に書いた。

女は自分の性と闘うことなくして、人間としての解放はありえないのではないか。史上の文学の女性はすべて男性から見た女性である。アグネス・スメドレーの『女一人大地を行く』を読んだ。この自伝の半分は、自分の性との闘いの記録であり、あと半分が貧困と本来の解放のための闘いである。

性との闘いの内容は何か。私の場合、最初の意識された闘いはK・Tとの恋愛から始まる。愛しているから肉体関係をもつのは当然であるという理論にかくれて、己れの快楽（性欲）を満足させる行為。この行為を追求することは、若い、生活力のない中産階級の娘にとっては困難なことである。この困難に打

1964年9月27日、横須賀にて

ち克つ力は、快楽を追求しようとする力、本能の強さ、それに加えて、本能を追求する際のやましさ＝既成の通念、道徳観との闘いが要求される。

私は本能の強さに支えられて既成のものへ全く滅茶苦茶に抵抗し、噛みついた。さかりのついた猫のように、汚ならしく、執ように。そして同時に傷ついた。己れの「つくられた」「第二の」性との闘いとは、性、快楽への徹底的な追及でもあった。

にもかかわらず、結婚して間もなく私は奇妙な矛盾に悩んだ。K・Tから自分を解放したい、K・Tから自分を解放したい、K・Tから離れたら自分はもっと素晴らしく成長できるにちがいない、という願望。そしてそれは、やがて彼以外の男性と肉体関係をもつべきである、そうすればおそらく彼から受けている圧迫感、従属感、劣等感から自分を解放するにちがいないという思いに発展していった。（六四年八月三〇日）

やがて間もなく、K・TはICPの中心人物であることがバレて社会党を除名された。私との離婚は、偽装離婚ではないかと取りざたされたが、私の雇い主の議員さんが弁明してくれて、私は処分なしだった。しかし同時に、Ｋ・Ｔの妻でなくなった私は組織からも完全に切れた状態になった。ＩＣＰという組織自体、実はほとんど実体のない状態だったのかもしれない。

私は二重党籍といううしろ暗さから解放されて、正真正銘の社会党左派の党員として、そして同時に社会党系女性組織・日本婦人会議の会員として活動をはじめた。

第二章　新しい女の運動を求めて

日本婦人会議の中央常任になる

女の運動の分野では、六〇年安保で立ち上がった女たちのエネルギーを組織に結集しようという動きがでてきて、社会党系組織として日本婦人会議が六二年四月に結成された。他方共産党系組織としては敗戦直後にスタートした婦人民主クラブを分裂させる形で新日本婦人の会が一〇月に結成されていた。その後も婦人民主クラブへの日本共産党の執ような介入はずっと続いた。その他、地域には、原水禁大会はお父さん、母親大会はお母さんといわれた母親大会連絡会や保育所づくりの連絡会があった。私はそれらの「共闘」の場に顔を出したり、春闘に向けて女性労働者の交流会や、憲法学習会の講座を企画したり、時には井上清のテキストで女性史学習会をしたり、牧歌的な啓蒙活動をしていた。

そんな中で私の行動範囲も品川区から除々に外へ拡がっていった。私の雇主、中大路まき子の推せんで、秘書的仕事と同時に日本婦人会議の中央常任になった。

日本婦人会議は主婦の組織化を目標にして結成されたが、社会党の落し子らしく中央常任は議員と総評参加の単産婦人部長を主として構成されていた。

その当時は、三人議長制で参議院議員の田中寿美子、元日教組婦人部長で元参議院議員の高田なほ子、元日本ペンクラブ事務局長で創立当時の婦人民主クラブの事務局長だった松岡洋子の三人。中央委員は総評から山本まき子婦対部長、それに国労の元婦人部長野口政子、全逓の婦人部長秋山咲子、日教組の婦人部長奥山えみ子、山下正子がおり、それに異質な存在として樺光子、都庁を停年退職された田所八重子、野村かつ、原田清子がいて、それに地方議員から数名という構成で、私だけが若年者だった。事務局長は元福井県評の専従で、田中寿美子の元秘書の清水澄子だった。しばらくして専従書記に社青同解放派系の宮本尚美も入ってきた。

そして他方、東京都本部を中心に新左翼学生運動出身の就職組として、地区の専従者にも女性が数人いた。その中に三多摩労協の書記からひきぬかれて社会党都本部の専従になっていた合田宏子（今野）がいた。合田と私はもともと第四インター系の出身だった共通性（合田はＪＲ、私はＩＣＰというちがいはあったが）もあって、その上、社会党都本部婦対部と日本婦人会議中央常任という関係で、お互い阿吽の呼吸でことごとに連絡をとりあった。この関係はアジア婦人会議への取り組み過程とそれ以降もつづき、合田が、彼女の所属する第四インターで女性組織づくりにむかうまで続いた。

一九六五年に入ると国内情勢もあわただしさがいっきに表面化してきた。米軍の北ベトナム爆撃（二月）を受けて四月にはべ平連（ベトナムに平和を！市民連合）が発足し、日韓条約の調印（六月）を受けて反戦青年委員会(註)が結成された。さらに翌六六年には新国際空港の建設地が三里塚に閣議決定されるや、三里塚芝山連合空港反対同盟が結成された。

（註）発足時の正式名称は「ベトナム戦争反対・日韓条約批准阻止のための青年委員会」。「反戦青年委員会運動は六五年八月から七一年六月にかけて六年間にわたって展開された青年労働者の運動である。七一年六月も名は残っているが実際は終っている。（……）そもそもは社会党青少年局のイニシアチブでつくられ、総評青対部、社青同の三者の呼びかけで始まった。構成団体は主要単産青年部で各県段階でも同じつくり（……）学生は、革マル全学連、三派全学連、自治会共闘の三団体がオブザーバーで参加。その当時、公安の発表で全国の反戦青年委員会のメンバーは五〜六万という ことだった。全国結集を行うと誇大発表でなく一万人は集まっていた。」（今野求追悼文集『夢を追ったリアリスト』二〇〇〇年九月、追悼文集編集委員会発行より）

六〇年安保が「平和と民主主義を守れ」という防衛的、被害者意識に基調をおく運動であったのに対し、べ平連も反戦青年委員会も、ともに己れの加害性＝自分たち自身がベトナム戦争に加担しているという認識の上に成り立っていた。それはやや遅れて始まった全共闘運動の「自己否定」の理念にも受けつがれていった。だから六〇年安保闘争が国会という政治決定の場に向けられたものだったのに対し、自分じしんの生活、

エプロン大会。1965年12月1日

労働、学問の場に対する問いかけでもあった。

そしてまた六〇年安保が社共共闘を軸にして、安保阻止国民会議が中心になって市民層をまきこんでいったのに対し、ベ平連も反戦青年委員会も、また全共闘も、自分たちの「組織」「結集のあり方」に明確な理念をもっていた。

しかし私はK・Tとの生活を通していわゆる「職業革命家」なるものには幻滅していたが、恋愛時代から離婚までの一六年間の長い間、すりこまれた前衛党不可欠の意識は、そう簡単にぬぐい去られることはなく、かつてK・Tに課せられた「グルンド」の勉強を今度こそ継続しようと思って日記にこう書いた。

すくなくとも社会的次元の問題をK・Tから離れて自分の悩みとして悩むことができるようになったのだから。しかし、まだ本当に階級的、世界史的苦悩を自己の苦悩とするに至っていない。ムカシ、そうしたように体系的な学習を再び行なおう。

レーニンはいかにしてその任務にそなえたか。①理論闘争を政治闘争、経済闘争と同列においた——社会主義的日和見主義との闘い——党内闘争による党の強化　②職業革命家の組織の確立　③全国的政治新聞――蜂起を成功させるために不可欠――の発行 ④自然発生性について（……）

レーニンの『何をなすべきか』を一生懸命読んでノートしたり、ひどく小難しいルカーチの『ローザとマルクス主義』を読んだり（実際は何も理解できなかったはず）、学習計画をたてたり、ともかくレーニン的党というか、前衛党の必要性を疑うことはなかった。それは、私に限らず、「レーニン的」かどうかは別として、当時、左翼的活動家に共通していた意識だったのではないだろうか。

高群逸枝との出会い

しかし、私の意識は一方で革命党の必要性と交差することなく、あいかわらず「女性」へこだわりつづけていた。

そして日記に書きつづけていた。

女は自分の性を問うことなくして人間としての解放はありえない。それは自分自身との闘いであり、社会との闘いである。女という〝性〟は他ならぬ自分であり、それは苦渋にみちた卑下された社会的存在である。卑しめられた、きたならしい己れ自身をいくら否定しても忘れても、生きてゆく社会いたるところにそれはつきまとってくる。自分を愛している男、自分も愛している男から不用意に言われる言葉

――女は仕方がない、女はダメだ――と。同じように、あいつはきたない「部落民」だ、朝鮮人だと言われてきた。彼らの憎悪が正当で、女の怒りが正当でないと言えるだろうか。婦人運動ナンセンス論の薄っぺらなおてんば娘は、そんな言葉は自分以外の女にかけられたものと涼しい顔をしている。かつて、日本の権力者におべっかを使った朝鮮人のように。半朝鮮人のように。女は社会的に月経として、妊娠として、母性として、差別された安い労働力として存在している。己れの解放、確立は差別された社会的存在との闘いなくしてはできない。従って己れ自身との闘いは二重性をもつ。（六七年九月）

類比はしばしば通俗的思考につながる。しかし、婦人問題と黒人問題の類比はしいたげられたもの、しかも当事者自身の卑下される根源を自分自身にあると思いこんでいる――の共通性にある。私の思惟の世界も無意識の世界をおおうもの、それは〝女〟である。〝やっぱりダメじゃないか〟という気持。〝ブラック・パワー〟はキング牧師の同権主義と雲泥の違いだ。黒こそ力。なぜ黒が白に対して本質的に優位なのか。私は思う。男女同権主義などというものだって半朝鮮人のようなものだ、と。（……）黒人は黒人に理解のある白人に対して言うだろう。――〝ご協力ありがとう（……）しかし俺らの本当の苦しみはわかるまい〟と。そうなんだよ。問題は社会的処遇の差別だけにあるのではないのだ。己れ自身に対する卑下、憎悪、嫌悪にあるのだから。だから問題の解決は同権を求めるところにだけあるのではないのだ。己れ自身の尊厳を回復しなければならないのだ。（……）婦人の解放だって同じだよ。私たちは女であることから逃げだしたいのだ。

高群逸枝の女性史をテキストに読書会をしたりもした。そしてある時、橋本憲三氏に全集を刊行されたことに御礼の手紙を出した。高群全集は長い間、手探りで求めていたものを明らかにしてくれた。婦人解放運動もアメリカのブラック・パワーと同様、自己革命の上に築かれなければならない。そして、このことは母性に対する開眼との結合なしには、ありえないというような内容の手紙だった。返事はいただけなかった。

〝一四日をいでずして（その説は）全ヨーロッパに伝わり、一カ月にして全キリスト世界に広まった。あたかも天使が飛脚をつとめたかのように〟（毎日新聞の文芸欄記事から）

マルチン・ルターがローマ法皇に対して弾がいした九五ヶ條の文章についての当時の表現である。

〝怒りの発動にはつねに耐え難き過去があり、未来への蓄積がなければなりません（……）むかっ腹には上をむき／あてっこすりは鱶の腹／涸れた涙に砂の風／瞼しばたき口むすべ（……）〟（井上光晴「君の怒りは本物か」より）（六七年一一月）

結婚する前後の頃、K・Tはよく私に「お前さんは本当に何かに対して腹を立てたことがあるのかい」

と、いらいらと怒って言った。当時の私には怒りを怒りとして、悲しみを悲しみとして現わしたりなどできなかった。そんなことをしたら、私自身が空中分解してしまいそうだった。怒りは言葉にならなかった。涙は頬をぬらさず塩辛く口中を流れた。私は怒りを、ひそかに着実に温めていた。そしてその手はじめに彼を追い出した。K・Tは私の本当の怒りを見誤った。〝君の怒りは本物か〟を問う前に〝君の本当の怒りは何なのか〟を問わねばならなかったのだ。ことに女性に対しては。

異なるものは異なるものとせよ。黒は白でない。女は男でない。そのことを己れも他も認めよ。労賃＝労働力の価格は労働力を再生産、維持する必要経費である。従ってそこには子供を生み育てる費用も含まれるべきであり、労働力の再生産（生殖）は社会的必要である。故に女が母性であることは保障されるべきだ――もっともな説だ。しかしこの説はわからずやの理屈やの資本家に対して用意される言葉だ。我々の仲間ではそうでない。女は本来、母性である。だから母性として扱うべきだけのことなのだ。

ボーヴォワールの諸著作――近代国家の中に生きるカソリックの野蛮、そのしわよせを陰険な形でひきうけるのは女性である。フランスがボーヴォワールを生んだ理由である。

先月末の月経がおくれて、妊娠した（妊娠できた）かと思った。いくぶん戸惑いながらも、このような条件の中で私は〝この事業〟をやることに生き甲斐を感じた。種々のそしりに対して、私は絶対的優位性、確信をもち、そして彼らの俗物性に対して闘う自信があった。そして女性たちは心の底では必ずや共感するであろうと。

しかし、やっぱり妊娠ではなかった。私は現在の性的関係を中止したいと思っている。やっぱり従属しているような気がするからだ。私じしんにコケットリーがあるからだ。男、男一般とのこんな感情の交流はやめたいと思う。

私はかつて——数年前まで、〝社会的なこと〟について、本当に怒ったり喜んだりしてみたいと思った。自分じしん以外のことについて本当に関心をもってみたいと思った。

〝世界を自分のものだと考えたり、世界の罪をわが罪と感じ、その光栄をわが名誉と思うには特権階級に属するものでなければならぬ。（……）今まで「人間」がその姿をあらわすことができたのは男のうちにであって女にではない（……）〟（ボーヴォワール『第二の性』）

〝自由な女は、いままだ生れようとしているところだ（……）

ランボーの予言（……）

『詩人たちが生まれるだろう！　無限につづいた女の奴隷状態が打ちこわされ、女が自分のために、自分の力が生きる時がくれば、いままで憎むべきものであった男が彼女にお暇をくれるだろうから女もまた詩人になるだろう！　女は未知のものを見出すだろう！　彼女たちの思想の世界は、我々男のそれとちがうだろうか。彼女は奇異なもの、うかがいしれぬもの。いやらしいもの、じつに甘美なものを見つけだし、我々がそれをとりあげ理解することになるだろう。』

女の《思想の世界》が男と違うということは確かなことではない。女は男の思想の世界に同化することによって自由になろうとしているのだから。女がどの程度に個別的（男とはちがって）なものとしてとどまるか、その個性がどの程度に重要さを持ちつづけるかということを知るためには、よほど大胆な予想をたててみなければなるまい。〃（『第二の性』より）

女の個別性——それは母性的なもの、現在では否定的側面としてあるいろいろな性質の中に示唆されるのかも知れない。

婦人運動の新しい局面——それは女が男の思想の世界に同化することによって自由になろうとする現在の婦人運動の克服の上に存在する。

異なることを認めさせること、

異なることを誇りとする自覚、

個別性、異なることの内容、本質を把握しなければならない。ボーヴォワールの思想は運動として展開されなければならない。それは〝母性〟、〝婦人労働の問題〟、〝子供〟等から追及されるだろう。男に愛されたいと思うので自分がなくなってしまう。自分がないから女同士の連帯がなくなってしまう。

男に対してきびしいまなざしを向けよ。すべてを社会体制にすりかえてしまうのは誤りである。黒人は長い間、白人にふかい憎しみを抱きながらあこがれてきた。しかし、もうそんなことはヤメだ。

そして一九六八年一月一日。

一人で迎える正月五回目。一人になって丸四年。(……)私は年齢より若く見えるから人は気楽に私を使おうとするが、それに流されてはならない。社会党の党活動を今までよりやらないことについてこれからも批判されるだろうが、それに対しても主体性を確立してかからねばならない。自分を失ってはならない。それはエゴイズムとも、プチブル思想ともちがう。現状においては、動く人間は消耗品なのだ。自分の目的のためならそれもよかろう。しかし、いまの私の場合、現状は必ずしも自分の目的とすることと融合しているわけではない。では、自分の目的とすることとは何なのか。自分の活動の分野をどこにおこうとするのか。党活動一般の分野に私が全面的に協力し、そこで成果をあげるなら、私は仲間、ことに男性から賞讃されるだろう。私も感謝され、賞讃されたいと思う。しかし、私の真の内的要求、目的、分野は他にあるのではないか。そんなに活動を分散させてよいものだろうか。

私の目的、分野とは何か。それはランボーの予言にあるような思想、ボーヴォワールや高群逸枝等の思想を運動に転化する、つまり婦人運動の新しい局面をつくりだすことである。どのようにして？　それが明確なら何も問題はない。何もかも漠然としているから考えるのだ。その運動は諸種活動一般との関連の中で行われるが独自の運動である。しかも男性からみたら、まあ、取るにたらぬことなのだ。だから、そういう意味もあって、私が私の目的を固執しようとすると抵抗や批判が生じるだろう。これが例えば青年運動や労働運動、教宣関係等の分野であるならば、皆、期待をもって歓迎するだろう。

それなら、私は自分の身をどこに置き、どの程度に一般活動の任務を分担すべきか。身の置き場所①現状のままで改善する。（……）②区議会議員になる。（……）③社会党品川総支部の専従者になる。（……）④婦人運動（社会党本部婦人局、都本部婦対部、日本婦人会議本部等々）の専従者になる。（……）⑤全く自由の身になる。（……）

勉強のすすめ方。①ボーヴォワール、第二の性の追体験――ギリシャ神話、フロイト、ランボー、マルクス等々。②高群逸枝、女性の歴史の追体験――日本の歴史、文学、日本の婦人運動等々。③アメリカ黒人運動との類似性の追及。――〃おまえが価値のない人間だと、あらゆる手段をこうじて残忍なくらいあからさまに織りなした社会におまえは生まれた、おまえは頭ぬけようなんて望みは持つべきでないとされている（……）〃（ジェームス・ボールドウィン）。〃二つの人種のあいだの差別撤廃にあらずして完全なる分離（……）さもなくば滅亡あるのみ（……）〃（マルコムX）④アジア、アフリカの婦人達について。
①社会変革のこと。社会党ではできない。革命同志会（変革派）(註)でもできないと思う。変革派は社会党を真の意味で超えなければダメだと思う。②私が主に関係しているのは婦人運動である。ここでも社会党を超えなければ新しい婦人解放の運動はありえない。その為のヒントは黒人運動のなかにある。スチューデントパワーの中にある。③私にとっては高群逸枝のあの直感的な女性解放の理論が、これらとの結合になる。私自身の人間回復ときりはなせないものとして社会変革があるのだから。④社会党を超えるという観点から当然、日本婦人会議の運動も考えられる、婦人組織の政党系列化の流れは全社会的退行現象、体制内化と方向を同じくする。（……）日本婦人会議は、もっと自主独立の存在であるべきではないか
——と。

（註）社会党内分派として社党を階級的に強化することを目標として同人誌『変革』（編集発行者・松岡宥二、一九六七年一一月から七一年迄）を出すことを主活動としていた。解放派系の党内専従者が多く、首都圏党内反戦派とも言うべきものだったろうか。私も参加していた。

しばらく経つ頃、山田美津子から「エコー通信」が送られてきた。詳しい内容は思い出せないが、高群女性史に深く傾とうし、非常に感性豊かな人だと思った。私が自己嫌悪から脱却するために、こんなに力んで

自分の言い分は正しいんだとわめいてきたのに対して、彼女たちははじめから女性であることを誇り高く歌いあげていることに、複雑な想いがした。そして、ブラック・パワーの言葉をもって返事にかえた。

〝私がブラック・パワーについて語るばあい、私は自分が何について語っているのかよく知っている。だが白人が私のところにやってきて「ブラック・パワーというのは暴力を意味するのではないか」という。私はそれに答えない。私は自分が何について語っているのか知っている。だからかりに、白人が、私が何について語っているかが分らなくともかまわない。それは彼らの問題なのだ。何故ならば黒人には私の言っていることが分っており、私が語りかけているのは、その黒人に対してだからである〞と。そしてまた〝人種主義に対する闘争の悲劇の一つは、都市のゲットーに住む若い黒人のうちに育ちつつある戦闘性に対して語りかける全国組織が一つもなかったことである。リベラルの白人にぴったりした口調で話す公民権運動があったただけなのだ。それは、やつらと怒れる若き黒人との間の一種の緩衝地帯として役立ったにすぎない。〞（……）と。忍草母の会や三里塚婦人行動隊についても考えてみたいと。

沖縄返還と三里塚闘争

沖縄では六八年一〇月、施政権返還を前提としてはじめて主席公選の選挙がおこなわれた。私は当時、保谷市議だった赤松年子と二人、パスポートをとって日本婦人会議から選挙応援に派遣された。

那覇空港は全くの軍用空港で、米軍の飛行機が並ぶなか着陸した。多くのオバアたちがハジチの手をひらひらさせて踊って歓迎してくれたが、日の丸の旗を振っているのにビックリした。当時、本土の革新の感覚としては日の丸は打倒されるべき体制を象徴していたのに、沖縄では祖国復帰のシンボルマークだった。フェンスの向う側の広大な米軍基地には軍用犬が放たれていて、その前は停車も禁止で、走る車の窓から素早くカメラを向けた。しかし、町をおおう空気は、もう現状の支配形態のままでは軍事基地としての機能も危ぶまれるところまでアメリカを追いつめた解放的様相とムンムンするエネルギーがみちていた。沖縄から帰ると、飯島は琉球大学の革マルと連絡をとりあっていた等という根も葉もない噂が松岡洋子の耳に伝わっていた。

一一月には革新屋良主席が誕生し、その直後、嘉手納基地内核貯蔵庫近くでB52爆撃機の墜落事故がおきた。年明けて「いのちを守る県民共闘会議」が編成され、B52爆撃機の即時撤去、原子力潜水艦の寄港阻止、沖縄における一切の核兵器の撤去、総合労働布令撤回をかかげて、二・四ゼネストを構えた。

沖縄再度のゼネストをめぐる動きで、六〇年安保でも忘れられ、今まで本土の人間には見えなかった沖縄の存在が一挙に浮上してきた。そしてベトナム戦争の最前線基地であることに加えて、日本本土の繁栄、平和と民主主義は沖縄の犠牲の上に成り立つ虚構であることが見えてきた。そして職場での合理化も労働組合への分裂工作も、三里塚も公害も学園闘争もすべてが一つのこととして認識されていった。そして今、必要なのは反戦、反体制なのだ、と。

アメリカから始まったベトナム反戦運動は国境を越えてひろがったが、日本でのベトナム反戦は、沖縄という対ベトナムの最前線基地をもつが故に羽田闘争に始まる烈しい実力闘争に発展したわけだが、それらは必ずしも沖縄の基地撤去闘争と連続していたわけではない。沖縄現地の対基地闘争はまさしく反戦ベトナムだったが同時に日本復帰というナショナリズムと結合していた。その結合は、一方では運動を巾広く大きく盛りあげながら、他方では、体制側もまたそれを最大限に利用し、そのことは屋良主席による二・四ゼネスト中止に至る経過に示されたし、私たちはそれら一連のことを本土側革新勢力の裏切りと表裏のこととして感じとった。

これを機に、それまで早期返還なら基地は現状のままでよいという首相（佐藤栄作）答弁が「核ぬき本土なみ」に変ったが、一九七二年の国会で実は「核密約」があったことが横路社会党議員によってバクロされた。

密約の交渉過程を示す極秘電文のコピーは外務省の秘書官蓮見喜久子がもちだし、毎日新聞の西山記者の手にわたったもので、二人は逮捕起訴された。「西山は蓮見とひそかに情を通じ、これを利用し、秘密をもらすことをそそのかし」という起訴状（註）によって、「核密約」「国民の知る権利」問題は二人のプライバシー問題へすりかえられていった。そのことに怒った女たちが「蓮見さんのことを考える女性の会」をたちあげ、すばやく行動した。

（註）起訴状

第一、西山は蓮見とひそかに情を通じ、これを利用して蓮見に安川審議官に回付される外交関係秘密文書ないしその写しを持ち出させて記事の取材をしようと企て、昭和四十六年五月二十二日ごろ蓮見を東京渋谷区のホテルに誘って情を通じたあげく「取材に困っている。助けると思って安川のところにくる書類を見せてくれ。君や外務省には絶対に迷惑をかけない。とくに沖縄関係の秘密文書を頼む」などと執ように申し迫ったうえ、（……）蓮見に対し「五月二十八日愛知外相大臣とマイヤー大使が請求権問題で会談するのでその関係の秘密書類を持ち出してもらいたい」旨申し向けた。

日本婦人会議の中央常任委員会の大勢は、社会党、総評の方針の枠内で行動すれば良しとする姿勢だったが、私としてはどうしても、そのブロックを越えて――つまりべ平連や新左翼潮流（反戦青年委員会や全共闘の）と共同に行動すべきだという思いがあって、いつも中央常任委員会がひらかれるたびに、その時点の課題に対してどうあるべきか、原則論をふりかざして討論しようとしたが、大半の委員たちは、用心ぶかく、そして、うるさそうだった。私の「観念的」問題提起にも好意的に耳を傾けてくれたのは、松岡、樺、田所、清水、他数人だったろうか。今、振り返って思えば、正論は我にありとばかり、相手の権威も経歴も全く眼中にないという私の高慢さもあってのことだろう。しかし、地域に根ざして活動している党員、会員の力もあって、日本婦人会議は、外側への連帯行動を求めて歩みはじめていた。

六九年二月三日、「二・四沖縄ゼネストに連帯し、基地撤去を要求する婦人集会」は、主催＝日本婦人会議、協賛＝王子野戦病院設置反対板橋区民の会・沖縄県人会婦人部有志・忍草母の会・三里塚婦人行動隊で行われた。

そして更に三里塚空港反対同盟婦人行動隊からの呼びかけで、三月三〇日、三里塚空港反対の現地集会は世話人会方式で呼びかけ参加した。世話人は、松岡洋子（日本婦人会議）、清水澄子（同上）、近藤悠子（婦人民主クラブ）、河流公代（YWCA）、斉藤きえ（日中正統）、高良真木（ほうきの会）、吉村ひろ子（YWCA）——の個人だった。

そして更に、復帰協、社会党、共産党、総評を中心とする反安保実行委員会が主催する「沖縄の即時無条件全面返還、安保条約廃棄を要求する大会」（四・二八）へ沖縄から五百名のオルグ団が晴海埠頭に上陸して来るのに向けて、日本婦人会議が中心になって「四・二八沖縄闘争婦人連絡会」が結成された。連絡先は秋山節子、近藤悠子（婦人民主クラブ）、松岡洋子（日本婦人会議）、田所八重子（日本婦人会議）、吉村ひろ子（YWCA）、河流公代（YWCA）、中村ふじえ、武内敏枝、川島洋子等だった。

ゼネストは中止され、そしてすでに沖縄返還は日米で合意に達している以上、四・二四〜四・二八「国民的大行動」といってもデモンストレーション的な性格のものだった。そして更に、この統一行動から反戦青年委員会と三派全学連を排除しようとする動きがあった。婦人連絡会はそれに先立って沖縄代表（官公労内間隆）と全国反戦青年委員会事務局の高見圭司を招いて懇談会をもった上、八人の代表を選び、社会党本部と総評に、反安保実行委員会の行動から反戦青年委員会を排除しないよう、申入れをした。成田委員長と伊藤国民運動局長は総評を説得するため努力していると言い、総評の岩井事務局長は、労働組合を破壊する分子である、総評の統制下に従うなら参加をみとめようという回答だった。反戦青年委の参加を認めようという声明文を作って、いろいろな団体に送った。婦人民主クラブも独自に声明文をだした。

反安保実行委員会の一連の行動（集会、デモ、坐りこみ、対政府交渉）と併行して、反戦青年委員会が求心力になって、全共闘、べ平連を中心とする街頭行動が次々と組まれていった。

私たち（社会党に専従者としていた若手女性たちは）は、「反安保実行委員会」の行動を担いながら、同時に、反戦青年委やべ平連系の集会、行動にかけつけていた。

安保を斗う婦人連絡会

「四・二八沖縄闘争婦人連絡会」は、その直後、もっと恒常的に連絡をとりあってゆこうということで「安保を斗う婦人連絡会」と改称して連絡先を銀座八丁目入沢ビルの松岡洋子事務所に置いた。社会党や日本婦人会議と距離をあけたことで、いちいち日本婦人会議中央常任委員会の決定にしばられることがなくなった。

「安保を斗う婦人連絡会」としてまずしたことは、救援活動と『救援ノート』の作成だった。それまでも「国民救援会」なるものはあって、「思想・信条・党派にかかわりなく、また、民主的組織への加入にかかわりなく（……）犠牲者を救援する」とうたっているにもかかわらず、六〇年安保以降のあらゆる闘争の逮捕、犠牲者に指一本動かさないどころか、弁護活動も拒否して、トロツキストは警察の手先だと誹謗した。それ故、六九年一月一八、一九日の東大闘争で一〇〇〇名近くの逮捕者が出たのを機に救援連絡センターが発足し、個人賛同者の他に、東大闘争統一救対、日大闘争救対、王子闘争救対、三里塚闘争救対、羽田一〇・八救対等の個別的救援会で構成されていた。「安保を闘う婦人連絡会」は水戸喜代子を中心に桝本セツ、安松佳子、久保田博子、郡山吉江、飯島などが集って、それぞれの体験、息子や娘の逮捕の個人的体験を生かしながら、逮捕された時、家宅捜索された時等に必要な知識をもりこんだ『救援ノート』（初版本）を作成した。表紙絵は高良真木が画いた。九月に初版五千部を刷り、救援センターと「安保を闘う婦人連絡会」で半分ずつ販売したが、またたくまになくなり、一〇月、一一月に更に増刷した。当時、デモや集会に参加する際の必携のパンフだった。その後、救援センターとして増補改訂し、表紙絵は及川正道のものに変った。『救援ノート』の作成をしながら、同時に警察署拘置所への洗面道具、衣類、おむすびの差入れや接見をしながら、組織づくりをし、三多摩地区、都内二四区のほとんどに地域救援会が結成されていった。社会党婦人党員、日本婦人会議会員の協力も大きかった。

「安保を斗う婦人連絡会」として直接かかわったことをスケジュール的に連記するなら——

『救援ノート』（初版本）

六・一五統一行動（反戦・反安保・沖縄闘争勝利統一集会＝東京で三六二団体主催、労学市民七万人が日比谷から東京へデモ）への参加。その前日、樺美智子追悼集会を救援センター、六月の会、婦人連絡会共催で日通会館で行う。講演・長尾久（東大全共闘）、水戸巌（救援連絡センター世話人）、詩劇・人知れず微笑まん＝原作・樺美智子、劇団アトムの会

六・三〇〜七・一　北富士かがり火集会参加
九・二八　三里塚集会に参加
一〇・一〇　統一行動（ベトナム反戦・安保粉砕・沖縄闘争勝利・佐藤訪米阻止・羽田闘争二周年一〇・一〇統一集会＝べ平連・全国全共闘・反戦青年委員会など四〇一団体）へ夜参加。
一〇・一〇反安保婦人集会第一日（動労会館）、安保を斗う婦人連絡会・稲の会・草の実会・清流会・女性の声・東京都消費者連合会・日中友好正統婦人委員会・日本婦人会議・日本女性同盟・婦人民主クラブ・婦人解放同盟・ほうきの会・麦の会・六月の会等で共催。この時、私は問題提起者として、戦後民主主義とは何だったのか、婦人運動をとらえ直そう、婦人解放は階級解放の結果としてあるのだろうか等について喋った（一七二ページ参照）。第二日目（千代田公会堂）は小中陽太郎、松岡洋子、石田郁夫の講演と、三里塚・北富士・砂川からの報告を受け、終了後、数寄屋橋まで女だけのデモ行進をした。

他方、七〇年八月にひらかれる第一五回母親大会へ向けて、日本婦人会議は不参加を決定した。当時、反中国的だった日本共産党＝新日本婦人の会が日中国交回復の申し合せを拒否したこと、三里塚芝山連合空港反対同盟を誹謗したこと、平和分科会の助言者に予定されていた松岡洋子、田中寿美子を中傷したこと等々が理由だった。婦人民主クラブ、その他いくつかの団体も不参加を表明した。一九五五年、前年のビキニ水爆を機にスタートした戦後革新系の統一された一大女性運動として存在しつづけた母親大会は、実質上、幕を閉じた。

そしてまた一〇・二一国際反戦デーに向けて社会党・共産党・総評・平和委員会は、一〇・二一統一行動実行委員会から反戦青年委員会などの参加を認めないことを申し合せたため、それを不満として、社青同、日本婦人会議、自治労が退場するという事態があった。

そしてまた翌七〇年四月の総選挙を間近にして、社会党本部大会に先立ってひらかれた都本部大会は、機動隊の助けをかりて反戦青年委員会支持派の代議員（私もその一人だった）を閉めだし、反戦派と目される書記局員を解雇、今までくすぶっていた方針を一挙に転換し、今後は反戦青年委員会とは共闘しない、救援連絡センターの活動を認めないと決定した。その時、私は「婦人党員、日本婦人会議会員、救援活動者会議」の名で「救援活動に関する意見書」を提出した（一八五ページ参照）。

東西冷戦構造の下で反米・反安保を掲げて、日本国民の反戦感情に支持され、万年野党ではあっても二大政党の一方を担ってきた社会党だったが、中ソ対立、水面下での米中の接近、そして何よりも社会党のスポンサー総評が、ＪＣへ再編されはじめて屋台骨は大きくゆらいでいた。六〇年代後半にはじまる反戦反帝労働運動のエネルギーも、市民運動の新しい質も吸収してゆくこともできず、それと絶縁する道をとっていった。その最初の噴出が、七〇年の東京都本部大会とそれにつづく全国大会だったと思う。

華青闘の告発・劉彩品に在留許可を

運動から見た六〇年安保と七〇年安保（六〇年代後半からの）の相違、従って既成左翼（おおざっぱにくくればソ連型社会主義、スターリニズムを是とする）と新左翼（運動体として言えばベ平連、全共闘、反戦青年委員会）を思想的にわけるものはいくつかある。ひとつには、被害者意識に根ざす運動でなく、己れをベトナムをはじめとするアジア諸国に対する加害者であるととらえていたこと、いまひとつには、社会変革、革命をただ生産手段の所有形態の革命や政治権力の移行の問題としてでなく、人間＝己れという主体そのものの変革、人間の思想改造としてとらえていた。それの最も先鋭的な表現が全共闘運動であり、初期の反戦労働者の闘いだった。だから、当然その結集（組織）のあり方も、それまでの既成左翼や大衆運動と質的に異なった。そしてそういう意識変革への展望が、これもまた六〇年安保にはなかった反差別運動へひきつがれていったわけだが、その頃はすでに全共闘も反戦青年委員会も新左翼は党派《セクト》への道を歩みはじめていた。あいもかわらぬ古典的な革命イメージ、前衛主義、言葉だけの国際主義、代行主義、自派の主張のみの囲い込み、それに加えて党派間のゲバルト（内ゲバ）。

救援活動をはじめ多くの市民運動は甚大な迷惑をこうむった。一般庶民の新左翼びいきの心情も限界にきていた。それらが集約的に表出したのが、盧溝橋事件三三周年集会実行委員会における華青闘（華僑青年闘争委員会）の「抑圧民族としての日本人民諸君、在日朝鮮人・中国人は日本人民を告発しつづける」で始まる七・七声明文（註）だった。その影には劉彩品、ＩＣＵ、ヴェトナム人留学生、林景明など入管体制に対する闘いの市民レベルでの個別的・具体的「支援」がおこなわれていた。

個別、入管闘争の中で、私は台湾からの留学生、劉彩品支援の運動（七〇年六月～）から大きな衝撃を受けた。すでに日本人と結婚し、二児の母親だった彼女はビザ更新に際して、中華民国（台湾）籍でなく、中華人民共和国を自分の国として選ぶことを出入国管理局に告げた（一九五ページ参照）。それは、日中国交が成立していない蔣介石独裁政権下の当時としては、パスポート不所持者として家族からひきさかれ、台湾へ強制送還されることを意味し、さらに反政府分子として死刑宣告さえ待ちうけているかもしれなかった。事実、柳文郷、陳玉璽には極刑が課せられていた。それらは、日本政府と相手の独裁政権の合意のもとにおこなわれていた。

（註）華青闘の告発

「抑圧民族としての日本人民諸君、在日朝鮮人・中国人は日本人民を告発しつづける。盧溝橋事件三三周年にあたって、排外イデオロギーへの日本人民の屈服と包攝こそが、焼き尽し奪い尽し殺し尽す帝国主義の侵略戦争をもたらしたことを想起せよ。今、日本人民は、国家権力の側に立つのか、在日朝鮮人、中国人の側に立つのかという死活的選択の前に立たされている。（中略）何故、われわれは、集会実行委員会から退場したのか？　日本の新左翼も又、排外イデオロギーを持ち続けているからだ。在日朝鮮人・中国人の入管闘争にたいして、反戦・全共闘はそれを支援し連帯する闘いを一貫して放棄して来た。六五年日韓闘争の敗北によってもたらされた在日朝鮮人の苛酷な事態を直視せず、六九年入管闘争を十・十一月決戦に解消し、四・一九朝鮮学生革命への無知をさらけだしながら世界革命を呼号している。六九八派は、そのような事態を何ら総括することなく、七月三日の実行委員会において、反戦・全共闘を事務局団体とすることを要求したのだ。（中略）われわれは在日朝鮮人、中国人の問題は、決して新左翼の中に定着しなかったと断言する。そのような事態に対する根底的自己批判なくして、連帯はから文句にすぎない。」

劉彩品に対して出入国管理局は、中華民国のパスポートを申請するのが嫌なら日本に帰化せよと強要した。あくまで日本人になることを拒否する彼女を友人たちが中心になって（そこにアジア婦人会議も加わって）「劉彩品に在留許可を」の運動がくりひろげられた。

在留許可を獲得するための運動は、決して体制変革を目的とするものでもなかったし、革命を声高に叫ぶものでもなかったからこそ、劉彩品の原則的な捨身の姿勢は、日本が中国を侵略してきた歴史、入管行政というものが、殊に在日アジア諸国人に対して、いかに差別的なものであるか、そして、それは日本政府だけのものでなく「あなた達、日本人一人一人の問題だ」ということをつきつけた。

それら本来のことと別に、私個人としては、劉彩品が、帰化＝日本人への同化による永住権の獲得の道を拒否し、あくまで自分は中国人であることを主張したことを、自分の女性性を否定して男なみという同化によって平等をかちとろうとしてきた自分の生き方、戦後婦人運動の根幹にある思想に対するアンチ・テーゼとして受けとめた。

「侵略と差別と斗うアジア婦人会議」大会へ

六九年一二月、「安保を闘う婦人連絡会」の場で松岡洋子からアジアの闘う女性を招いて集会をひらこうではないかという提案がなされた。一〜一二月と討論を重ね、最終的に「侵略＝差別と闘うアジア婦人会議」

（以下、アジア婦人会議）という集会名、会の運営の仕方、呼びかけ文（一八三ページ参照）がきまった。そして集会当日の成功もだが、集会に至る過程の討論を大事にしようということで、四本の座談会――戦後婦人運動の総括、救援活動について、婦人労働について、性による差別について――と、いくつかの問題提起をもりこんだ討議資料二冊を作成していった。第一集は一五〇〇部、第二集は一〇〇〇部印刷した。

集会呼びかけ文にあるとおり、

「侵略＝差別と斗うアジア婦人会議」をもつ内容として――

第一に――戦後民主主義の特徴であった「婦人解放」をその根源からとらえ直す過程にしたいと考えます。そのことは社会体制の変革のあとにつづく婦人解放（論）ではなく、自己変革として差別問題をとらえることであり、また私たち女性のうけている差別を部落や沖縄県民や在日朝鮮人のそれと同質のものとして明らかにしたいと思います。

第二に――アジア的視点で今後の斗いのあり方を考えたいと思います。それは日米帝国主義のアジア侵略を私たちへの侵略としてとらえ、私たちじしんの個別の斗いを追求し、同時に運動の先進国としてのアジアから学ぶということです。

全共闘、べ平連、反戦青年委員会は己れの加害性と主体性（自己否定・自己変革）の創出を共通項としていたのに対し、アジア婦人会議は「自己変革として差別問題をとらえること」を提起していた。「社会体制の変革のあとにつづく婦人解放（論）ではなく」とは、それまでのマルクス主義的・社会主義的女性解放論では、経済構造（下部構造）が変わった時、人間関係（上部構造）が変わる、だからまず革命を達成することだという。そしてそのためには組織の中のヒエラルキー、分業体制は運動の効率上、当然であるとする考え方を問い直したかった。現存の社会体制を批判する運動体は、それ自体即自的な解放区だし、そこにおける人間の個々の関係、エロスの問題は将来社会の芽そのものだから、今、現在も真実のものでなければならない。――この思いは私の一六歳から始まる恋愛、結婚生活の中でひたすら夫に従い、革命を信じた自分への反省的信念でもあった。

それはまた新左翼党派や、全共闘運動のキャンパスの中、あるいは支援運動等の中でおこる強姦事件とか、また、便所掃除は女がやるのを当然とするなかから、女子学生、女性活動家が感じていたことでもあった。それらを、もっとも鮮明に表出したのが、ある党派全学連大会（七一年七月）における女性差別糾弾だった（『資料　日本ウーマン・リブ史』松香堂、参照）。そこには、七・七華青闘の声明にみられる日本帝国主義のアジア諸国への侵略・差別への糾弾の精神が、女性差別に対するものへひきつがれていったのを見ることができる。

さらに、「女性の受けている差別を部落（被差別部落）や沖縄県民や在日朝鮮人のそれと同質のものとして明らかにしたい」とあるが、これは当時、新左翼運動の中で女性差別が軽んじられている、あるいは、無

1970年８月22日アジア婦人会議全体会にて　向かって左から近藤悠子、松岡洋子、飯島愛子

視されていることから、女性差別にこそ注目しろという意味あいをこめたもので、一歩引いた控え目な表現だったと思う。女が朝鮮人、韓国人のように女であるが故に殺されたことがあったのか（新左翼党派活動家の言葉）とか、婦人労働者も労働者階級の一員であるというような表現がまかり通っていた当時だったのだ。女性が差別されていることに対し、強く意識していたのは、年配層や労働現場で働く女性たちのほうだった。

体制変革をになう新しい婦人運動の出発点にしたいという思い、そして「戦後民主主義の特徴であった〈婦人解放〉をその根源からとらえ直す道程にしたい」と訴えたが、「その根源から」とは何を意味していたのだろう。私は大会討議資料第二集の中で、

七〇年代の婦人運動の内容とは、単に「平和と

民主主義」の枠組みにすっぽりはまっていった運動への批判と総括だけから生まれるのではなく、体制そのものを支えているところの根源にまでさかのぼらなければならない。それ故にこそ、そのもっとも奥深いところで支えているところの根源としての性、あるいは家族関係等への追求としての婦人運動こそ、重要な意味をもってくると思います。(「婦人運動と差別について」)

と補足しているが、その方向性はむしろ田中美津などのいわゆる「リブ」において展開されていったと思う。

所美都子の「予感される組織」について

アジア婦人会議は当初、あくまで大会をひらくための相談の場、それも集会そのものを開くことを目的とするのでなく、その過程を運動としてつみ重ねてゆくことであって、恒常的「組織」をつくるつもりは全くなかった。大会は呼びかけ人方式ではじめられ、最終的には一六〇余名の方々が名を連ねた。大会の終ったあと、このまま解散しないで何らかの連絡体制をのこすという圧倒的多数の意見で、私がひきつづき連絡担当者ということで事務所に常勤することになってしまった。最初から「長をおかない」「多数決主義をとらない」「個人参加を原則とする」ことを申し合わせていた。

「〝オレは共闘だ〟と本人がオモウことのみがメンバーの〝加入〟の唯一の要件なのだ」(村尾行一)、「〝べ平連〟は自分だと叫べばそうなってしまう」(小田実)という結集のあり様は当然私たちの知るところだった。そのようなあり方は、その後の市民運動等の中では当り前のことになってしまったが、それまでは、いわゆる革新系運動体でもその組織は大きさにかかわらずピラミッド型で、長がいて、資格があって、多数決に従うことが条件だった。ピラミッド型というのは権威主義の問題でもあるわけだが分業構造でもある。

私の思いの中には、それら（ベ平連、全共闘、反戦青年委員会等）のことに加えて、所美都子（註）の「予感される組織に寄せて」があった。

（註）一九三九年、東京に生まれる。「お茶の水女子大学大学院、大阪大学大学院で生物学を専攻した後、六六年に東京大学新聞研究所研究生になる。六〇年安保闘争時に羽田ロビー闘争や六・一五国会突入に奔走し、六六年東大ベトナム反戦会議を結成するなど、六〇年代の学生運動・反戦運動に積極的に参加した。トマノミミエの筆名で『思想の科学』に「予感される組織に寄せて」「女はどうありたいか」などの論文を発表。膠原病のため夭折したが、その思想はリブ運動に大きな影響を与えた。」（井上輝子執筆『岩波女性学事典』二〇〇二年刊より）

「予感される組織に寄せて」は二つの部分から成る。前半は「資本主義拒否をめざすわれわれの組織もまた、資本主義の論理――人間の存在を生産物の価値の中に位置づける――から免れていない」ということから「上下関係を貫徹させた組織の反対の極に位置づけられる横の位置関係のみで結集している分権的組織集団を想定する」ということで、このことは所の死後、全共闘運動の中で現実のものとなっていった。そのことから所の存在は、何かととりあげられることはあるが、後半の部分は忘れ去られていた。たしかに前半と後半は論理の統合性を欠いているが、フェミニズムの立場、あるいは人間の歴史のながい時間の観点から見た場合、後半の部分のほうが、より「予感」にみちみちている。

所は資本主義の論理＝生産性の論理に対するものとして高群逸枝が彼女の著作『女性の歴史』で明かした〝汎神的母性我の論理〟をあげる。それはまた〝科学の論理〟に対置されるものであり、雑炊的肯定主義のあらわれた価値観であり、あらゆる存在を肯定的にみた世界観であり、所は、それをあえて〈女性の論理〉と名づけた（「女はどうありたいか」）。

そして所は言う。

「人間性の復活は〝性器としての女性〟が〝母としての女性〟として再び歴史の主体として復活してゆくとき、歴史の主人公として平凡な大衆がおどり出るときであり、（……）こうして彼女はあらゆる存在を肯定する母の愛、それをあらわす〝汎神的共存的母性我の論理〟を人間解放の論理として強く前面に押しだすのである。すなわち子供が一人の母のもとに家庭の私事として育てられている社会ではなくて、多母のもと、すべての人間の血縁的共通の子供として愛される社会の論理を。

高群はあらゆる存在を抱擁する母性の論理を文明が失った大切な論理であるとして、われわれの前に展開した。自らの存在が、絶えずその生産性により位置づけられていることに疲れたわれわれをその論理は強くひきつけるものである。

超人を否定し、衆愚を信頼する。もはやわれわれは単数のマルクスや単数のレーニンの出現を待たず、自らの足で歩きはじめて見よう。変革はわれわれ自身の問題であるのだから。
それが生産性を保持しないというなら、それはそれで良いではないか。卑近な生産性のみをもとめることにより、空中瓦解した変革志向の姿をさらけだした従来の組織に未練はない。むしろ、実際的な有効性の徹底した否定のなかに自らの厳然たる存在を確認し、その存在の原型を抵抗の軸とする。(……)」

今ひとつ注目したいことがある。
所は、高群の「人間の最初の文化が女性による霊能文化以外ではなかったことはまぎれもない事実である」という言葉を引用して、注意をうながしていることである。それ以上の深い展開はないが、このこともまた所のすぐれた「直感」であろうと思うが、私もここではその指摘だけにとどめよう。

(付記) 夫、橋本憲三の編集で出版された高群逸枝全集は、無政府主義的傾向の論文については、橋本の主観によってその中に入っていないということを秋山清はその著『自由おんな論争』(思想の科学社刊)の中で指摘している。そしてまた戦時下に発行されていた大日本婦人会の機関誌『日本婦人』に高群が寄稿していた、戦意高揚の多くの論文も全集に収録されていないか収録されているものについては改変されていることが、加納実紀代によって指摘されている。(『女たちの〈銃後〉』筑摩書房刊、増補新版・インパクト出版会刊)。

大会は八月二二、二三日、東京・飯田橋の法政大学校舎でおこなわれた。一日目の大会基調報告は松岡洋子、そして特別報告は次の一五本だった。

在日ベトナム留学生　ダオ・チ・ミン
在日中国人留学生　劉彩品
在日マラヤ留学生　劉素華
東京華僑総会婦女連合会　周冬梅
セイロン代表　テージヤ・グナワルダーナ
カネミライスオイル被害者を守る会　藤井エミ子
富士市公害対策市民協議会　芦川照江
部落解放同盟　村越良子
三里塚芝山連合空港反対同盟婦人行動隊　長谷川たけ
沖縄全軍労牧港支部　新城房子
十月十一月闘争被告団　佐竹みよ
忍草母の会　天野美恵
南ベトナム解放婦人同盟国際部よりのメッセージ
中華人民共和国・中日友好協会よりのメッセージ
泉州センイ女子労働者について（大阪より）

当日、大会会場へ向うと、会場になっている校舎の壁に、中核派のスローガンと、「歓迎マルクス主義学生同盟中核派」という垂れ幕がはりめぐらされてあった。そして、特別報告がおこなわれたその中で、十月十一月闘争被告団のアピールの時、突然、打合わせ準備会になかった十数人が中核派を象徴する白ヘルメットをかぶって壇上にあがろうとした。その気配を察して北沢洋子が説得して阻止しようとしたが、彼女たちは強行した。

そんなハプニングはあったが、一日目の報告は、参加者全員に感動を与えるに十分な内容だった。

二日目、二つのテーマ、六会場

補遺1　なぜ「侵略＝差別と闘うアジア婦人会議」だったのか

著者は前ページまで執筆したところで闘病中のガンが悪化、二〇〇五年五月四日に亡くなった。未完の半生記を補うために一九九六年『銃後史ノート戦後篇8　全共闘からリブへ』に書いた「なぜ「侵略＝差別と闘うアジア婦人会議」だったのか」と、二〇〇四年六月の国際シンポジウムでの講演記録を補遺として掲載する。（編集部）

今度こそ生むつもりだったけれど六カ月で流産した子の骨壺を抱いて、夫を追いかけて東京へ転居したのは六〇年安保の前年でした。

夫は国際的トロツキスト組織の一員としての加入戦術で社会党に入っていました。革命のためと称して自分の食費も入れない夫にひたすらつき従い、女である自分を卑下しつづけていました。わずかな蓄えのもとに連日、国会デモに出かけ、アパート周辺の零細企業の門前や駅頭で一人で安保反対の国会請願署名を集め、家に戻ると夫を刺すことを白昼夢する日々でした。

うっ屈した想いを六〇年安保の街頭行動にぶつけているうちに、私はいつしか地域で数少い社会党系の女性活動家としてもてはやされ、やがて日本婦人会議（社会党の外郭団体として六二年四月に結成）の活動家になっていました。純粋培養のマルクス・レーニン主義の箱入り娘は、世間知らずのまま社会党の地域支部に参加し、そこで賃労働して妻子を養いながら反合理化職場闘争や反戦平和運動をしている男たちの姿を目の前にして新鮮な驚きを覚えました。滑稽なことではありますが、私の頭にはマルクスとイェンニー、レーニンとクルプスカヤの夫婦像しかなかったのです。時代おくれの、十数年にわたるハウスキーパーの生活にようやく終止符を打つことができたのは六三年の大晦日でした。一晩越えたらまた同じ日が続くと思って、何がなんでもその日のうちに出ていってもらいました。

私が七〇年頃より「侵略＝差別と闘うアジア婦人会議」を通して主張した「階級解放のあとに続く女性解放でなく」とか「男への同化でない女性解放」とか「女の論理」とか言い出した根源は、夫を通して詰め込まれた一〇〇％観念のマルクス・レーニン主義的社会革命思想と、結婚生活の中でひたすら自己卑下しつづけた女差別・性抑圧の怨念とにあり、この二つを止揚して出てきた答でした。

沖縄闘争から「安保を闘う婦人連絡会」へ

離婚することによって呪縛から解放された私は、都議会議員秘書のアルバイトをしながら、社会党員＝日本婦人会議会員として地域で僅かの間、牧歌的活動——護憲学習会や女性労働者の交流会、保育所づくり、地域の母親大会、化粧品ハイムの販売、春闘支援、反基地のピクニック的デモ（……）をしていました。

日韓基本条約が問題になった時は、地域の若い労働者たちと寸劇をしたりということもしましたが、私の眼にはまだ在日韓国人の姿は見えず、もっぱら朝鮮総連系の女性同盟の方たちの存在がありました。

「日本婦人会議など〝おばさんたち〟にまかせておけ、あんたのような活動家（私は独身で、ガリ印刷が上手で夫との関係でマルクス・レーニン・トロツキー語が操れた）は党や労働組合の専従としてやってゆくべき」という男たちの言葉に納得のいかぬ気持を抱きながらも、やっぱり「年少組」に入れられているような気持ではありませんでした。

六五年二月、アメリカの北ベトナム爆撃が始まり、在沖米海兵隊が出動しました。四月には「ベトナムに平和を！市民連合」（べ平連）が結成。八月には日韓基本条約反対を契機に社会党・総評の下部組織として反戦青年委員会が結成されましたが、たちまちその枠を越えた戦闘性をもつものに変身しました。北富士演習場に反対する忍草母の会は「富士をベトナムにつなぐな」をスローガンとしました。

沖縄から飛び立つB52がベトナム人民を殺りくしているという事実から、沢山のことが一度に見えてきました。六〇年安保改定論議で国会であれほど追及された「極東の範囲」「事前協議」も、沖縄という存在によって実は何の意味も持たないこと、本土日本も臨戦下にありベトナム殺りくに我々も加担し共犯者であること、沖縄犠牲の上に今もって「平和と民主主義を守れ」と叫ぶことが何と空虚なことであるか等々、悟らざるをえませんでした。そしていろいろなことが一つの事として認識され、職場での合理化、労働組合の分裂工作も三里塚も公害も学園闘争もあらゆる差別も、反戦ベトナムと結びつけて語ることに何の抵抗も感じない時代でした。

六八年一〇月、施政権返還を前にしての初めての主席公選に、私は日本婦人会議から中央常任として赤松年子さんと二人で選挙応援に沖縄へ行きました。そこで見たのはもう現状の支配形態のままでは、軍事基地としての機能も危ぶまれるところまでアメリカを追いつめた解放的様相とエネルギーでした。

六九年二月三日、「2・4沖縄ゼネストに連帯し、基地撤去を要求する婦人集会」がありました。ゼネストはB52戦略爆撃機の即時撤去、原子力潜水艦の寄港阻止、核兵器の即時撤去、総合労働布令の撤回をかかげていましたが、革新主席屋良朝苗氏の中止要請によって挫折しました。婦人集会は主催が日本婦人会議、協賛が王子野戦病院設置反対板橋区民の会、沖縄県人会婦人部有志、忍草母の会、三里塚婦人行動隊でした。

その集会会場で三里塚婦人行動隊長・長谷川たけさんから呼びかけがあり、その場で「3・30三里塚集会成功のための世話人」をきめました。

さらにその延長線上に、沖縄から晴見埠頭に上陸する五〇〇人の上京オルグ団を迎え、共に行動するため「安保廃棄・沖縄返還・B52撤去を共に闘おう――4・28沖縄闘争連絡会」がきまり、センターは日本婦人会議で、やはり世話人方式をとりました。

4・28に先立って婦人連絡会、婦人民主クラブ、日本婦人会議は、この間の沖縄行動から反戦青年委員会を排除しないように社会党の成田委員長、伊藤茂国民運動部長、総評の岩井章氏に面会し申入れをしました。

その後、恒常的に対応してゆくために「安保を闘う婦人連絡会」と名称をかえ、事務所を銀座八丁目入沢ビルの松岡洋子さんの事務所におきました。世話人は松岡洋子、清水澄子、田所八重子（以上、日本婦人会議）、近藤悠子（婦人民主クラブ）、吉村ひろ子、河流公代（以上、ＹＭＣＡ）、中村ふじえ、武内年枝（四月会）、秋山節子、斎藤きえ（日中正統）等の皆さんで、私が事務局を担当しました。

六七年一〇月八日、羽田デモの頃から街頭反戦行動、学園闘争、三里塚闘争、労働組合への分断・弾圧等で機動隊による一万人に及ぶ逮捕者がでました。国民救援会はこれらを「過激派」として救援・弁護活動をすべて拒否したので、個々の地区、友人関係で支え合ってきた救援活動でしたが、六九年一月の東大安田講堂の攻防戦を契機に「犠牲者の思想信条、政治的見解の如何を問わず救援する」ことを信条とした救援センターが発足しました。救援センターの水戸喜代子さんの呼びかけで「安保を闘う婦人連絡会」は桝本セツさんを中心に郡山吉江、市村順子、久保田博子さん等と息子や娘を逮捕された人たちの経験を加え学習会を重ね、救援ノート初版本をつくりました。またたく間に売り切れ、数回増刷しました。

六九年一一月の佐藤訪米に先立って数多くの集会・行動がありましたが、婦人民主クラブの呼びかけで「沖縄奪還・基地撤去・佐藤訪米阻止――反安保婦人集会」が一〇月一〇日、一一日の二日にわたって開かれ、そのあと統一集会デモに合流しました。集会実行団体は次の通りでした。婦人民主クラブ、安保を闘う婦人連絡会、稲の会、草の実会、清流会、女性の声、東京都消費者連合会、日中友好（正統）婦人委員会、日本婦人会議、日本女性同盟、婦人解放同盟、ほうきの会、麦の会、六月の会その他個人。私は一日目の問題提起者としてその時「婦人解放（＝自己解放）は階級解放の結果としてあるのか」ということ、「戦後革新の母性は平和をのぞむものという規定について問い直そう」ということなど初めて提起しました。

六九年末「安保を闘う婦人連絡会」の場で松岡洋子さんから、アジアの闘う女性を招いて集会をひらこうではないかという提案がされました。一〜二月と討論を重ね、「侵略＝差別と闘うアジア婦人会議」（以下「アジア婦人会議」）という集会名と呼びかけ文がきまりました。討論に参加したのは松岡洋子、水沢耶奈、近藤悠子、樺光子、田所八重子、清水澄子、北沢洋子、郡山吉江、高良真木、合田宏子、山口洋子、五島昌子、志沢允子さんたち。その他にも久保田博子、森和子、柴崎温子、武内年枝、皆川珂奈江さんもいらしたと思いますが、会議のたびに入れ替りが多くて、大体は松岡さんと私で案をつくってゆきました。

大会準備過程で、日本婦人会議のルートにも乗せようと中央常任委員会の場でも議題にしました。当時、高田なほ子、田中寿美子、松岡洋子の三人議長で、事務局長は清水澄子。山本総評婦対部長、奥山日教組婦人部長、秋山全逓婦人部長、野口元国鉄婦人部長、山下社会党婦人局長、原田清子（総評働く婦人の中央集会事務局）、野村かつ子（環境問題で高名な野村さんは当時、総評主婦の会事務局長でした）、地域からは樺光子、田所八重子、井上スズ、小川玉子さんその他の方々でした。

アジア婦人会議にとりくもうという提案に対し、殆んどの方は総評・社会党、あるいは革新共闘の枠からはみ出て運動することの意味を全く認めませんでした。母親大会での「新日本婦人の会」（共産党系）の横暴について議論することは多くとも、その質を見極めようという提案や、ましてや戦後婦人運動を見直そうなどという議論には敵意と警戒心が感じられましたが、一応アジア婦人会議については松岡議長、清水事務局長からの提案ということであえて反対されずに過ぎていました。

しかし七〇年四月、総選挙を間近にして、社会党本部大会に先立ってひらかれた東京都本部大会は、機動隊を導入して反戦支持派代議員を閉めだし、反戦派書記局員を解雇、今までくすぶっていた方針を一挙に転換し、今後は反戦青年委員会とは共闘しない、救援センター活動を認めないと決定しました。

七〇年七月、忍草でひらかれた日本婦人会議第八回総会は、社会党の反戦派パージに同調する形でアジア婦人会議をパージしました。アジア婦人会議の内容については全くの議論なしで、取り組み方で日本婦人会議の組織を無視するものである、なぜ個人参加なのか等、主に組織の問題で紛糾し、最後に私の中央常任ひきおろしと松岡さんの議長立候補辞退、清水事務局長の自己批判という形で幕を閉じました。

総会会場で野村かつ子さんが、田中議長の「中間的」態度に腹を立て詰め寄ったのが印象的でした。そして新中央常任委員会と社会党婦人局は「日本婦人会議としてアジア婦人会議にかかわりを持たない」、「会員の参加はこの決定に従い慎重に扱う」と各県本部に通達しました。その後、私はアジア婦人会議に関係したということで所属地域の社会党統制委員会から権利停止処分を受け、自然に党から離れました。

なぜ「侵略＝差別と闘うアジア婦人会議」だったのか

なぜ「侵略＝差別と闘うアジア婦人会議」と名づけたのか。「戦後革新」総体は日本人である自分自身を傷つけないですむ土壌、つまり過去の侵略戦争における、また冷戦構造下でアメリカの核の下で朝鮮戦争、ベトナム戦争で前線基地、補給基地として高成長を遂げたという加害性を忘れた意識構造の上に平和運動があり、民主主義擁護がありました。ことに女の運動の場では、自分たちを戦争被害者とする感覚は強かったと思います。また差別を封建制の残りカスだ位にとらえて、だから平等の中味をかちとってゆくのが必要という感覚が一般的だったと思います。それまでの運動と一線引いた質、それが侵略＝差別でありアジア的視点でした。

日韓基本条約――ベトナム戦争――日米共同声明は、日本はもはやアメリカのおこぼれにあずかる存在ではなく、自前の帝国主義国に踏み出し再びアジアへの侵略者としての道を歩みはじめたことを認識させました。労働組合への暴力的分裂工作がいたる所に見られ、翼賛体制で固められ、産学共同体制がしかれ、出入国管理体制が強化され（……）。だから己れ自身を問い直すことを内実とした反戦青年委員会、全共闘、べ平連が生まれ、それらの啓発を受けて、この今の時代にこんな婦人運動でよいのかという疑問が出てくるのは当然の成りゆきでした。

もちろん、当時の在日ベトナム人留学生の命がけの抗議行動、在日中国人留学生劉彩品さん、あるいは華青闘、劉道昌君のつきつけ等があってのことです。

大会が開かれた法政大学（1970年8月22日）

アジア婦人会議をもつ内容を、大会アピールは次のように呼びかけました。

「第一に――戦後民主主義の特徴であった〝婦人解放〟をその根源からとらえ直す過程にしたいと考えます。そのことは社会体制の変革のあとにつづく婦人解放（論）ではなく、自己変革として差別問題をとらえることであり、また私たち女性のうけている差別を部落や沖縄県民や在日朝鮮人のそれと同質のものとして明らかにしたいと思います。

第二に――アジア的視点で今後の闘いのあり方を考えたいと思います。それは日米帝国主義のアジア侵略を私たちへの侵略としてとらえ、私たちじしんの個別の闘いを追求し、同時に運動の先進国としてのアジアから学ぶということです。」

アジア婦人会議が始められた時点で、すでに反戦青年委員会も全共闘も新左翼セクトに分断され、初期のすがすがしさは失われていましたが、私も松岡さんも彼らに幻想を持っていて積極的に参加を呼びかけました。

大会は二日間（八月二二日、二三日　法政大学）にわたり、二八都道府県から各日、一〇〇〇人位の参加がありました。一日目全体会は一五本の特別報告、二日目は、①七〇年代の婦人運動はどうあるべきか　②侵略＝差別と闘うために、をテーマに各三会場ありました。

一日目は、会場入口の設営で中核派が自派のスローガンを掲げて一悶着。全体会会場では突然かくし持った白ヘルメット（中核派のトレード・マーク）をかぶって登壇。北沢洋子さんが見つけて説得、阻止しよう

1970年12月25日より約一ヵ月、「基地で闘う日本婦人代表団」秘書長として訪中（左端飯島）

としたが間にあわず。二日目は全会場、壊れたテープレコーダーのようにただただ「入管紛砕、命をかけて」をアジテーション。日本共産党が母親大会会場で見せた体質そのままの再現でした。おかげで大会当日に限っていえば、討論どころではありませんでした。

「戦後男女平等」という男への同化意識にどっぷり漬かりこんで、差別に気づかずに育った世代の彼女たちは、抜き難い欧米追随と女性軽視に染まっていて、「アジア的視点で（……）」、「社会変革のあとに続く婦人解放（論）でなく」等のアピールの文言にはいつも否定的でした。そして女の受ける差別は他の諸差別（被差別部落、在日朝鮮人韓国人、障害者の）に較べたら取るに足らぬこととして、自分の立場は皆無で所属する「前衛党」の主張を徒党を組んでくりかえすだけでした。

七〇年大会後の総括会議で「アジア婦人会議」をセンター的なものとして残す。従来の呼びかけ人体制から連絡通信費納入者制にきりかえ、雑役係としての世話人を置くことに決め、私はひきつづき事務担当者となりました。

大会開催が機縁となり（実は松岡さんの中国への働きかけによるものと思う）中日友好協会の招待で「基地で闘う日本婦人代表団」ということで、七〇年一一月二五日より翌一月一三日まで中国を訪問しました。国交回復前で、しかも女だけの団ということもあり各地で熱烈歓迎されました。メンバーは次の通りでした。団長＝松岡洋子、三里塚より長谷川たけ、大竹はな、日本原より鎌田清子、内藤早苗、板付より河野信子、山崎英子、救援活動より郡山吉江、水戸喜代子、秘書長は飯島。

所美都子「予感される組織に寄せて」について

八月大会終了後、アジア婦人会議で女性解放論の討論が行われ（七〇年一一月四日）、田中美津さんと私が提起者でした。田中さんのテーマは「なぜ〝性の解放〟か」、私のテーマは「女にとって差別とは何か」というもので、そこで初めて女は「女性」と「母性」に分断されることによって支配されていること。性と生殖、種属生産と物質生産を敵対させせられることが女性支配、差別の根幹であることを展開しました。

それは所美都子のいう生産性の論理に対する、汎神論的母性我の論理を私なりに「女の論理」として出したものでした。

所さんは、お茶の水女子大、阪大、東大で生物学から新聞研まで幅広い研究活動のかたわら、女性問題への思索をつづけた人ですが、六八年一月二七日、二九歳で死去。彼女の友人で東大全共闘議長の山本義隆は、遺稿集『わが愛と叛逆』の帯の文章で「所さんの告別式の日、東大闘争は始まった。彼女の生き方は東大闘争に受けつがれて開花した」と書いています。

その遺稿集の中に、六六年に書かれた「予感される組織に寄せて」が入っています。これは『思想の科学』が募集した中井正一賞応募論文ですが、前半と後半の飛躍ゆえに審査員から論理の乱れと見られて中井正一賞を逸しただろうことは私にも想像できます。所さんの他の文章からいつも女の差別を強く意識していたことが伺えますが、この「予感される（……）」では生産性の論理に貫徹される組織の展開部分と予感されるものとしての汎神論的母性我、共存の論理の間を埋めるものがない。この飛躍の間隙を埋める試みがアジア婦人会議にあったのではないか。

母・女＝共生・平和という即自的図式は成り立たない。つまり生産性、合理主義、近代の論理を否定するものとしての女の論理に辿りつく糸口は「反差別」にあったのではないか。反差別を女からとらえた時、それは果てしない拡がりを持って私たちを遠い彼方へいざないます。近代合理主義否定の理念は当時の運動体、べ平連、初期の全共闘、反戦青年委員会等のどこもが抱えていた共通のものですが、七〇年代女の場で際立ったのはそれを反差別としてとらえ、さらに性抑圧による性差別として据えたことだと思います。

「平等」には基準となるべき数値、価値が必要だけれど「反差別」には無限の多様性が要求され、それ故、共生の

所美都子著『わが愛と叛逆―遺稿・ある東大女子学生と＝青春の群像』前衛社刊、発売・神無書房、1969年

思想でもある。また造船労働者のSさんが本工組合の自分は臨時工や社外工の問題をとりあげた時、初めて階級的立場に立っていることを実感したと語ったように、階級性の内実は反差別のことではないか。

七〇年一一月一四日、亜紀書房呼びかけの「性差別への告発」大会で同様の報告をした時、自分が長年怨念とともにためこんできた考えが、皆の熱い共感で受けとめられるのがひしひしと迫り、ああ一人ではなかったと、今までの人生をようやく脱却したことを感じました。

1972年11月3日のシンポジウム。
写真下は発言する郡山吉江さん。

アジア婦人会議に関わったセクトの殆んどの女たちは、生産性の論理に基づくその組織性（党派という）によって、まさに生産性の論理と対決しようとした七〇年代女の場に「介入」しながら、新しい質、価値観を学びとることが出来なかったのだと思います。所美都子の言葉を借りて言うなら、彼女たちの在りようは「身近な生産性のみをもとめることにより、空中分解した変革志向の姿をさらけだした従来の組織」ということでありましょう。

それならアジア婦人会議は、彼女が「未来性を見る」とした「実際的な有効性の徹底した否定のなかに自らの厳然たる存在を確認し、その存在の原型を抵抗の軸とする。（……）その軸のまわりに結集し営まれる組織」としてありえただろうか。それは非常に不充分な形であれアジア婦人会議における最後までの課題でした。その点では同時代の、いわゆる「リブ」に見るべきものが多かったのではないでしょうか。

個別課題・国際女性年と天皇

七〇年大会ではごく原則的にとどまって提起された理念は、七一年の合宿、七二年のシンポジウム、七四年の春闘婦人集会、七五年大会を軸にしながら、その五年間具体的な運動に裏づけされました。またその五年間は体制側の婦人政策がそれまでの保護平等の粧いからウーマン・パワー政策に変っていった時期でもあり、「働きつづけられる条件づくり」を主とした総評婦対部運動は、体制側の分断・差別を強化する烈しい先取り攻勢に、とうてい立ち向かうことはできない状態でした。

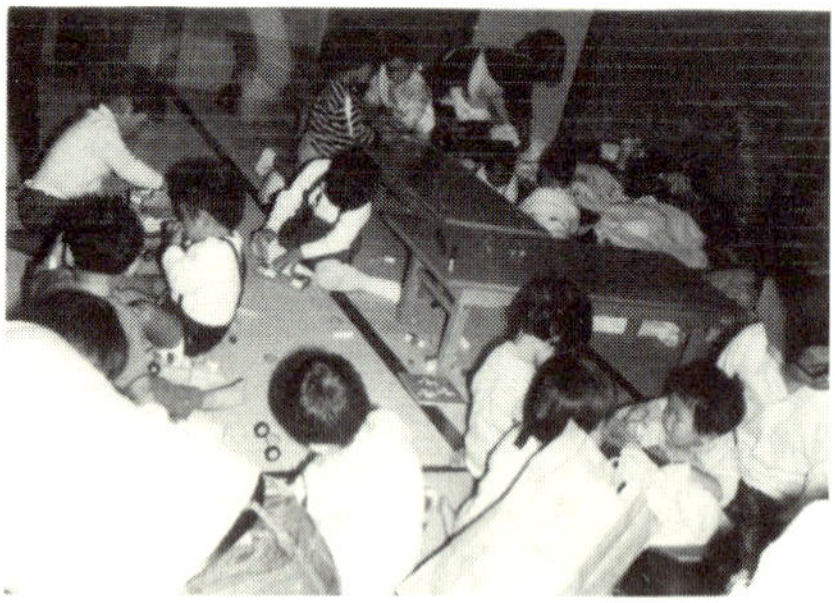

1972年11月4日の保育分科会

アジア婦人会議における労働問題の占めるウエイトは大きく、さまざまな問題はいつも個別現場サイドからとらえられました。それらの討論を経て明らかにされたのは、職場（生産過程）における管理、収奪の強化だけに止まらず、それを支えるものとしての今一つの側面、労働力の再生産過程における再編成が着々と進行しているということでした。即ち家事労働、子産み、教育、家族、イデオロギー等としての拡がりをもち、当然それは女を中心とする多岐多様にわたる問題でした。目に見える形では優生保護法改悪、長時間保育問題、育児休暇制度、労基法の保護規定撤廃、勤労婦人福祉法等の攻勢として現われました。

それらを女に対する差別攻撃としてとらえると同時に、「女にとって搾取とは何か」という問題意識でとらえることが必要でした。今まで女性労働者のこととして見ていた、つまり生産過程からのみ見ていた搾取、収奪に新しい光を当てる作業でもありました。体制側の有形無形の、特に労働力の再生産過程での再編を察知しての抵抗が七〇年代女の運動であったと思います。それはそれまでの労働運動がプロレタリアートとしてのそれであり、合理化反対、賃上げ、時短等であったのに対し、古典的階級概念からハミ出した女の運動の登場であり、またますます敵対的に分裂されてゆく生産と消費、生産と生殖、性と生殖の場の統一を希求する運動でもあったと言えましょう。

七二年一一月三、四日にひらかれたシンポジウム「日本帝国主義の女性支配と女性解放闘争」は、「最近の政府、資本の女への攻撃は性と労働との接点にくさびを打ちこんでくるやり方をとっています。それゆえにこそ既成革新婦人運動と異なった意味で女の全問題、生涯の問題を全面的にとりあげざるを得ませんでした」（シンポジウム報告集）とあるように多岐にわたる分科会からの問題提起ではじめました。保育、育児休業、男の意識・女の意識、能力開発、職業病、女子差別教育、優生保護法（……）。

個から出発しながら常に他の仲間との交流の中で皆に共通する感性が培われ、多岐な幅広い方面にわたりながら、それらを貫く共通した質を皆が確認し合った。自発的に組まれる分科会のあるものは深化できぬままに、個別の具体的運動のほうが先行して自然に消滅、吸収されたり、あるいは次の大きな動きに対応する感性を涵養する場だったりということもありました。

1972年11月4日の家庭科分科会

多岐にわたる個別運動、支援グループ、あるいは連絡会、実行委員会等の形態をとりながらアジア婦人会議がけん引的存在であったり、あるいは呼びかけられたりしながらも、メンバーは特定のアジア婦人会議というものに拘束されることなく、他グループ、他組織の間を流動的に移動しながらもアジア婦人会議は確か

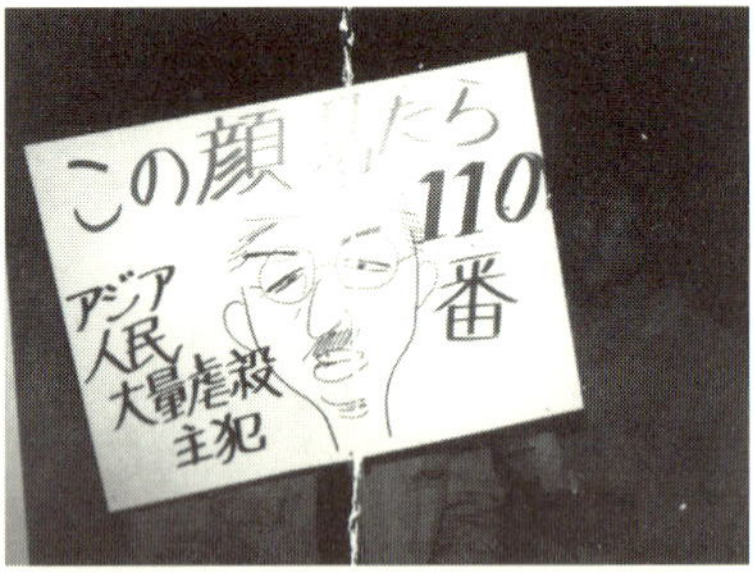

国際婦人年記念日本婦人問題会議への抗議デモ　1975年11月4日

なものとして存在していました。どこの集会に行ってもそれぞれの抱えている運動、それぞれの主張がビラになって氾濫していました。

しかし、いつ頃の時期からかそれまでの流動的波に変化が始まっていました。多くの人に訴える必要を認めながらも、結局、個別の運動は直ちに再びその個別の場に戻ってゆかねばならない、あるいはその共通課題での横の連絡結集をはかってゆかねばならない。一般的呼びかけでは前進も深化もできない。例えば職業病共闘会議であり、育休連絡会であり、優生保護法改悪阻止実行委員会であり、キーセン観光に反対する女たちの会でありと、焦点をしぼった形態が主要なものになってゆきました。

アジア婦人会議はいわゆる組織ではない、運動体である、あくまで個人の自発性に依拠する、多数決主義をとらないと言いつづけてきましたが、このように状況が変化する中で、アジア婦人会議のような形態のものの存在理由は何だろう――これが七五年大会の本音の課題だったと思います。

「婦人運動家たちよ！　あなたは愛国婦人会の道を歩んでいませんか」
国際婦人年記念日本婦人問題会議への抗議デモ　1975年11月4日

その時期はちょうど、国際女性年の幕あけと重なり、国際婦人年日本問題会議（七五年一一月五、六日）は「男女平等と婦人の社会参加」をテーマとし、天皇・皇后が女の集まりに初めて出席して行われました。天皇及び天皇制に対しどのように考えるかは、日本の女性解放をどのようなものとして展望するかに大きくかかわらざるを得ません。はっきりノーを表明することが必要ということで、一一月四日、「婦人運動家たちよ、あなたは愛国婦人会の道を歩んでいませんか」の横断幕をもってデモ行進しました。

その一年後の一一月一〇日、天皇在位五十年祝典が国を挙げておこなわれました。これは明らかに過去の日本の侵略行為をす

本稿が掲載された『銃後史ノート戦後篇８　全共闘からリブへ』刊行記念のシンポジウムにて。向かって右から松井やより、舟本恵美、飯島愛子、酒井和子、加納実紀代。1996年11月30日

べて闇の彼方に葬り去ろうというものでアジア婦人会議、婦人民主クラブ、日本キリスト教協議会ヤスクニ委員会の三者で共同ビラをつくり、さまざまなプラカードをもって一五〇名余でデモ行進をしました。

　同時にこの時期は、在日韓国人本国留学生一三名を含む二一名の青年学生がＫＣＩＡの手で北のスパイとして朴独裁軍事政権に逮捕され、その後四人に死刑判決が下されました。さらに七六年には三・一民主救国宣言関連者が逮捕されました。アジア婦人会議も個々には徐兄弟救援、あるいは金大中救出日韓連帯連絡会議にかかわり、「三・一民主救国宣言支持、政治犯即時釈放の百万人署名運動」を大韓婦人会に呼びかけられ共に行動しました。しかし韓半島に関する問題にかかわることは安直に支援とか連帯とか言えるものではなく、そこでは抽象的な個としての女はなく、ふだんは意識しない「日本の」が急に浮上してきて常に問われてしまうものでした。

アジア婦人会議はいつまで存在したか――。よくきかれる質問です。最後の会報六九号は八〇年一一月刊で、その記事は☆三里塚無農薬野菜購入紙上交流（一一カ所より）☆職業病逆転勝訴する（皆川珂奈江）☆自由保育園のこと（柴崎温子）☆体事始（森山真理子）☆奄美だより（浦島悦子）他。八三年までメンバー近況報告集がでている。

私のこと。そこに「闘い」があるから通っていた三里塚だったが、そこに土があるから通う関係になってしまい、休みをとって援農、自主耕作をするうちに、やがて百姓志願になって奄美大島に向ったのが八三年。すでにアジア婦人会議のメンバーが奄美、熊本、北海道にそれぞれ入植していた。

（一九九六年三月三一日）

（『銃後史ノート戦後篇8　全共闘からリブへ』一九九六年七月、インパクト出版会刊）

補遺2

国際シンポジウム「ジェンダーと国民国家」基調講演

この講演は、二〇〇四年六月一〇日、ドイツ—日本研究所と広島市立大学共催で行われた国際シンポジウム「ジェンダーと国民国家—日本についての歴史的考察」（東京ウィメンズプラザにて）での基調講演である。そのために著者は原稿を準備し、講演後にさらに手を入れている。最後の講演となった。（編集部）

最初に、私にここで話す機会を与えて下さったドイツ日本研究所の皆さん、ことにアンドレア・ゲルマーさん、広島市立大学のヴェールさん、そして、私を今日まで支えてくれた多くの友人の皆さんに深く感謝いたします。

まず、私が言いたいことは、今、地球というこの生命体はまもなく壊れてしまうような危機的状況にあるということです。それは戦争で核バクダンが使われるかもしれないとか、原子力発電所が暴走するかもしれないということでなく、私たちの日々の生活が開発という自然への暴力なしには、存在しえなくなっているということです。私たちは生命を生みだすものは自然以外にないこと、真の意味での再生産は自然の力以外にありえないことを、今では誰もが知っています。今、人間は人間以外のすべてに対して加害者になっています。

これが話をはじめる前にどうしても言っておきたかったことの一つです。

そして、もう一つあります。私はこの三年間、ガン患者として生きています。はじめに乳ガン、次に卵巣ガン。末期ガンでした。ガン発生の過程は百人百様ですが、なぜ自分はガンの中でも、もっとも女性的であるガンになったのだろうかということ。そして、今日、ここに、こうして在ること。これが私の関心事なのです。

私は、自分が生きてきた七〇数年、自己卑下から逃れたい、自分自身を肯定したい、自分自身を解放しようと生きてきたつもりでしたが、それを実現しきれなかったことが、私のガンの発生の原因だと思っています。結果から申しますと、ガンは私に愛を呼びよせました。より深い、大きな自分自身への愛に気づかせてくれました。私を自己同一性に近づけてくれました。多くの友人たちの愛の祈り、すでに肉体という物質から離脱した方たち、すべての物たちのお力で、私は今日、ここに在るのだと信じます。

地球規模のこと、国際的問題と、この全く個人的な感覚が私の中でどう結びつくのか、自分でもよくわからないのですが、とりあえずは、私の中では最大の問題意識としてあるのだということだけ、お断りしておきたいと思います。本当は、これらの問題について話したいのですが、今の私には、その力量がないので、私がやってきた過去のこと。今日では、すでに古典的になってしまったことも多いと思いますが、私にとってのフェミニズム、『侵略＝差別と闘うアジア婦人会議』についてお話しすることによって、一つの運動の残した足跡が新しい運動の礎としてあることを感じとって頂けたら幸いです。

私は一九三二年、東京で生まれました。一九七〇年八月『侵略＝差別と闘うアジア婦人会議』という集会を多くの方たちの賛同のもとにひらき、その後約一〇数年、その事務局を担当しました。その集会は女の問題を差別という言葉で語りはじめた最初の大衆集会でありました。それはまた、第二次世界大戦の一九四五年の終結をスタートとする、いわゆる戦後女性解放運動を否定するものでもありました。その否定の内容は大雑把にいうと、女性解放や男女の平等は「体制変革」のあとにくるものではないし、女が男なみになることで達成されるものではないということ。そして今一つの側面として、差別を基盤として他民族への侵略はおこなわれているのだという構造的指摘でした。

私がフェミニズムに至った原体験を述べさせていただきます。一九四五年の日本国家の敗北は、私が一三歳の時でした。初潮を迎えていたその頃から、女の性はきたないもの、厄介なものとして躾けられました。

私はいつも自分には何かが欠落しているという自己蔑視の強迫観念につきまとわれ、女としての自分を嫌悪していました。敗戦の日、八・一五の翌日、父はアメリカ軍隊の進駐にそなえて、私と姉を田舎の伯父の家に避難させました。それは内務省が全国の警察に駐留アメリカ軍隊のために性的慰安施設をつくるようにと、八月一八日に通達を出したより早かったです。

やがて、それまで刑務所にとらえられていた共産党員が出獄してきました。出獄と同時に出したアピールは「天皇制を打倒して人民の政府を樹立せよ」というものでした。そのアピールは、乾いた砂に水がしみこむように、私の五体にしみこんでゆきました。少しおくれて、輸入上映されたハリウッド映画の、平等で明るい民主的な家族にもあこがれました。しかし、冷戦構造、アメリカの反共政策が私の眼にもはっきりしてきた時から、私は共産主義の彼方に明るい未来が約束されていると信じて共産党員になりました。それは幼い時から感じていた女であるがための不自由さ、差別処遇、父権的家族制度への反撥の行動でありました。

自分の信ずる共産主義思想と、父親の家での生活の落差は埋めようもなく深く、窒息しそうな毎日でした。それは共産主義者と恋愛することによって、ますます追いつめられました。そして妊娠して、中絶して、結婚しました。私の夫は早くからスターリニズムを批判し、トロツキズムに傾斜してゆき、日本で最初のトロツキスト組織、日本トロツキスト連盟を一九五七年一月に数人で結成しました。それは、先行する当時の学生運動（全学連）と共に、その後の、新左翼の潮流をつくりだす要因になってゆきました。彼は私に革命家になることを要求し、そのためにグルンドの勉強といって、マルクス主義で理論武装することを課しました。

私は一刻も早く革命戦士になることを目標にして彼に同化してゆきました。

夫の所属するトロツキストグループ（パブロ派）は社会党への加入戦術をとっていました。私も形だけの社会党員になり、六〇年安保闘争に加わりました。六〇年安保闘争の大衆的高揚は、敗戦直後の社会的変動が私に与えた影響に勝るとも劣らぬものでした。六〇年安保闘争の経験を通して、私は理論的に武装したエリート集団が革命を可能にするという前衛理論、それと、夫の従属物としての自分の存在に疑問を持ち、夫の組織からも離れ、一二年間の結婚生活に終止符をうちました。一九六四年でした。それ以降は、社会党の周辺でいろいろな運動に参加するようになりました。その時の体験が一九七〇年「女にとって差別とは何か」男への同化でない女性解放、階級解放のあとにくる女性解放でなく、というような一連の私の主張の基盤になりました。

ビキニでアメリカが水爆実験をし、日本の漁船、第五福竜丸が被爆したのを契機として、一九五五年からはじまる母親大会、原水爆禁止運動、そして六〇年安保闘争の大衆的高揚は、経済的利益にもとづく行動でなく、感覚的なものであり、原理の闘いだった、と竹内好はいっていますが、それらは被害者意識にもとづくものでありました。しかし実は、それまでの日本経済のめざましい成長を支えてきたのは、朝鮮戦争とベトナム戦争の特需でした。

原理の闘いという意味あいではさらに、六〇年後半から七〇年へかけて運動は重層的に大きなうねりとして発展してゆきました。全共闘運動の「自己否定」という理念は、大学のアカデミズムが産学癒着という形で独占資本に奉仕するものになっている現実をあばきつつ、その中に教官として、あるいは学生として存在する自分への問いかけ、即ち自己改革の運動でした。そして彼らの中には自分の将来の安定安住をなげすてる方もいました。例えば、故高木仁三郎さんは市民科学者として生涯を反原発運動に捧げました。また初期の反戦青年委員会運動は、それまでの賃あげ要求闘争に対して、資本の本質に迫ると位置づけた反合理化闘争を主張しました。

べ平連の運動はベトナム戦争への自分たちの加担を原点にしていました。東京のど真ん中に野戦病院が設置され、ベトナムで負傷した米兵や、戦死した遺体がヘリコプターで運ばれるような状態の中で、日常的に最前線基地にされている沖縄へ思いを馳せ、私たちの心をゆさぶりました。また、民族差別、障害者差別、被差別部落差別などの差別に対するさまざまな運動もまた「戦後民主主義」に対する強烈な批判でありました。それらと連動する形で、女の運動は性の差別という視点を更に深化してゆきました。

アジア婦人会議の形成過程、その準備段階といえる「安保を闘う婦人連絡会」では、「ベトナムに平和を!」の市民運動や沖縄の祖国復帰闘争に触発された沢山の草の根的女のグループや、女性労働者、学生が集まって議論しました。そして日本社会党の女性組織である日本婦人会議の中でも提案しましたが、社会党と日本婦人会議はこれを過激派集団と共闘するものだとして、当時、日本婦人会議の議長だった松岡洋子さんを辞任においこみ、私を役員からやめさせました。いわゆるリブが新左翼を媒介として生まれてきたのに対して、アジア婦人会議は、戦後婦人運動の終着点だった。あるいは新たに登場してくるリブへの露払い的意味があったといえるかもしれません。但し、その後のリブ的流れとアジア婦人会議的流れの中で、ずっと相違しているのは、労働現場に対する視点、労働観だったと思います。アジア婦人会議は、終始、労働問題、職業病、育児休職制度、職場での格差、産休問題等にかかわってゆきました。

私たちは、くりかえし戦後女性解放とは何だったのか、男女平等をめざしたけれど、結局は差別の拡大再生産だったのではなかったのか、ということ。また、被害者意識にもとづくもので、結局は加害者になってしまっているのではないかということを問い返しました。沖縄、三里塚、忍草との連帯行動、逮捕されてゆく学生、労働者への救援活動、『救援ノート』の作成を積み重ねて行く中で、更にアジアの女たちとの直接的連帯という意識へ向かいました。そして差別構造が他民族への侵略を可能にしているということから「侵略=差別と闘うアジア婦人会議」という大会名称が生まれました。

大会は、一九七〇年の八月下旬の二日間で、参加者は延べ二〇〇〇人位だったと思います。一日目の全体会は、在日のベトナム人留学生、中国人留学生（劉彩品）、マラヤ留学生、東京の華僑総会、セイロン代表からの特別報告、南ベトナム解放婦人同盟、中国の中日友好協会からのメッセージ、国内では、沖縄、三里塚、忍草、部落解放同盟、カネミライスオイル被害者の会、富士市公害対策などからの報告がありました。二日目は、六つの分散会になりましたが、その議論は一部の新左翼セクトの高圧的な主張の中で喧騒と怒号に終始しながらも、その本質は「平和と民主主義」路線に立つそれまでの女性運動及び階級一元論的なマルクス主義型女性解放論に対する、性差別と民族差別からの追求でした。そして、それは同時に大戦後も侵略と差別を生みだしつづけた社会構造、日本国家、日本民族、家父長的家族制度に対するつきつけでもありました。そういうなかから優生保護法、キーセン観光、国際婦人年、天皇在位五十周年祝典に次々と光があてられ、その都度集まり、みなで討論し、行動を共にしました。

1996年９月

女たちのこういう意識変革の背景には勿論、日本経済の高度成長による女の存在形態の変化、女性労働者の激増がありました。それは同時に労働の場での男女格差の拡大でもありました。それまでの、婦人民主クラブの創立宣言が言う、社会的力量を身につけましょうというような男女平等運動では、政府がだしてくる、女性労働力の活用というウーマン・パワー政策にとても太刀打できるものではありませんでした。しかし意識転換は、おかれている情況の客観的変化によるものだけではありません。
科学の世界でも、進歩が一定進むと新たなパラダイムを必要とするように、女性解放の世界でも、今までの抑圧とか搾取という表現では運動をすすめることができなくなって、新たな枠組みが必要になってきていました。それは今までの運動からの断絶であり、飛躍でもありました。集合的無意識とでもいうべきものだったと思います。

今まで搾取や抑圧としてとらえてきた女の問題を性の差別としてとらえかえすと、実にさまざまなものが見えてきました。差別の視点からとらえた女性解放は、とてつもなく大きな深い問題を内包していることに気づいてゆきました。反戦青年委員会の反合理化闘争という戦術は、女の側から見ると、それは資本の利潤追求の側面の否定にとどまらず、生産性の論理の否定につながりました。生産性の論理は男の論理じゃないかということで、女の論理という形で対置しました。それはさらに物質文明のストップを視野に入れた自然との共存、共生へとつきすすむ道筋でもありました。全共闘運動が主張した自己否定の思想は、女の側から考えると体制側に身を置く自己の否定ではなく、男並みになろうとする自分、あるいは男に気にいられる自分になろうとする情けない自己の否定でありました。七〇年代において、黒人を中心とする解放の神学は、罪とは存在の根源における自己同一性を拒否して自分でないものになろうとすることだ、と言ってました。

さらに踏み込んで、性差別を搾取としてとらえ直すとどういうことになるのでしょうか。女の立場から原始的蓄積過程を考察すると、社会的生産手段の私有化、独占が問題なのではなく、再生産過程が生産過程に従属させられていること、両者が敵対関係にあり、その従属を通して、女たちは二重にも、三重にも搾取されていること。七〇年代のフェミニズムは自分たちの体験を通して、再生産過程の無償性の上にこそ生産過程は利潤をあげ、社会的資本を蓄積することができるのだということに気づきました。社会当時はまだ崩壊してなかった社会主義体制も資本主義体制も、社会的資本を蓄積するためには自然と人間を切り離し、そして再生産過程と生産過程を敵対させ、前者を後者に従属させることでは、全くかわりないことを知ってゆきました。長い間、社会的生産手段の存在形態のあり方にこそ、社会的不平等の根源を求めてきましたが、今では、人間と自然の関係、自然観にこそ問題があるのだ、ということに気づきはじめました。人間と自然の基本的関係が労働手段に対する人間の関係、労働観を規定し、人間と人間、女と男の関係も規定していることに気づきはじめました。

奄美大島にて

新たな運動には、新たな組織形態が必要とされました。それぞれの感覚、問題をもちよって、その相違をきりすてることなく、全く「ごった煮のような」状態の中で、個を通して全体を、全体の中に個を見出し、手のひらからこぼれ落ちる部分がないように、話し合って、話し合ってきました。最後の最後まで、最初に申し合わせた結集のあり方を、非能率的なのを承知のうえで守り通しました。それは組織が内包する生産性に対する警戒であり、抵抗でありました。それは全共闘運動が始まる直前（一九六八年）に若くして亡くなった所美都子さんが主張されたこと（「予感される組織に寄せて」）と同質のものだったと思います。

七〇年女性解放の潮流は、運動の具体化の過程で何回も分解してゆきました。それは課題の多様化の中での更なる発展、深化でもありました。アジア婦人会議がグループとして最終的に分解していったのは、世界情勢の正しい分析なくしては何事もなし得ないと主張する人たちとの対立でしたが、この対立をのりきるだけのエネルギーは、もはやグループに存在していませんでした。私は事務局を辞退して、自分も労働の個別現場にあるべきだと考えて、学校給食の作業員になりました（一九七四年八月〜一九八二年一一月）。そして同時に、空港に反対する三里塚の農家の周辺で、援農したり自主耕作をしながら、無農薬野菜の産直、自然食品の共同購入をしました。

八二年から八三年にかけて、私たちのうち三家族は、北海道、熊本、奄美大島へ、土を求め農業者をめざ

石垣島野底にて　2000年4月16日

して移住しました。
一九七八年一二月、アジア婦人会議として最後に出したパンフレット『再出発をめざす』には、こう記しました。
「七〇年以降のアジア婦人会議の問いかけは、差別と闘うことを通して自分自身を見出してゆくことであり、その見出した存在そのものが現代社会のあり方を問う根拠たりうるものだった。反差別とは共存の思想であり、人間と人間、人間と自然の関係を考えさせる生態系をつつみこむ世界観であった」と。
七〇年代の女性解放運動で私たちは、ナゼ女の労働はそんなに安いのかを問い、差別の根源を明かにしてきました。今、同じように生命を創出する自然は、ナゼそんなに安く粗末に扱われるのかを問わなければならないと思います。そして、もう一点、七〇年からの女の運動の根底にあったものは、本来の自分らしくありたいという希求、本当のあるべき自分の姿への探求でした。その基盤の上にさまざまな要求、運動が組まれました。

今、この時代、私たちにとって本当の自分、自己同一性とはいかなるものなのかを問わなければならないと思います。

それが物質文明の次に来るものへの道をひらくフェミニズムについての答えだと思います。

飯島　愛子

これで私の講演をおわらせていただきます。

第二部

〈侵略＝差別〉とたたかうということ

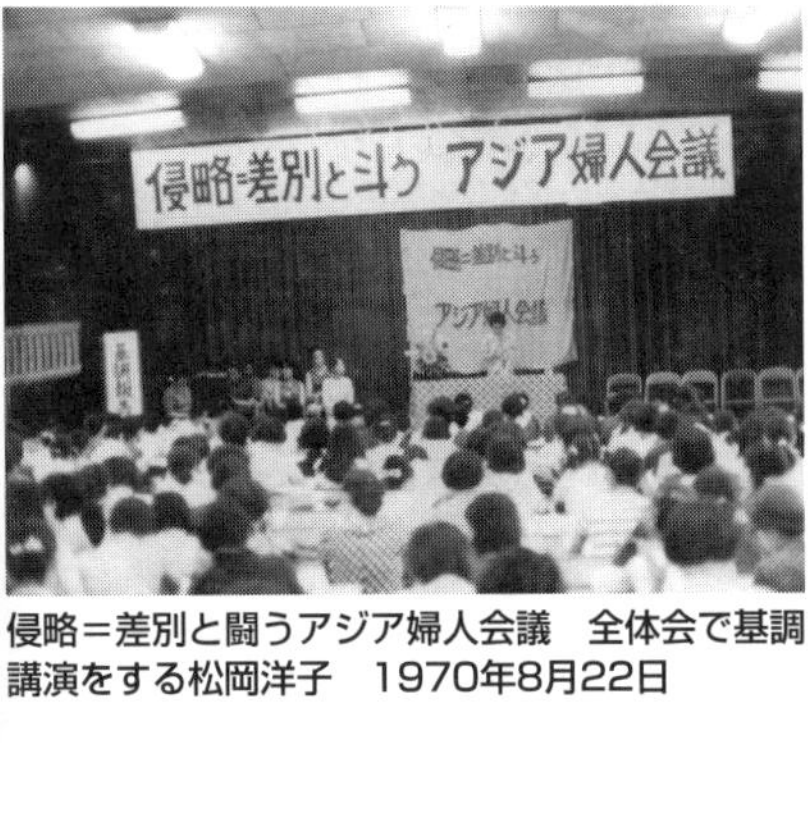

侵略＝差別と闘うアジア婦人会議　全体会で基調講演をする松岡洋子　1970年8月22日

◎主要論文1

どのように闘うことが必要とされているか

「平和と民主々義」が日常的にハカイされているなかで感じた私たちの疑問

戦後の「平和と民主々義」がみるもむざんにハカイされてゆく日々のなかで、私たちは否応なしに戦後の「平和と民主々義」とは何であったかをあらためて問い直しはじめている。

ベトナム人民の斗いをとおし、沖縄の斗いをとおして、平和も民主々義も憲法も繁栄も、それらと無縁な存在＝沖縄を前提にしたものであったこと、また安保体制のうえになりたっているすべてであることが明白になってきた。ベトナム戦争の残虐性は、私たちの感覚に訴えるものであったが、なによりも沖縄という前線基地、日本本土という補給基地がなければ、到底、あの侵略戦争はつゞけられるものでないことを知って以来、私たちじしんが繁栄のなかで、そのことを黙ってみとめるなら、じつはベトナム人民殺りくの恐ろしい共犯者になってしまうことを感じてきた。

このことが、今日、私たちに「生活もあることだから、とにかくどんなやりかたでも日本独占やアメリカ帝国主義のやることに反対すればよいのだ」という今までの運動のやりかたに疑問を感じさせたのである。同時に、その疑問は、戦後歴史のなかで山ほどおこなわれた多くの反対運動、平和と民主々義を守る運動、よりよい状態をかちとる運動の積みあげの結果にたいしてもむけられた。

この疑問を、より多くの人々のなかへ定着させ、それにひとつの方向性をあたえたのが、一九六七年の十・八羽田斗争から今日の学生斗争につながる青年たちの行動であった。

どのように斗うことが必要だったのか

人々は言う——安保が何だか知らない人、じぶんの家庭のことしか考えない人が大勢いる現状では、ともかく正しく知ってもらうことが先決だ、と。

また人々は言う——生活状態にせよ、意識状態にせよ、よりよいことは良いにきまっている。問題なのは、よりよい条件を得るための方法なのであって、たとえば、おこぼれにあづかったり、誰かのコネで得たのでは大衆の意識もかわらない。みんなの自力でかちとることが必要なのだ、と。

また人々は言う——いままでじぶんたちがやってきたこと、つまりＰＴＡや職場で、また保育所づくりや美濃部革新都政実現が、意味がないと言うのか、と。

たしかに今までじぶんたちのやってきたことを、とやかく言うのは嫌なものだ。しかし、現実がどうなっているかを直視する勇気を私たちはもとう。

本質をあきらかにするような斗い

私たちは、もうがまんのできないギリギリのところにきているのではないだろうか。にもかかわらず、うわべの毎日は何事もなかったかのように粧われている。人工「肉」だといって石油センイを食わされ、工場廃液で廃人にされる、飛行機の大型化の爆音など、さまざまの音や震動で生活がメチャメチャにされる……

東大一・一八〜一九まで私たちは、そしておそらく学生じしんも大学のおかれている産学共同路線が、そこまでいっていることを知らなかった。彼らが抵抗し、斗うことによって、その本質は万人の眼にさらけだされた。

それは丁度、沖縄やベトナムやチェコの人民が抵抗することによって、侵略者たちの非道が斗う者にとっても、また世界中の人々にとってもあきらかにされたのと同じ論理である。

私たちにとって必要だったことは、高度成長による利潤の配分をすこしでも私たちのがわに多くしようとする努力ではなく、国家権力のやっていることの本質をバクロせずにはおかない斗いのありかたとは、いかなるものなのか、また、国家権力に打撃をあたえるような斗いのありかたとは、いかなるものなのか——このことをさぐることではなかったか。

個々の要求は山ほど総和しても変革に通じない。

個々によりよい状態が山ほどつまれても、それは本当によりよいことだったろうか。

三里塚や忍草《シボクサ》の女たちを強くさせたもの

と、言っても人間はつねに身近な、よりよい状態をもとめて行動するではないか。

東大斗争の発端は青医連という労働組合的交渉団体を大学当局にみとめさせる要求だったし、日大斗争は使途不明金のゆくえを公開せよという要求だった。三里塚は生活圏のもんだいであり、忍草は入会権のもんだいからはじまった。

彼らに共通していたことは、ともかく何といわれようと、①じぶんたちの要求は正当なものであり、②正当であるがゆえに相手に理解させようとしたが、相手がわは、理解しようとしないばかりか高圧的手段に訴えてきた——すなわち、よりましな状態はえられなかった。③だからといって、もんだいの解決をじぶんたち以外の誰か、あるいは、じぶんたちの組織をもふくめて、組織や機関の手にゆだねなかった、④人まかせにしなかっただけでなく、その要求のためにみづからが行動をした、ということではないだろうか。

私にとって、はげしい学生斗争、反戦斗争に参加する青年の姿はおどろきである。しかし、彼らのほとんどは男だからネ、彼らは若いからネ。しかし、三里塚や忍草の女たちはどうしたものだろう。彼女たちは土に生きてきたから私とはデキがちがうのだろうか。

人々は言う――特別な人たちだ。一般的な人たちにできることを考えよう、と。

彼女たちが「強い」のは個人の特性でもないし、おかれた状況の特殊性によるものでもなさそうだ。あえて言うなら、だれかにもんだいの解決を委任してすませることができなかったこと、よりよい状態で妥協を見出すことが不可能だったこと、などが、彼女たちを強くさせていったのではないだろうか。

生活要求に根ざした斗いが、現体制の本質をバクロせずにおかなかったのは、ひとつには「斗いのありかた」であったし、もうひとつには、現体制そのものが譲歩の余地（妥協）を見出すことができないほど行きづまっているということではないだろうか。

「委任する」ことについて

「委任」は人間をくさらせる。女は歴史の創造を男に委任してきたし、戦後民主々義は政治を国会に委任し、労働者は賃上げや労働条件を組織（労働組合など）に委任してきた。

「委任する」ことは、委任された者に管理されることである。考えること、判断すること、頭脳を他にまかせることである。

いったん委任したあとは、そのようなものに委任した者の責任であるという論理が横行する。国会で自民党が多数をしめるのは、自民党などしかえらべない大衆の無智のせいであり、組織が腐敗ダ落し、日和見るのは大衆の監視が不十分だからである、ということになる。

そして言われることは――まず大衆のモーマイがとかれねばならない、なにもわからない大衆に教えることが必要である、また、組合員じしんの自覚が必要である、ということになる。

より私たちの利益を代行する者に、委任するために努力すればするほど、私たちはモーマイになってゆくのである。

（お断りしておきますが筆者は、選挙ナンセンス論者ではありません）

母親と「暴力」学生

ことに「暴力」学生の母親は、もんだいの解決を自分の夫に委せることはできない。なぜなら多くのばあい、夫は彼女より、さらに息子の行動に理解がないから。

反戦斗争・学園斗争の今までと質的にことなった様相は、女たちの意識にも大きな変化をおよぼした。

子供が生長し自立してゆくときの母親の悲哀は生物学的なものであるが、千人の青年・学生が社会変革をめざして、自分じしんのありかたを否定し、権力と斗おうとするとき、千人の母親は、息子あるいは娘からの拒絶にあう。なぜなら母親という存在はあまりにも克服すべきじぶんじしんの一部分にほかならないのだから。

最初、ほとんどすべての母親は、「せめて卒業してからすきなことをしてくれ、危いところへだけは行かないでくれ」と、妥協の余地を見出そうとするが、子供たちのつめたい拒絶にあう。ほとんどの息子・娘たちは母親になにごとかを理解させようとしないし、ことに決定的行動をするときは、若者特有の楽天性もてつだって、そのことを告げはしない。

息子たちの行動をあらかじめ予測したいとねがうなら、母親は、まずじぶんが主体として社会的に行動してみる以外に方法のないことを、息子たちから拒絶された孤独の苦悩のなかで悟ってゆく。

戦後民主々義と婦人解放

戦後の「平和と民主々義」が、じつは偽瞞にすぎなかった、虚構にすぎなかったというなら、私たちは戦後民主々義の大特徴である婦人解放についても問いなおしてみなければならない。

　私たちは、どう解放されているか。戦後二十五年になろうとし、アジア核安保への道に立たされている現時点において、そのことを明確にとらえよう。

　戦後の婦人解放について考えるとき、それ以前を知っている世代と知らない世代ではとらえかたの相違がある。前者においては、ともかく婦人解放は、私たち女を人間にした、という実感があった。

　しかし、その後、私たちのえたものは何であったか。既得権をまもり、拡大し、積みあげることに営々としているあいだに、私たちの生活は、今日、直面しているところのものになっていることを現実としてとらえよう。

現代婦人運動について

　私たちが、戦後「解放」といって、かくとくしたものは、じつは男と法的平等のもとにおける搾取と疎外だった。そして、そこをスタートとして、それ以後私たちの求めたものは実質的平等下（男女同一労働同一賃金、母性保護、保育所施設など）における搾取と疎外のかくとくではなかったろうか。

　かつて、婦人解放のために法的平等要求や参政権運動があり、それらはブルジョア的婦人運動・女権運動であると言ってきた。それに対して戦後の実質的平等をかくとくする運動は、ブルジョア的・体制内的運動ではなく階級的・労働者的運動であるかのように思ってきた。

　そのあいまいさから、婦人解放の基本条件は、女の経済的自立と完全な母性保障にあるかのように多くの人々によって主張されている。

　しかし、私たちは、同一労働同一賃金、母性保護運動、あるいは保育所づくり運動をつみあげる中から、又、高度成長政策のもとに若手労働者不足の状況の中から、女の経済的自立と母性保護は資本のつよい要求であることを知ってきた。

職場から——小平保育園の保母さんたち

みのべ都政は、働く女たちの要求にこたえて、いちはやく保育園の増設とともに長時間保育を約束し、多くの人々、革新団体は、これに拍手をおくった。小平の保母さんたちは、これ以上の労働過重にたえられなかったので園長もともに拒否した。しかし、このころ園児父母の会々長が、「革新」的な人に改選されたのを機会に、父母の会は、みのべ発言をタテに長時間保育を強行に要求し、六時半になっても園児をひきとりにこないという実力行使にでてきた。

父母の会の言い分——働く母親労働者の権利と条件をまもれ。長時間保育のために予算措置が必要なら保母も地域住民斗争にくわわって予算要求をせよ。

保母さんたちはギリギリの状況に立たされ八時間労働（実際は九時間以上）をまもるため園児をおいて帰ってしまった。

保母の言い分——同じ働く婦人労働者である保母（子もちの人もいる）へシワよせを強いるような働く母親の権利というものがあるのだろうか。このままではとても働きつゞけられないし、責任ある保育はとてもできない。

これまでのやり方だと、父母の会と保母が話しあうことによって、たとえば九時間保育の要求が八時間半でおちつくというような形で結着したかもしれない。しかし、保母たちの断固とした斗い（実際にこれ以上たえられないような労働過重だった）からさまざまの角度で本質があきらかにされていった。

地域住民の要求のもとにと出されてきた、みのべ案は、実は保育労働者へのシワよせによって資本の利潤追求をたすけ、社会的矛盾をインペイしているのではないか。

長時間保育は、婦人労働者の労働時間延長あるいは合理化のもとでの交代制勤務の条件をととのえる役割をしているのではないか。子供の人格はまったく無視されてしまっている。

保育園は、たしかに女が働きつづけてゆくための絶対的必要条件であるが、同時に、資本が低賃金労働力としての婦人労働者を確保してゆくための条件でもある。

また、労働組合はこれに対して、みのべ都政をまもるという前提のもとに、パートによる補充・時間外手当の支給などの対応策しかもたず、保育園のもつ社会的性格（その階級的性格）に目をむけることもせず、客観的には社会的矛盾をインペイする役割をになった。

同じようなことは沢山ある。出張所や郵便局の窓口事務は昼休み中もやるべきだ、あるいは五時すぎてもやるべきだ、等。ここでは、「労働者」が「地域住民」の利益というものにすりかえられることによって、それぞれがなすべき自分のもち場での斗いを放棄してしまっている。

職場から——授乳時間のかくとく

授乳時間一日一時間は協約でかくとくされている職場でのこと——

一人のママさん労働者が一日一時間欠勤すれば仕事はたまる。となりあわせの仲間が、そのたまった仕事をひきうけることによって、授乳時間の確保はようやく可能になる。

これが本当の権利かくとくなのだろうか。本当の連帯なのだろうかを問いかけ、みなで討論した。

当事者はどんなに仕事がたまっても断固として授乳時間をとる。まわりの者は、その人の仕事がどんなにたまっても手助けしないことを当局に対する斗いのなかで勝ちとっていった。

体制的合理化のなかでの連帯、自発性……

いま職場ではアジア核安保への道のなかで体制的合理化がすすんでいる。人間ハカイがすゝんでいる。もう今までのように賃上げや物質欲で人間に満足感をあたえることは限度にきていることを体制側は見ぬいている。そして実際に、防衛費の急速な増大等々で労働者に利潤のわけ前をくれるような経済的余裕もなくなってゆくだろう。

そういう状況のもとで、もっとも露骨な政策として人間の自発性（精神的満足感）にもとづく「目標統合」と「自己統制」（自己管理・ZD運動など）がうちだされてきている。

そのなかで本当に人間性をまもってゆくには、体制側の「自発性」や「人間尊重」に対して、われわれの側のものを真正面からぶつけてゆかなければならない。

いままで、連帯とか団結とかは、とかく個・私を制限することによって成りたつかのように思われがちだったのではないだろうか。

でも本当には、個別性、私、の徹底的主張が普遍性（みんなの利益）に通ずるようなありかたでなければならないし、同時に、資本の利潤追求そのものへ斗いをいどむような内容でなければならないと思う。

抑圧されたもの、差別されたもの（たとえば女）に特権があるとするなら、そのようなものだろう。

母親運動について

戦後婦人運動の大きな側面として母親大会にかかわる歴史がある。

かって体制側は、女に「靖国の母」という規定づけをし、戦後革新は、「母」は平和をのぞむもの、いのちをまもるものという規定づけをした。体制がわも革新がわも利用してきた母親性について問いなおしてみよう。

母は平和を愛するものというときの平和とは、日常性・現状の延長、個別的よりよさでなかったといえようか。

そして母親性を物神化することによって逆に平和とか、いのちとかいうものが抽象化され、神聖化されていかなかっただろうか。

（一九六九・十・四）　提案者＝飯島愛子

〈付記〉

婦人解放＝自己解放は階級解放の結果としてあるのか
婦人解放は階級解放（体制変革）なくしてありえないとする論理がある。女の隷属は女の劣性にあるのではなく――劣性であることまでふくめて――階級支配が生みだしたものであるから、と。

そして、「女への攻撃、差別は資本の分断政策のひとつである。だから活動家は女の身近な諸要求、たとえば差別などをとりあげ、その斗いのなかで本質は階級対立にあること、体制変革をしなければならないことを大衆に自覚させてゆくことが必要だ」という。

一見、まったく正しいようにみえるこの論理の落し穴を見ぬこう。

「婦人解放は階級解放なくしてありえない」ということは客観的論理としてはおそらく真理だろう。しかしそれはひとつの予測された結果論であり、運動者からみればなにも言われていないに等しい。運動主体としては社会変革の結果、自己変革・女の尊厳が確立されるのではない。

この論理の落し穴からおうおうにして出てくる、もうひとつの結論は、女としての要求や運動は、より高い・より普遍的な場へいたるための、特殊な・身近な・低い次元における運動とする見方である。

このマヤカシにのるかぎり、女のエネルギーと可能性をくみつくすことはできない。
（アメリカ黒人の公民権運動の）「最大の誤りは特定の目標へむけて眠れる大衆をそしきしようとしたことにある」という、カーマイケルの言葉をおもいうかべる。

　かつて青鞜社運動で女は観念的に自己解放した。女は歴史の創造から除外された存在であるというコンプレックスを克服した。しかし、その自己解放は外に移りかわる景色をながめ、未来もまた、女は太陽であるだろうことを夢みているにすぎない。

　女と男のちがい、女性的といわれる特殊性はすべて階級社会が歴史的につくりあげてきたものであり、唯一、ちがうのは母性の機能である、とも言う。

　しかし、女と男が生理的以外にちがうのか、ちがわないのかは、過去の歴史のなかでは、まだ明らかにされていない。

「女の〃思想の世界〃が男のとはちがうということは確かなことではない。なぜなら女は、男の　思想の世界〃に同化することによって自由になろうとしているのだから」（ボーヴォワール『第二の性』第三巻「自由な女」）

◎主要論文2

〝侵略＝差別と斗うアジア婦人会議〟に参加しよう

全国各地で毎日のくらしと斗っているすべての女性、他のアジア諸国ですでに長い間、解放の斗争をくりひろげてきた女性のすべてに心からお呼びかけ致します。今夏、東京で「侵略＝差別と斗うアジア婦人会議」を開こうではありませんか。

私たちは、日米共同声明を日本人民をふくむアジア人民に対する侵略宣言として受けとります。同声明は、米軍がひきつづきアジアに駐屯することの重要性を再認識すると同時に、帝国主義的に復活した日本資本主義が、自前の侵略者として海外進出することを保証したものです。日本はアジア人民への抑圧・搾取を強化し、アジア諸国の人民みずからがえらぶべき自国の形態に対しさまざまな介入をすることになりましょう。

そして、そのことは何よりも国内侵略であり、繁栄と近代化の名のもとに人間の生きる条件そのものがおかされていくことでもあります。たとえば、三交替四交替勤務があたりまえのこととしてまかりとおり、農民からは土地をとりあげ、コンビナート進出などにより、空も、空気も、人間の歩く道路も奪われ、果ては食品公害にまでいたっています。このような体制的合理化は、当然あらゆる面での弾圧強化をともない、その完成として日米安保体制が存在しています。

しかし、帝国主義的攻勢がはげしくなればなるほど、それに抵抗する斗いはすでに無数にくまれてきました。砂川・忍草・三里塚などの現地斗争をはじめ、公害への多様な斗い、そして無数の職場斗争、学園斗争。ことに沖縄人民の斗いや、羽田以来の激しい諸斗争は日米帝国主義の野望を阻止する道をきりひらいてきました。他方、今まで「民主々義」の擁護者を自認してきた指導者たち、あるいは「革新」とみられてきた運動や組織は、これまでそれらが基盤としてきた客観的条件が失われてゆく過程で、ある部分は新しい事態に対応しようとし、ある部分は右往左往し、またある部分はより明らさまにこのファシズム体制へ協力しようとしています。そのことは婦人運動においても例外ではありません。

一九七〇年をむかえた現在、この間の先進的諸斗争がきりひらいた新たな質を、それぞれの生活の場で運動のなかみとして確立することなしに、更に前進することはできないでしょう。そしてそのことを通して、それぞれの階層が戦列を強化しようとしています。ことに、もっとも安い労働力として格づけされ、もろもろの差別をうけている私たち女性にとっては、なおそのことが要求されています。

ここに、「侵略＝差別と斗うアジア婦人会議」をもつ内容として――

第一に――戦後民主々義の特徴であった「婦人解放」をその根源からとらえ直す過程にしたいと考えます。そのことは社会体制の変革のあとにつづく婦人解放（論）ではなく、自己変革として差別問題をとらえることであり、また私たち女性のうけている差別を部落や沖縄県民や在日朝鮮人のそれと同質のものとして明らかにしたいと思います。

第二に――アジア的視点で今後の斗いのあり方を考えたいと思います。それは日米帝国主義のアジア侵略を私たちへの侵略としてとらえ、私たちじしんの個別の斗いを追求し、同時に運動の先進国としてのアジアから学ぶということです。

右の趣旨に賛同するすべての女性に参加を呼びかけます。私たちの共通の斗いを一段ともりあげ、拡げるために！　真の連帯をきずくために！

一九七〇年二月二十五日

私たちは、右のアピールにもとづき、今夏「アジア婦人会議」をひらきます。大会当日だけでなく、そこに至る過程を重視し、問題提起として、戦後婦人運動の総括、救援活動、その他、生活の諸問題について討議を重ね、さらにその間の諸斗争にも参加してきました。これを機会に、アジアの斗う婦人や、在日アジアの諸姉との間に、真の国際連帯を築きたいと考えています。

☆とき

八月二十二日

二十三日

☆ところ

法政大学（東京・飯田橋）

◎主要論文3

一九七〇年活動方針案（日本社会党東京都本部）救援活動に関する意見書

〈提案者〉婦人党員・日本婦人会議会員　救援活動者会議

来る四月十一、十二日にひらかれる日本社会党本部大会において討議される一九七〇年活動方針案において救援活動の方針（不当弾圧反対、不当立法粉砕の斗いの項）が大きく変更されます。

救援活動を実践してきた私たちは、この方針案について、大衆運動としての・あるいは七〇年安保斗争の一環としての・あるいは人道主義的・基本的人権擁護としての・救援活動の、どの視点からみても誤りをおかしているとと考え、この意見書を作成しました。

× × ×

一、私たちは昨年のはげしい反戦・反安保の斗いのなかで、いわゆる救援活動にとりくんできました。それは、六九年度の活動方針にある「不当弾圧による犠牲者に対し、党はイデオロギー上の差別なく人道的立場に立って救援の処置を講ずる」という方向にそったものであり、その後の活動は、その方針をさらに深め、高める方向においてされてきたことを、先ず、ここに誇りをもって報告します。

それは、今年度活動方針案の「斗いの総括」の中で、党としてこの一年間、反安保斗争を有効に斗えず、大衆運動をほとんどなしえなかったと反省していますが、そのなかで、きわだって発展した運動であり、社会党員（個々人の自主参加）あるいは婦人会議会員の、つねに地味で献身的活動の成果でありました。

二、しかるに方針案は、民主集中性と機関運営の重視と尊重をうたいながら（方針案一一頁）、こと救援運動にかんしては、実践してきた者の総括も活動内容も、ただの一度も問うことなしに、全く勝手に〃総括〃し、重大な方向転換をしました。したがって、私たちは、ここにだされている総括（一頁まとめ）は、単に都本部執行部党員個人らの自己批判の言葉にすぎないものとして受取ります。

このようなやり方を官僚主義的統制といわず、何と云えましょうか。だからこそ、ここに、実践してきた者自らの総括と今后の展望を、意見書の形で提出し、全党の皆さんの討論の材料にしていただきたいと考える次第です。

三、ここにいう救援活動とは、七〇年治安体制の中から必然的に要求され、生みだされてきたものであります。佐藤内閣がいみじくも「内政の七〇年」と宣言したように、七〇年安保斗争に対する治安体制は、一昨年十月二十一日の騒乱罪発動以来、再編強化されてきました。

すなわち、六九年一月の東大斗争、四・二八沖縄斗争、十一月佐藤訪米阻止斗争に対する戒厳令下の弾圧に象徴されるように、治安警察力の増大は目にあまるものがあります。また、司法当局は、その「中立性」のベールをぬぎ、戦後民主々義型支配秩序を自からかなぐりすてて きました。

このような治安体制の直接的ねらいは次のようなものだったと考えます。
(1) それは、七〇年安保斗争を斗いぬいた労働者・学生を徹底的に弾圧し、大量逮捕・大量起訴・長期拘留・予備検束を乱発して、先進部分を市民社会から隔離し、斗いそのものを圧殺しようとした。
(2) 労働者に対しては、直接的弾圧のみならず、さまぐ〵な理由をデッチあげ、思想処分、 レッドパージ〃をおこない、生活そのもののハカイをおこなってきた。
(3) 地域住民対策としては、新宿や蒲田にみられるように、小商店主など住民の私的利害感情を活用して自警団の組織化をはかったり、あるいは、所かつ警察、防犯協会等々の手によって恐怖感をあおりたてるなど、住民管理をおこなってきた。
(4) マスコミを総動員して、暴徒キャンペーンをおこない、「大国」イデオロギー、排外主義的宣伝のもとに、国民全体を帝国主義的体制へ疑問をもたさないよう、飼いならそうとしている。

四、

(1) このような情況の下ではじまった私たち多くの者の救援活動は、まず、ぞくぐ〵とつづく大量逮捕、長期勾留者に対する差入活動からはじまりました。(十一月には百人以上の弁当を一カ月以上週二回、差入＝品川区の場合）留置場への差入れのための、オニギリつくり、衣るい等あつめ、カンパあつめ、警察との応待、オロオロしている家族との応待、拘置所への接見・差入れ、身の上相談等、それはまさに新らしい情況の下での世話役活動であり、当初は、関係者の母親や党派関係者が個別的におこなってきたことを、大衆的・組織的にしたのが地域救援会であります。それは、ほとんどの地域でそうだったように、どこかの機関が、「大衆」を組織するためにしたのではなく、人道的に、あるいは、弾圧の卑劣さを眼のまえにした怒りから、はじまったものであります。

(2) 地域救援会の第二の側面は、地域末端国家権力と対峙する住民組織だということです。差入れ妨害に対するかけあい、差入者に対するいやがらせ・尾行、勾留者に対するリンチ・拷問、それに対する直接抗議と住民へのアッピール、等々、必要やむをえないような行動の積みあげから、斗う組織になってきました。警察・自警団・それに町会と、はりめぐらされた地域権力機構の中で、明確に国家権力と対決する姿勢をつちかってきました。その意味で、救援そしきは、先進部隊に対する後衛補給部隊ではないし、ましてや特定党派を支援する会でもありません。

それじしんとして自立した、反権力住民そしきであろうとし、そのように発展しています。

(3) したがって、当然ながら、もっとも身近な護憲の斗いでありました。この一年間において、これほど努力的に基本的人権を守るために斗った運動体があったでしょうか。昨年ほど日常的に憲法が無視されたことがないのに、社会党としての対応が、これほど鈍感で不活発だったこともありませんでした。その中において救援活動に参加する私たちは、必死に斗ってきたと思います。いまだに留置場ではリンチや拷問のあること、戒具が備えられていること、監獄法は明治以来のものであること、過剰警備のもんだい、CNのこと、等々……、それらは先進的に斗う人々のみの問題でしょうか。

(4) さきにも述べたように、この治安体制は特定部分への弾圧ではなく、全社会的に、労働者・市民の生活・思想を改編しようとしてすすめられています。したがってエスカレートしてゆく弾圧を告発し、傷つき捕われた人々を救援することは、七〇年安保斗争の一環として存在します。たとえ、斗いの戦術や方向に批判があろうとも、権力の不当な弾圧をうけた犠牲者に対して、その思想・信条を問わず救援することは、革新を標ボーするもの・反体制を志向するものの義務であろうか、と確信いたします。

五、本来こうした活動を担うべき既存の組織として、「国民救援会」がありますが、現在、この組織は権力のファッショ的住民組織である「自警団」を賞賛する（アカハタ記事）恥ずべき日共の付属物になり下っています。六七年十月八日の羽田斗争以降の反戦・反安保・反権力の斗いに対して、彼らは救援の手をさしのべないばかりか敵対視した位置づけをしました。こうした中で、実に一万人をこえる逮捕者が放置され、まさに、そのさしせまった必要性から「救援連絡センター」が生まれたのです。

救援連絡センターは、「一、国家権力による、ただ一人の人民に対する基本的人権の侵害をも、全人民への弾圧であるとみなす。一、国家権力による弾圧に対しては、犠牲者の思想的信条・政治的見解のいかんを問わず、これを救援する。」の二点を基本的立場としています。

その活動は、獄中との接触（差入れ・接見等）を起点に、弁護士・親・職場・学園への対応、警察・拘置所への抗議、大衆宣伝など、あるようですが、地域救援会が、地域的対応を主とするのに対して、文字どおり、センター的機能を果し、不可欠の存在であると私たちは思っています。

六、私たちは救援活動へのさまざまな角度からのかかわりあいを通して、や丶大げさな言い方をするなら七〇年代における地域活動、大衆運動はいかにあるべきかを考えはじめています。

不断に拡大されてゆく人間疎外、人権のハカイ、弾圧機構、思想調査をふくめての情報化のアミの目の中では、個々の人間の自立した斗いの姿勢・思想の確立なしに体制を変える運動はありえない、と思います。そのような人間に自分じしんを、また人々を変えるにはどうしたらよいか、そのことを救援という一つの場を通して模索しています。諸要求にもとづく大衆運動あるいは世話役活動は無数にありますが、運動自体、えてして体制の補完物に、また、うまくいって票とり運動にしかなりえない現状。あるいは、日共や公明党のように、自分たちが、「とってやった」「してやった」と、その組織力において宣伝することによって、大衆をますます体制内化、愚鈍にすることを日常活動と称している現状の中で、私たちは、地域活動・日常活動はどうあるべきか、そして生活の全領域（公害・社会保障・物価・保育……）にわたって、追及すべきだと思います。

七、今大会は、日本社会党東京都本部が選挙にも負け、独自活動も大衆運動もくみえなかった事実からそれをバン回するためにどうしたらよいか、を討議する大会であると思います。

そして、そのことは私たちの理解では、かねて指摘され全党が認めている三つの欠陥＝議員党的体質・労組機関依存・日常活動の不足の三点を、具体的に克服する過程の討議でなくてはならないし、したがって当然、議員党的体質・労組機関依存にかわるべきものは、具体的に何なのか、また、どんな日常活動が必要とされ、つくろうとしているのか――を、全党的に討論さるべきものと考えます。

しかるに方針案をささえている基本的観点は、救援活動の項にもあらわれているように、およそ私たちの願っているものから、ほど遠いものであります。その方針案を実践にてらして見るとき、それは、まったく救援活動の歪小化であるばかりか、大衆運動そのものの否定であります。末端行政機構の民主化とか、革新的住民そしきの確立とか、文字はならんでいるが、まさにそれを具体的に追及しているのに、代るべき何もしめすものもなく、運動を切ってすてる態度はゆるされません。

その官僚的・非民主々義的態度は、実は道義的不感症、堕落からでているものであることは、たんに救援活動に対する方針転換ではなく、党は反戦青年委員会と絶縁する（解放派および社青同問題にひっかけて）、日中から手をひく、という方針転換と表裏一体の関係として出されていることからも明らかでありましょう。

ファッショ化へのきびしい情勢の中で、流動し、多党化する現象の中で、日本社会党の旗を守ろうとして出されている、思想的統一・組織性の確立・機関運営の重視、等々の口実が、実は、日本社会党の、帝国主義的、対外侵略体制に協力するところの体制内政党への転落の道をきりひらくのでなければ幸いだと思います。

参考資料

「一九七〇年活動方針案」より

社会党が中心となって提起する大衆運動において不当弾圧を受けた場合、原則として当該団体が救援にあたる。党もできるかぎり協力する。「国民救援会」は共産党偏向で運営されているので再検討しなければならない。「救援センター」の活動については、党は参加しない。党を主体とした救援組織の確立のために努力する。

「一九六九年活動方針」より

今後の各種斗争にさいし、予想される権力の弾圧に対して有効に対処するため「不当弾圧の手びき」の作成に着手する。また、護憲弁護団の拡充をはかるとともに、党中央のすすめている「不当弾圧対策委員会」の体制確立を急ぐ。

最近の学園斗争における政府権力の、不当弾圧による犠牲者に対し、党はイデオロギー上の差別なく人道的立場に立って救援の処置を講ずる。

「婦人党員・日本婦人会議会員＝救援活動者会議」参加者の所属救援会名

大田救援会・品川地区救援会・目黒救援センター・渋谷救援会・中野救援会・世田谷救援連絡会議・西部沿線救援会・板橋救援会・文京区救援会・江東区救援会・墨田救援会・日野救援会・くにたち救援会・田無・保谷・久留米救援連絡会・八王子救援会・府中救援会

◎主要論文4

問題提起

婦人運動と〝差別〟について

集会名を「反戦アジア婦人会議」にするか、「斗うアジア婦人会議」にするか等、いろいろな案がだされていた段階で、それなら女だけの斗いの目標でないのに、なぜ婦人集会なのか、の問いが出され討論されました。その問いを、私は〝婦人運動とは何なのか〟におきかえて考えてみたいと思います。

Kさんも討論の中で、戦後婦人運動は市民運動の肩がわりでなかったか、と言われましたが、戦後いままで婦人が手がけてきた運動は沢山あります。たとえば原水禁運動の殊に初期の頃、物価運動・保育所づくり・ポリオワクチンの獲得。しかしそれらは平和運動であり、消費者運動であり、地域住民運動であって、たまたま婦人が中心的に担ったから、婦人運動と名づけられるのでしょうか。

　戦後の「婦人」運動の大きな礎をきずいた婦人民主クラブの誕生にあたって、宮本百合子さんが、……「私たち婦人の生活上の力量が、この社会のより幸福な組立てのために、どれほど重大な価値をもっているかを自覚しなければなりません……平和と幸福との社会的保障を熱望する私たち日本婦人は、その希望を実現してゆく方法を学び、忍耐づよさに最後の輝やきを添える社会的な積極性を身につけようと願っております」といっているのを見れば、それ以後の運動のあり方は、すでにこの時点において十分に自覚されていたものと思います。

　それなら、女権拡張を最大の運動目標としたといわれる戦前の婦人運動から、自らを区別したところの戦後の「婦人」運動とは何だったのか。

「女権運動を越えて人民解放をめざす社会運動」（『航路二十年』）と規定づけることによって、戦後「婦人」運動の活動家たちは女権運動の系譜をかんたんに流し去り、同時に、〝女とは何か〟の追求をも忘れ去っていったのではないでしょうか。

　戦後の婦人「解放」は、婦人の要求を社会活動の広領域にわたるものとしたし、当然、その要求にしたがって婦人が多くの運動を担ったという意味においては、それらを婦人運動ということはできるでしょう。しかし、そこでは、諸運動は女が差別されている根源においてとらえ返したものにならなかったし、その意味では労働婦人の場でのみ、わずかに母性保護運動という形でとらえられていたと思います。

　しかし、女が男とちがうのは生むという機能であるとする割りきり方、女の自信の表現は、そのまま、生むことへの保障（母性の社会保障）をかちとることが女への抑圧をとりのぞく条件であるとする運動になってゆきました。

　しかし、それらの運動（労働婦人運動の中心であった同一労働同一賃金の要求斗争や、母性保護運動等）において、同化・平等政策は同時に差別の拡大再生産につながっているという植民地支配の原則を忘れてしまってはいなかっただろうか、と疑問に思います。

　七〇年代の婦人運動の内容とは、単に「平和と民主主義」の枠組みにすっぽりはまっていった運動への批判と総括だけから生まれるのではなく、体制そのものを支えているところの根源にまでさかのぼらなければならない。それ故にこそ、そのもっとも奥深いところで支えているところの根源としての性、あるいは家族関係等への追求としての婦人運動こそ、重要な意味をもってくると思います。

　そのためにも、もっと下積みで抑圧されているはずの婦人の（実は上積み婦人だったかも知れないけれど）運動が、なぜ体制内運動になっていたのかの問い返しをしなければなりません。

　女の低い地位、賃金等の根源は現体制にある、だから体制打倒なんだ、と往きっぱなしになってしまうのでなく、それなら、体制が男と女の関係の上に、あるいは女自身の内部にどのように形成されているのか。まさに、そのところで体制を否定しようとしないなら、たちまち時の流れで反体制の旗は風化してしまうでしょう。

　女の差別を、沖縄・在日朝鮮人・部落等と同質の差別としてとらえようという問題意識も、その根源が同一だからというのだったらあまりに安易であるし、また、差別構造的に彼らと連帯できるはずだというのだったら、今までも労働組合のなかで男女労働者は共通の搾取構造の中で連帯できたはずでした。

　客観的基盤からして連帯は可能なことであろうけれど、彼らにかけ渡す橋はいまも現実には存在していないし、女とは何か、婦人運動とは何かを　侵略＝差別と斗う〟視点から追求することによって、見出すことができるように思えるのです。

（『〝侵略＝差別と斗うアジア婦人会議〟討議資料第一集』、一九七〇年六月二〇日発行）

◎主要論文5

問題提起

同化＝差別＝侵略

劉さんが、私たちの七月三十日の打合わせ会に来てくれるというその数日前に、彼女はむずかしい人ですよというイミのことをきかされた（支援をしている側の人から）。どんなふうにむずかしいのかよくわからないので問い返してみたが、やはりわからない。しかし、近いうちに自分の眼でみるのだからと、それ以上はききませんでした。

実際にお会いしてみて、私は彼女から強烈な衝撃を感じてびっくりしました。ごうまんさに通じるような率直さ、尊大に通じるような自信？　そういう彼女に私は魅せられる思いでしたが、そういう彼女の人柄がどこから出てくるのか、ひどく不思議に思い、会う人ごとに感想を話してみました。

ある人は云いました。……中国の女性の共通のタイプですよ……へぇー。だとすると中国の女ってステキだなァ。……でも中国は男尊女卑の歴史が長いのに、ナゼ日本の女とそんなにちがうんだろう。……自らの国を中華と名のる中国民族の尊大さかなァ……それとも、強固な思想性に貫ぬかれた自信かなァ……いや、そうじゃないよ、おそらくそれは、エリート（東大理学部天文）のもつ特権意識、自己過信だろう。

私には、そのどの部分がどのていど当たっているか、わからないけれど、私は、劉さんのもんだいの内容を知ってゆく過程で、私なりの、たいへん気に入った解釈を下しました。

つまり、差別された者、無権利状態におかれた人間の居直りだ……と。おそらく、彼女には居直る以外に方法はないし、そこに徹する以外に連帯は得られない（支援はあっても）という居直りが、私にすごいショックを与えた原因なのだと理解します。私にはだんだん「彼女はむずかしい人ですよ」と言った言葉がわかってきました。つまり、自分の基本的人権を守り通そうとする手におえない人だということです。

劉さんのもんだいは、日本帝国主義のアジア侵略を背景とした入管体制下の一つの問題です。そして彼女が自分の国としてえらんだ中華人民共和国は、日本政府にとって、存在してはならない国だということでもあります。

しかし、劉さんは言っています。「私は自分の子供にとって、生きたシカバネでありたくないのです」と。「私はマルクス・レーニン主義からではなくてどっちかと問われたから選んだんです」と。「私にとっては基本的人権の要求であるが、あなたたち（日本人）にとっては斗いになるかも知れない。私はその間の接点を求めています」と。

今、私はひとつの疑問をもっています。つまり劉さんと共に斗うため、あるいは支援しようとするためには、日本帝国主義のアジア侵略と出入国管理体制を理解しなければ斗えないのだろうか、ということです。逆に云うなら、それらを理解した者でなければ劉さんを守れないのだろうか、ということです。あるいは、「中共」「毛政権」を支持したものだけが劉さんを守るのだろうか、ということです。

劉さんは、そのビラ（劉さん自身の手で、No11まででている）の中で再三、日本人から「日本にいることが目的ならなぜ帰化しないのか」という質問に出会うのにいら立ち絶望していると書いています。私も多くの人に話してみて、全くビラにかいてあるとおりの質問をうけました。そして次に用意されている言葉も、同じように『帰化すればよい』という考え方がなぜ差別なのか？ということでした。

しかし、たとえば部落出身の娘さんがある青年と結婚したいと思うけれど、その青年の親が許さない。しかし、いったんどこかの養女に籍を入れてからなら許そうと云ったとします。目的が結婚にあるなら、それはたいしたことではないのだろうか？　こう私は反論しました。

劉さんのかかえている問題を通して、実に多くの無数の差別にあらためて気づきました。

広辞苑にでている「朝鮮人」の解釈、無意識に使われている「南鮮」「北鮮」。身体障害者や乳母車・手押車の人たちからみた歩道橋とは何か。映画「橋のない川」で対立した部落解放同盟と今井監督。救援活動—女—便所掃除。

日本人が「朝鮮人」と言う時、朝鮮人は怒りを感じる。その感情がなんとなく私たちにも伝わって、「朝鮮の人」ととまどいながら口にします。

私たち女どもは、毎日毎日、「女だから」「女のくせに」「女は」という言葉に、べっ視を感じながら平和に生きています。「女性」とか「婦人」とかいわれると、なんとなく女の肌あい・生命力が死んでしまうような気がして、私自身は「女」という言葉そのもののもつ感じは好きですが、多くの女たちは「女」という言葉に、卑下の意味あいを感じて、きらいます。男の人たちに、この感じ、わかりますか。

若い活動家の間で、よく「女である前に人間である」という言い方で女の権利の主張がされますが、人間にオスとメスしかいないのに、なぜそのうちのメスだけがメスである前に人間としておきかえないと、人間並みになれないのか、不思議です。座談会にもありますが、ある主婦が、「自分たち子供をもつ女たちは、若い女の人たちから差別されているのを感じます」と云っています。私も、その中間的年令（25才～）の時、そういう圧迫感をいつも感じてきました。子供をもつ女は、まさに人間である前にメス的存在そのものだからでしょうか。こういうことを言うので、私は被害妄想狂だ、女権主義者だ、婦人運動セクトだと、多くの男性や若い女性活動家からきらわれてきました。

劉さんが、ある集会で「Hさんは、私のことを一生懸命やってくれているけれど、やっぱり、私と受けとり方がちがいます。それは、また一年期限のパスポートを持ったものと、三年期限のパスポートをもった者のちがいかも知れません。それは、つまり、身の危険の感じ方が、それぞれちがうからでしょう。」という意味のことを語っていました。

無数にある個体の相違が差別として、特権としてしか存在しえない現状では、結局、自分以外の立場を、理解しえないのだろうか。それほどに階級＝差別社会に住む私たちの想像力（イマジネーション）というのは貧弱なものにしかすぎないのかも知れません。

すくなくとも、私たち日本人には、入管体制そのものによる、排外主義や、差別を感じることは不可能です。政策として、あるいは弾圧体制としてなら、感じることはできますが。だから、私たちにとって、在日外国人に対する差別を知ろうとする場合、ひとつには、差別を、日本のアジア侵略にともなう排外政策・分断支配としてとらえてゆくあり方と、もう一つは、差別される側に完全に身をおくというあり方（註）があると思います。

（註）相手がたの立場になりきれる者、それは母性であると高群逸枝さんが、どこかで書いている。「母」が家を媒介とし、国家に疎外されているかぎりでは、「母」は保守性のシンボルである（『無名通信』No11）母性的運動より女権運動がより戦斗的であったのは、後者は、直接的に、「家」（権力の原基形態）を斗いの対象としたからだろう。

法務省の役人と全く同様の「帰化すればよいではないか」、あるいは「自分の思想・信条を表明しないでうまくやればよいではないか」という、同化をすすめる言葉を、私たちは差別する者、侵略する者の言葉として受けとめます。

いま、私たちは、劉さんの次々にでるビラや入管法を勉強してゆく中で、差別とか、連帯とかいうものを観念的に理解しつつありますが、来年一月を打切りとして、60万在日朝鮮人に永住権をエサに「韓国」籍を強要していることを背景に連日のように朝鮮高校生に対して、暴行がおこなわれています。もし、私たちが、ここで在日朝鮮人の立場に完全に立つということを真に追求しようとするなら、私たち自身日本政府と結託した右翼暴力団と、そのまま対決し、殺されるかも知れません。

朝鮮人への迫害と差別は、日韓合併、「創氏改名」「国語（日本語）常用」と共にあったし、沖縄本土並み化＝特例廃止（明治末から大正中期へ）の歴史は、収奪政策と共にありました。

まさに歴史はくりかえされようとしていることを感じます。

昨年の十・十〜十一の反安保婦人集会の時、「私たちが戦後〝解放〟といって獲得したものは、じつは男との法的平等のもとにおける搾取と疎外だった。そこをスタートとして、それ以後私たちの求めたものは搾取と疎外の実質的平等（男女同一労働同一賃金・母性保護・保育所施設など）の要求を通しての獲得ではなかったか」という疑問がなげかけられました。

その後十一月に日米共同声明が出され、日本のアジア侵略が、誰の眼にも明らかになってきた今日、女の諸権利として主張されてきた平等要求が、逆に職務給・職能給（性による賃金差はありませんという）、あるいは女性の能力開発という形で、かんたんにすりかえられ、そしてまた、私たちが要求してきた保育所、長時間保育が、現体制の補完物でしかないことに気づかざるをえません。

戦後婦人労働運動の主要な課題であった男女平等の要求が、結局日本帝国主義の復活にさいしても、そのアジア侵略にさいしても、歯止め的役割をなんらはたさなかったばかりか、「平等」＝実は同化（女の男への）であり、差別・抑圧の強化であったということを、受けとめたいと思います。

（『〝侵略＝差別と斗うアジア婦人会議〟討議資料』第二集）一九七〇年八月八日発行）

◎主要論文6

一九七〇年一一月四日　アジア婦人会議内討論のための問題提起

女にとって差別とは何か

婦人論の不毛性

「女の世界」・「女の論理」とは何か。私の感じるところによれば、世界そのもの、論理そのものが「男」のものである。国家権力をもつ体制側は勿論のこと、「革新陣営」といわれるもの、「労働者階級」・「労働組合」、すべて男の世界である。女も「人間」である、婦人労働者も「労働者階級」の一翼である、という云い方のもとに、何と女の問題を人間的・階級的にとらえることから疎外してきたことか。逆に云いかえるなら、女の問題は、「階級」概念でとらえきれるものではないし、ましてや労働組合的、単産・単組の枠で処理できるものではない。――こう言うと人は、私のことをマルクス主義あるいは階級的視点から逸脱していると批判するだろう。

人権や人間性をイミするものとしての「人間」という言葉は、さまざまのマヤカシをもって使われる。中世的・権威的「神」に対峙される概念として、それは進歩的である。即ち封建的身分制に対するブルジョアジーの進歩性として、しかし「女も人間である」という形での置きかえは、ブルジョワ的価値基準（交換価値・生産性）への置きかえであり、個のもつ特殊性・有用性を貨幣＝交換価値に還元するところの、きわめてブルジョワ的発想である。

一般に、女の活動家といわれる人たちに通用している「女」についての概念はこうである。――女と男との相違は、生むという機能にあり、それ以外の良かれ悪しかれ、女性的といわれる特質は、階級社会においては、歴史的・社会的につくられたものであり、従って若干の相違があったとしても殊に機械化の発達した今日では、男女における相違はない、と。あるいは、若干の優劣があったとしてもそれ自体、階級的社会的結果であると。

女を規定（ことに安価な労働力として）づけているのは、歴史的・社会的条件であり、その条件とは階級支配、差別構造であるから、その変革なしに女の真の解放はありえない、と。

それなら、女にとって階級支配・差別構造とは何か？　問題は、ここで抽象的・一般論の袋小路に入りこむ。――女だって労働者階級の一員として搾取・抑圧される存在である――（入管斗争でいうなら）女をも含めて我々日本人は抑圧民族・加害者である――あるいは、さらに歪小化されて、女は二重に抑圧されているということから、家事・育児労働から解放されねばならぬ、ということになる。

女にとっての階級支配・差別構造を、その内実・女自身の体験の深層にまで掘り下げてとらえようとしないところに、女の解放は社会変革なくしてありえないという単純演繹的思考におちいり、それなら、女大衆が解放斗争に立ち上るのは、何をもってしてなのか、という最も肝心な追求がこぼれおちてしまう。ここにおいては、革命に対する期待は、宗教と同様に麻酔剤である（シモーヌ・ヴェイユ）。

この抽象化と歪小化は、マルクスが社会的対立と抑圧の根源を、資本対労働の対立としてとらえたことの、婦人論への形式論理的あるいは通俗的適用からであり、また、レーニンの婦人問題に関する意見の金科玉条化から生まれてくる傾向である。このマルクス主義的婦人論の不毛性と怠惰さこそ、戦後婦人運動が結局、体制内的改良主義におわり、そして今また、新潮流によって、婦人問題を反帝階級斗争一般へ解消させようとする根源がひそんでいる。両者の次元にとどまるかぎり、大正～昭和の婦人運動を女権主義だの、小市民的だのと批判したところで、それを克服したことにはならない。

女は、自分が生まれ落ちた時から強要されるところの処遇、さまざまな自己規制、無能であるときめつけられてきた体験、および歴史的な（母・祖母・曽祖母の）体験からこそ女自身の斗い論を発想すべきであるのに、その重い体験をあっさりと抽象的に、階級支配のなす故であると云って切り捨ててしまう。婦人労働者も労働者階級の一翼であるという云い方で、「女」の労働者であるが故の現実――労働予備軍的存在としての――を、故意にゴマ化してきたものは誰か。

それは、資本家や、「平和と民主主義」に頭がいかれてしまった既成「革新」だけだ、と本当に断言できるだろうか。

女にとっての差別と「生む」こと

女が差別されるのは何故か。

部落民は部落民だから、黒人は黒人だから、朝鮮人は朝鮮人だから、身体障害者は身体障害者だから、子供は子供だから。すなわち、そのものがそのものであるが故に差別されるのだったら、それは封建的身分制度と本質的に同じである。血統・生まれ（門地）・職業などの相違による差別である。

現代的差別は等価関係（貨幣関係）の上に成り立つところの差別である。女も、部落民も、黒人も、朝鮮人も……人間である。即ち労働力商品として貨幣価値（量）におきかえられ、その相違（特殊性）がきりすてられた上に成り立つところの差別であり、ベッ視である。

朝鮮人や黒人が何故、価値計算で安く見積られるかはともかくとして、女は何故、かくも安いのか。

江戸時代の「エタ」には三十数種の職種が許されていた。それは、一つの特権であり、同時に賤業として位置づけられている。「非人」は、乞食をしてもよいが、「エタ」には乞食をすることは許されない。

女の「生」むことは、「特権」であり「保護」され、同時に「賤業」である。男の労働者が、「女は生理休暇があっていいいな」という言葉に秘められた意識は何か。「賤業」でさえ、一つの「特権」として思いこまされることによって差別支配は安定する。

人間の行為には、精神的所産をも含めた物質生産(=生きること)と種属の保存(=生むこと)の二つがある。古代においてはそれは、生産関係としては共産制であり、婚姻形態としては母系制であった。しかし、エンゲルスによって考えられたように、「共産制イクォール母系制」の図式は、少くも婦人活動家の間で固定化されてはならない。すなわち、日本においては、氏族共有制が崩壊し私有財産制が確立してもなお、実に、室町時代に嫁取り婚が確立されるまで母系制が存続した(『高群逸枝全集6　日本婚姻史』その他参照)。文化は生産様式だけでなく、種の保存様式によって規定される。

ここに私は、一つの仮説をたてたい。――父系制は、単に私有財産制に見合った婚姻形態としてだけでなく、「生む」ことより高い価値を社会的に認められた「物質生産」の継承者として出現してきた。逆の云い方をすれば、母系制においては、種属の保存ということと物質生産とが、社会的に同格のものとして存在していた、と見る。

「生むこと」(子孫をつくる)と、「生きること」(生活手段をつくる)は、種属=個(個=種属)の保存、生存本能という一つの根源から発生する二つの所作である。人間が生きるためには動物と異って物をつくらねばならないし、生産あるいは「生きる」ということそのものが、社会的(つまり種族的・普遍的)なことである。共産主義とは物質の共有を内容とするだけでなく、普遍（＝種属・社会・他・全体）のなかに個（己れ）を見出し、又、その逆を見出せることを内容とするなら、「生む」ことを疎外することは、「生きる」ことを疎外することである。

「生む」ことと「生きる」ことが、いつの時代からどのような形で分裂し、敵対しはじめたのか私にはわからないが、物質生産の側面では――資本家たちは、物をつくる能力（生命力・生産力）は、労働者部分（＝可変資本）にあって生産手段（＝不変資本）にあるのではないことを知っている。だからこそ利潤獲得のためには、労働者を生産手段から切りはなす。生産手段を私有することによって労働者を働かせ、搾取し、支配する。

種属生産の側面では――生命力は女にある。男は「性」を占有することによって、女には何もできない意識をうえつけ、女を支配する。「性」と「生む」ことを敵対・分裂させることは、「生む」ことと「生きる」こと、「生きる」ことと「性」の、敵対・分裂と同時的におこなわれる。

「ともかくも、一つの生命を、人間という形をした生命を生み出す機能がそなわっているのは女なんです。男はその媒体にすぎんでしょう。それを男たちは知っているから、権力が必要だと思うの。「性」と「生む」とは一連のことでありながら、その実、全く異質なもの、意味と機能を異にした別ものなんですよね。……」

（森崎和江『第三の性』より）

男に出来て女に出来ないものは、何ひとつないが、女にしか出来ないことは、「生む」ことである。それが、現代社会においては男の性器が、女の欠落感情を呼びおこすのは何としたことか。未開社会において、「生む」ことは神秘なこととしてあった（性行為と生殖の因果関係を知らない未開家族における父の存在については、マリノウスキー『未開家族の論理と心理』参照のこと）。

男の女に対する支配、女を「女性」と「母性」に差別・分断する方法をとってきたことは古代ギリシャのヘテレと家内奴隷としての妻の昔からのことである。

徳川二五〇年の身分制を支えたのは、搾るほど出る百姓支配と遊郭制度だったし、遊郭制度は単に反権力への安全弁としてだけではなく、徳川幕府を支える物質的基盤としてあった。それは一つには女を売ることによって年貢米（金）を納めたし、いま一つには遊郭からあがる金が幕府に吸いとられていった。

現代社会において、「女」を「女性」と「母性」に分断することは、女性週刊誌がおもしろおかしく書く、「貴女は娼婦型か母親型か?」的なことではなく、そうすることによって、支配・差別されるだけでなく、搾取されるのである。

「生む」ことは、貨幣価値におきかえられない。もし置きかえられるとしたら、オス豚よりメス豚のほうが高い値で売れるように、女の労働者は男の労働者より高くなければならない。

有給生理休暇・産休・育児休職、出産費手当、児童手当……など。「生む」ことも貨幣で計算され、支払われるのか。「労働」に支払いがされないように、「生む」ことにも支払いはされない。

いま、さかんに労働基準法の保護規定の改悪・廃止が言われたり、妊娠中絶禁止法や児童手当が言われている折から、このこと（生むことに支払いはされない）を根源的に正しくとらえることによって、ゴマカされないように用意しなければならない。

労賃とは、マルクスが明らかにしたように、労働力という商品の価格への支払いであって、労働への支払いではない。労働力という商品の価格は、他の商品と同様に、そのものの生産費によって決まる。すなわち、労働者の生存と繁殖に必要とする生活手段の価格である。

男性への同化と婦人運動

保育所運動は何のためにするのか。

生活のため、あるいは社会的労働に参加するため——女も働かねばならないから、働く（物質生産）ための条件づくりとして保育所はある。育児のためにではない。生み育てること、それ自体が侮辱され、物をつくることが偏重視されている父系制社会の系譜下（現象的には寄合婚であるが）であってみれば、そのような保育所がどんなにつくられようが、女が社会的生産労働に参加しようが——女性権の高揚になることが仮にあっても——母性権の回復になることなく、母性はますます疎外されてゆく。

女が物質生産労働にたづさわるには家事・育児労働から解放されなければならず、そのために、育児労働をどこかに集約しなければならないものとして保育所があるなら、それは、育児労働という賤業の社会化・集中化であり、子供は当然そのように扱われる。

その点、保育労働者共斗会議の一メンバーは次のように答えている。——「私たちの斗いは、『差別』に対してあるのであって、けっして『働く権利』を守る斗いではない。保育園も『働くため』にのみ機能する時は、婦人労働者の意志にかかわらず、資本に奉仕するものとしてしか存在しない」「育児から解放され、経済的自立をかちとり、男に従属しなくなっても、分業による差別、支配・被支配からは解放されない。育児の社会化が分業を進める方向での社会化である限り、解放の意図は支配の側に収奪されてしまうだろう。」（村田シズ子「保労共と婦人解放の思想」『現代の眼』九月号）

家事・育児労働への専念が女を愚鈍にし、社会的生産労働への参加それ自体が女性解放あるいは女の階級的自覚への条件であるかのように云われてきた。（クララ・ツェトキン「レーニンとの対話」参照）しかし、それは真理の一端にしかすぎない。抽象的・一般的家事・

育児労働が女を愚鈍にするのではなく生産的労働からきり離された消費としての家事・商品としての労働力を再生させるものとしての消費＝家事であり、物質生産と敵対・分裂したところの育児労働だからである。だから全く同様に、その逆としてある社会的生産労働の、いわゆる社会性なるものは、公共性・生産性の「美名」の下に、いかに人間性を破壊し、人間の自然への帰属を疎外していることか。

家事・育児労働の現実を見ようとしないで、それらの労働を、より無価値なものであるという社会的基準を私たち女に強要しながら、しかも、そこに閉じこめ、しばりつけておこうとするから、女たちは絶望的になったり、あるいはものすごく腹を立てているのだ。

社会的生産労働への女の参加のめざましい増大は、社会的自覚へのめざましい増大としてではなく、質量ともに資本の操作の増大となり、男への同化は差別の拡大再生産となって現実に現われてきている。男女同一労働同一賃金の要求は、女にとって職務給・職能給における最低クラスへの格づけの現実となり、職場への進出の内容は、パートタイマーという名の臨時工であり、長時間保育が交代制勤務・残業を可能にしてゆく。

利潤追求の資本の本質を、生産性の論理[1]・物質生産偏重の思想として、より根源的にとらえてゆかないと、女の運動は出口を見失い、男の世界（生産性の世界）への同化としての男女平等運動におちいり、同化＝差別の強化へつながってゆく。それは何も戦前の女権運動や戦後の「平和と民主主義」的婦人運動のみをいうだけでなく、その裏返しとしての婦人運動無用論あるいは婦人運動蔑視としてでもあるのだ。「既成」運動を体制内的改良主義あるいは小市民的限界云々と批判し、自らは、婦人解放を労働者階級の斗いの展望の中に見る――何も言っていないのと同じ！――のだと、今頃になって唱えはじめた若手の婦人活動家たちに対しても同様のことがいえる。彼女たちは、さまざまな意味で、男の世界へパッシングしようとしているのであり、女大衆から見れば半チョッパリなのだ。(2)

資本の生産性の論理がつくり出す社会的基準は、同時に、「生まない者」＝男の論理・価値基準という形をとりながら女を圧迫する。

註

(1) 一九六八年一月、二十九歳で生涯をおえた所美都子は、「予感される組織に寄せて」の論文（一九六八年に書く）で、組織と個人の関係を追求し、のちの全共闘組織を予感しつつ、その解明の糸口を高群逸枝の「母性」の思想に求め、女の論理を展開せんとしていた。
「中井正一賞」応募作品として書かれたこの一文は、一個の論文としては論理的に乱れがみられるという理由で、選考委員会においてたった一票しか投じられなかったそうであるが、論文の前半――組織と個人の関係の展開――と、後半――汎神論的母性我の論理――の、まさにその飛躍と結合の中に、私は彼女の生き生きとした人格と才能を見出す。

女の存在そのものを愛した女の活動家、所美都子さんの夭折を心から悲しみます。

(2) 「彼らはアフリカ人との同一性や、アフリカ人の特徴をわれわれに憎悪させるようにたくみに仕向ける。あなた方は、われわれがアフリカ人の特徴を憎んだ人間であることを御承知のはずである。われわれは自分の頭のかたちを嫌悪し、自分の鼻の形をあざけり、長い鳩のくちばしのような鼻をほしがったものである。……皮フの色はわれわれには鎖となった……われわれの皮フの色はまるで刑務所のごとき……自由を与えずわれわれを閉じこめておく刑務所となった……われわれに無力感を抱かせるのは、自分に対する憎悪であった。そして自分に対する憎しみはアフリカ的なものに対する憎悪に由来していた。……」（マルコムX『黒人は武装する』）

労働者階級としての自覚に徹せよ

地域住民の要求を受けいれる形で出された美濃部東京都知事の長時間保育実施に反対して立ち上った保母

さんたち（保労共）は、自らの保母という名称を拒否して保育労働者であることを主張した。

長時間保育粉砕闘争は従来の利潤配分、労働強化反対の枠をこえて、自分たちの従事している労働そのものへの問いかけ＝保育とは何か——にまで迫った。すなわち、保育とは結局、子供への管理労働であり、保育所とは資本の要請に従って婦人の労働力確保の一端を担うものであるということで——、六八～九年の学園斗争・反戦斗争で、労働とは何か学問とは何か、大学とは何かが問われたことと同一問題意識に立った。つまり自身の労働の場（保育）から抑圧機構・管理秩序を告発しようとしたことであり、そこからは当然、「大学」解体と同様に、「保育所」解体のスローガンも出されている。しかし、「保育所」解体のスローガンが何を意味するものであるかは誰にもわかっていない。「大学」解体から、自主講座や解放大学運動が出てきたとするならば、日共のお家芸としか見られていない無認可保育所だって視点をかえて見直されるべきではないか。

朝日新聞九月一五日、折原浩「どう展開する、大学の新しい斗争」参照——「自己否定・『大学』解体の思想が、おぼろ気な抽象的志向や思念にとどまり、それで教官・収拾派学生を説得しきり、広く市民・労働者・農民の共感と支持をかちえられるような血となり肉となった具体性を獲得しなかったばかりか自分一人を律しきるだけの自己内在性すらそなえていなかった……」

しかし、問題は、労働の中味が問われた段階、地平をきりひらいた段階にとどまっていることである。そこまでは、保育「労働者」に徹しきることできりひらかれた。そこから更に一歩踏みこむ、すなわち、子供を預けねばならない母親労働者の共感と支持をかちとるには、保育「労働者」であることのもつ矛盾にいどまねばならないはずである。

答えにもならず、論理は飛躍するかも知れないが私はこう考える。

　三池ＣＯ患者家族会を支えているのは女たちである。家族会の一主婦が、「これが逆だったら――患者が女で、家族が男だったら――とてもここまで斗ってこられなかったでしょうね」と笑って云った。患者を看、生活を支え、三井資本と斗っているのは、彼女たちが労働者階級としての自覚に徹しているからなのか。もちろん、三井資本を真底から憎んでいる。しかし、労働者階級として……という概念にくみこめない、なにか切り捨てられたところの間尺に合わぬ部分が支えているのではないだろうか。

　それは、女にしか出来ない「生む」ことを蔑にされ、切りすててきた社会において、なお生みつづけてこなければならなかった甲斐性のようなものがそうさせている。それは生産性の論理からはみだした不条理の世界である。

　こういう「無償の労働」、「働き甲斐」の側面は、労働者階級としての自覚に徹せよ、という云い方では切り捨てられてしまい、簡単に体制側にかすめとられていってしまう。同様の構造で体制側は、「母性」を卑しめながらかすめとってゆく。職場では古くて新しい問題、お茶くみの是非論がむし返される。

　一九六〇年前後、技術革新・高度経済成長に入った日本経済は、もうそれ以前のヒューマン・リレーションズによる職場管理ではやってゆかれなくなった（機械の高度化、徹底した能力主義、組織のマンモス化などによって人間性の疎外化が進行し）。そこで登場してきたのが人間重視とか生きがいづくりとかを謳い文句とするＺＤ運動である。ＺＤは人間の行動を発動させる「動機」を重要視する。

　斗い・階級的視点と、働くこと・生活することの視点は分裂するのではなく結合されるべきだと思う。三里塚農民の、斗いの生活化・生活の斗い化とは、われわれにとって何なのか。また、たとえば保育労働者にとって何なのか。

女の論理

「侵略＝差別と斗うアジア婦人会議」の大会アピールに、――女の受けている差別を部落・沖縄・在日朝鮮人などの受けている差別と同質のものとして受けとめたいと書いたらさまざまな、異論が出された。

部落問題を研究しているあるグループからは、部落の受けている差別が女のそれと比較されるような生やさしいものと思っているのかと云われ、新左翼の一党派人からは、朝鮮人は朝鮮人であるというただそのことだけで大虐殺されたが、女がそんな目に合ったことがあるかと云われ、また、他の党派からは、女もふくめての日本人には憲法の諸保障があるが在日外国人にはそれさえない厳しい状態だと指摘された。

しかし、差別というものは、どっちがゆるやかでどっちがきびしいとか、ランクをつけられるべきものではないし、さまざまな差別があるから成り立つのである。先に述べたように「エタ」の三十数種の職種でさえ、それ自体ひとつの特権としてある。

が、より根源的な差別構造は何かといえばそれは性による差別である。人間の基本的行為のうちの一方（物質生産・労働）が、他方（生命の生産行為）を差別することであり、更に、その上に知的労働が肉体労働を差別するのである。

長い歴史上、男は女の性を卑しめ、商品化してきた。男は、女の群総体を占有し、女に深い深い自己規制・自己嫌悪・劣等感を植えつけ、女が男の群総体を所有することを禁じてきた。生産手段が資本家階級の所有から労働者階級の手に移るということは、あらゆる価値観、所有観念そのものの転換をともなわずには出来ないように、女が男の群総体を所有するということは、現在、男のやっていることを女もやるということではなく、人間関係における私的占有そのものの否定、あらゆる「強要」の否定になるだろう。それは決して狭義の意味での性の解放ではない。

森崎和江『第三の性』より――

「わたしのところへ遊びにくる友だちはよくこういうふうにいいます。『うちはね、現場の男たちをわいわい家に連れてくるんよ。自分のとうちゃんとべたべたしとったってしょうがなかろうも。うちんばあちゃんも、男とどんどんしたしくせなつまるもんかというんよ。男たちがどんなこと考えとるかわからんというんよ。……はりが出るよ、第一。男のかおのないところは元気がでやせん……』それでも彼女たちはとうちゃんを否定しているのではないんです……そこに集団化されている性の親和と不特定多数な同階層の男たちと相対関係がうまれつつあるのをなつかしがるんです。……亭主一人を愛しぬくということは、亭主と同じようにしょうちゅうが好きで亭主と同じように花札をして同じように貧しい男みんな……あの同階層の男のにおいをくるみこんで愛し切ることなんです。」

一方に許されていることが他方に許されない関係にあっては、感情の共有は不可能に近い。身近な例をとるなら、私たち日本人は、入管法や入管体制について知ることは出来ても、なかなか感じることは出来ない。解るけれど、分らない。

男は存在を知に還元し、対象を合理に還元する（所美津子）ところの知る存在ではあるが、女は感ずる存在である。この相違は、その根源において差別されているからであり、女の性の存在が、現在の論理の世界からはみだしているからである。だから、男と女のちがいは「生む」という機能をもつかどうかにすぎないとか、女らしさというのは良いにせよ悪いにせよ階級支配がつくり出したものであるなどということは簡単であるが、それでは、何も説明しないに等しい。永い歴史の中で、ないがしろにされてきた「生む」ことをしつづけてきた女にとっては、あるいは価値を与えられることのない家事・育児労働に励んできた女にとっては、ある物が有用であるかどうか、価値があるかどうかは第一義的なことではない。身体障害児を生み育てることも健康児を生み育てることも同じに大事なことだし、雑巾の縫目を花模様にすることも別段バカ気たことではない。この世におよそ存在するもの、あるいは生を受けたものは、それなりの理由があってのことであり、大事にされねばならないと思わずには、自分自身（女）が生きつづけてこられなかった。

いま、公害を生み出す根源についてさまざまな議論がなされている。形式的合理性から経済と他の文化諸領域に不均衡をもたらしたからとか、自然征服を無条件に善とする思想が自然のバランスを崩したから、とかいわれている。もちろん、常に利害追求を第一とする資本主義生産そのものに公害原因は求められるわけだが、資本のもつ論理を単に利潤追求としてとらえ、その合理主義・生産性の論理・有用主義の本質にまでさかのぼって考えないなら、すべては、体制変革をしなければどうにもならない（それ自体は真理であるが）という、往きっぱなしの斗いになってしまう。

合理主義・有用主義・生産性の論理を否定するものとして女の存在を位置づけたい。スズメは害鳥である、○○虫は害虫である、雑草は無用である、○○菌は病原菌である、ということで、故に絶滅しなければならない、という論理。何々は、害鳥だとか無用だとか病源だとかいうことは、自然の中の一部分である人間にとってそうであるにすぎない。人間以外の他の自然に対する思いあがりとあなどりが、自然のバランスを崩し、自然に仕返しされる結果になった。みみずから微生物に至るまで万物は相互補完的であり、人間の生存条件を構成しているのであれば、つねに果してスズメが絶対的に害鳥であるのか、○○菌が絶対的に病菌であるのかは解らない。その解らないものとして残されている部分を全く切り捨てて、現代科学でもう解っているかのように錯覚する思いあがり。

我々の婦人運動とは、そういう意味において、文明批判・合理主義批判として展開されるべきであり、婦人戦線も諸戦線あるなかの一翼ではあるが、もっとも根源的に価値観の転換を鋭く突くものとして、先鋭的な斗いが展開される場であるはずだ。

それなら女は、感じる存在として安心して居直ってしまえばそれでよいのか、といえばそうはいかない。「アジア婦人会議」の討論において、とくに新左翼諸党派の人々から女をもふくめて我々日本人は再び朝鮮人を虐殺するかもしれない怖れ、再び国防婦人会的に組織されてゆく怖れが訴えられ、入管斗争に参加することが主張された。それに対してノン・セクト部分から、自分が女として差別されているという意識、そしてそのことに対して斗っていくということで、被害者意識に徹することで在日アジア人と連帯しうることが主張された。

今、日本がアジア諸国を侵略・抑圧しようとする時において、当然、その関係を日本国内においても確立する必要から出入国管理法案が出されてきている。他国を侵略する場合、それは民族排外主義として、すなわち、ブルジョアジーの手先となった日本プロレタリアート（商社員や自衛隊）がアジア人民を犯す形をとるし、国内的には管理体制の強化、すなわち労働者による労働者管理となる。ここに、今まで搾取抑圧一般として語られてきたことが、一つの流行語のような形で「差別」という表現をとるユエンだし、労働者による労働者管理、日本プロレタリアートによるアジア侵略であってみれば、それは当然、思想の体制内化、差別意識の強化、排外主義イデオロギーの浸透が要求される。

体制側のこの攻撃に対して、女はどういう立場に立たされているのか。

日本帝国主義にとって、日本女は排外の対象ではなく、排外主義イデオロギーのもとに包摂されるべき存在である。したがって、それは、直接的な、行政的な差別の強化としてでなく、同化への強化の形をとる。それは一つには、労働力不足からの必要でもあり、もう一つには、意識の体制内化＝イデオロギー攻撃としてそうである。

企業を守る→国を守る、の系列では、体制はほぼその基礎づくりを完成した。すでに崩壊様相を示している「家」を基盤にして、体制側はいかにして、家を守る→国を守る、の思想系列をつくろうとするのか。それは主要には女へかけられてくる攻撃であるが、その視点から妊娠中絶禁止法の動向が注目されはじめている。（田中美津「エロス解放宣言」他）

かつて女は、「家」を通して、「男」を通して体制に操作されていったが、いまや労働者の三分の一以上が女である現在、そしてそのことのために「家」の基盤がゆらいでいる現在では、女への攻撃は、直接的であり、また企業を通して（女性の能力開発、女の生き甲斐——労働の場での——など）おこなわれる。

かつて日本帝国主義が、「超階級的」母親性をかすめとっていったが、今、私たちが直面している攻撃は、非常に複雑な、わかりにくい形をとっていることを感じる。

さいごに——私たちの婦人運動を担う運動体は、当然のことながら「女の論理」で貫ぬかれていなければならない。それは何か。所美津子さんの言葉を借りよう。

「超人を否定し、衆愚を信頼する。

もはや、われわれは単数のマルクスや単数のレーニンの出現を待たず、自らの足で歩きはじめて見よう。変革はわれわれ自身の問題であるのだから。

それが生産性を保持しないというなら、それはそれで良いではないか。

卑近な生産性のみをもとめることにより、空中瓦解した従来の組織に未練はない。むしろ、実際的な、有効性の徹底した否定のなかに自らの厳然たる存在を確認し、その存在の原型を抵抗の軸とする。」

参考資料

『現代の眼』9月号　村田シズ子「保労共と婦人解放の思想」
『高群逸枝全集』理論社
『わが愛と叛逆』所美都子著、神無書房
『第三の性』森崎和江著、三一新書
『黒人は武装する』マルコムX著　三一書房
『ブラック・パワー』カーマイケル著、合同出版
『氷の上の魂』クリーヴァー著、合同出版
『アジア婦人会議　討議資料』第一集、第二集、『同　大会報告と総括』
『ファシズムの大衆心理』ライヒ、せりか書房
『性と文化の革命』ライヒ、勁草書房
『エロスの革命』ゲラン、太平出版
『情況』9月号　クリーヴァー論文
「エロス解放宣言」田中美津
『女性の能力開発』影山裕子著　ケイエイ選書
『女子社員読本』日本事務能率協会（この種の本、くさるほど出版されている）

（『変革』（日本社会党革命同志会機関誌）第九号、一九七一年二月刊）

◎主要論文7

男への「同化」でない婦人解放運動の確立のために

一

婦人運動あるいは女性解放といわれるものは永い間、男との平等、男の世界への同化のくびきのもとにおかれていた。つまり蔑視と自己卑下の思い出をしみこませた歴史であった。

身体障害者が、もしも手さえ（……）足さえ（……）五体が（……）という思いにつきまとわれるであろうように、女は、若い時代には正体不明の欠落感情に悩まされつづける。黒人が自らの黒い肌、ちぢれた毛を憎むように、女は己れの「厄介な」性を卑下する。しかし、黒人にとってブラック・イズ・ビューティフル＝黒いことの誇示が、即、意識としての自己解放につながるようには、女はならない。そのからくりは女の性が商品化されているからである。女であることも、黒いことも、共に差別の対象ではあっても、女は女の性ゆえに商品であるのに、黒人の黒いことは商品としての属性ではない。だから女が女であることを誇示するのは自己の商品性の誇示につながってしまい、意識としての自己解放＝己れの尊厳回復になりえない。黒人は白人に卑下されながらも誇り高き自己を堅持できるが、女は商品であるが故に、その誇り（価値）をはじめから男（貨幣）に握られてしまっているのである。一般的にいって、女が自己の尊厳を回復するのは、女としての商品的価値を失う年令、あるいはまた、母親になってからのことである。

それなら女の値打は何によって計られるか。Xという机よりYという机が商品として高く売れるのは、X

がYより使いやすいからでも引出しの数が多いからでもない。XのほうがYより生産するための労働がより多くかかっているからであることは、経済学のＡＢＣである。一つの物が商品たるためには、その商品が有用性（使用価値）を具えていなければならないが、交換価値の多少は、その有用性と何ら関係ない。女の値打も女の性の有用性＝性機能や生殖能力と関係ない。

木材が机という有用性を獲得するために必要とするような意味において、女性という有用性は労働の対象化を必要としない。つまり女は労働生産物ではない。従って女性の値打は他の商品のように労働時間によってはかられることをしない。女は、男の女に対する社会的通念ではかられ、その尺度＝貨幣単位は女「らしさ」（バージンらしさ）、母性「的」である。このきわめてとらえどころのない女らしさが女を支配する尺度である。かくして「女っぷりがよいということは境遇の賜だが読み書きができるということは、生まれつきだ[註]」ということになる。

（註）シェークスピアの「空騒ぎ」の一節をマルクスが資本論の中で引用している。ただし、原文は「女っぷり」でなく「男ぶり」。

男らしさが、その男の社会的地位、力量等の評価総体を意味するのに対して、女らしさは、そのような意味での社会性とは無関係に男性の好みという社会性によってのみはかられる。ボーヴォワールがいうまでもなく、私たち女は正体不明のいらだちと悲哀に悩まされながら育つ。時には思いきって自分の力を試そうと思うこともあるが、力のかぎりやってみることが絶対的に良いことだ、自分のためになることだという確信を与えてくれない。

こうして女が「生む」存在として持っているであろう本来の性格（いつくしみ等の）はとらえどころのない気まぐれさによって不透明になり、その異質なものの混合物総体として現実の女の性格ができあがる。

女をはかる尺度・貨幣単位は二種類ある。一つには性商品として、女らしさではかられ、もう一つには労働力商品として賃金ではかられる。なぜ女だけが性商品としてもはかられるのか。つまり、なぜそういう形で差別されているのか。

物質生産面において労働者が労働力商品であるのは生産手段が他者に占有されているから彼は生きるために自分の労働力を売るのである。生殖行為面において女の性が商品となるためには、ただ彼女も生きるために性を売るだけではなく、性の（男による）一方的占有があって初めて他の性（女）が売り物＝商品としてありうるのである。一般的には女の賃金が安くて食ってゆけないが故に売春が発生するということになっているが、実際には女の性商品的存在ゆえに労働力商品として安い。

生産手段の一部の人間による占有にはそれなりの歴史的経過があるように、性の一方的占有もそれなりの歴史があるはずである。性の商品化は商品交換経済と共にあるだろうがそれに先行する男への従属化はいつ頃から始まったのだろう。

人間が生きる行為は物質生産と種族保存（生殖）の二つがあるが、おそらく、いつの時代かに、どのような形でかに「生む」ことが疎外され、物質生産が優位性を占める過程で、性の一方的占有が始まったのではないか。しかしそれが社会的に定着するまでには、その他のさまざまな条件が必要とされただろう（飯島愛子「女にとって差別とは何か」参照）。

一般的に、女自身にとっては男から付加される価値（性商品存在としての）のほうが社会的労働力として評価される価値より優位性をもつ。会社の女係長になるよりも課長夫人になるほうが優越感があるし、ある映画女優はいそいそと女優をやめて高級官僚夫人になってしまった。また女らしい職業で成功することは実利をかねるので羨望にあたいする。したがって男にきらわれる、つまり女らしさの価値減となるような男女平等や女権を必要とせず、嫌悪をもつ女大衆はつねに存在しているし、しかしまた、そういう女大衆の心理からエリート職業婦人も女活動家も無縁たり得ない。

自立した女活動家と組織の指導者の「彼女」になることのどちらを闘争に参加する女子学生は願うか。またしかし、一般論としていえば多くの女子学生の眼の集まる指導者の「彼女」の地位にある日常は焼トタン屋根の上の猫のように落ちつかない。女が活動家として信用できないのは、容易に性評価獲得の道へ転身するからであり、エリート活動家が信用されないのは容易に体制側世界に立身出世の道を見出すからである。

このような女にとっての価値法則性の支配するなかで圧倒的多数の女たちは、同時に食うために働き、愛するが故に結婚し、子を生み育ててゆく。このように女の性の商品的存在・差別の構造の上に、法律的にせよ、実質的にせよ、男との平等運動は選挙権獲得運動として、あるいは売春禁止、同一賃金、母性保護要求等としてすすめられてきた。

二

以上のことをふまえて、男との平等・男の世界への「同化」要求にしかすぎなかった婦人運動とは内容において何だったのかを考えて見よう。

まず第一に、女の性のみが商品としてあることに対して手をつけないでの男女平等要求であったということにおいて、それは根源的に虚構の上に成り立っていた。すなわち何故不平等になっているか、性差別の根源的問い直しなしに現象面においての格差是正であった。

第二に、「同化」・「平等化」されるべき基準としての男の世界は賃労働者の世界であるという認識を怠っていた。つまり私たちの求めたものは実質的平等下(同一労働同一賃金・母性保護・保育所施設等)における搾取と疎外の獲得であったこと。

第三に、男女平等を女の実質的力量での対等性を身につけることによって獲得しようとした——階級的力関係によってではない——ので、実は平等でなく同化であり、それ自体差別を深める結果をまねいた。

第四に重要なことは、男の世界への同化＝差別の拡大としてあっただけでなく、「婦人労働者も労働者階級の一翼である」というようないい方で、男と女の間にある対立（即敵対矛盾ではない）をぼやかし、実は女のもつ要求は改良主義的なものでしかないかのように封じこめた。また、男と女の関係は人種問題と同様にすぐれて階級的問題であるのにかかわらず、それをゴマ化し、運動体内部の反プロレタリア性＝男性優位主義を温存せしめた。

戦後婦人運動は日本の中におけるもう一つの大きな構造的差別としての沖縄の問題と比較してみることができる。

第一に、かつて日米安保条約をそのままにしておいてサンフランシスコ条約第三条撤廃を要求していた沖縄復帰運動のようなもので、それは当然、反体制・階級的闘いにならざるを得ないものであるのに反体制でないかのような粧いをもって行なわれたことと似ている。また、本土平和憲法と民主主義議会制度の側から見れば、それらは基地の中の沖縄の存在の上に成り立っている以上、エセ平和・エセ民主主義であり、砂上の楼閣であった。第二に、本土と沖縄の人民が闘いを通してその虚構性に気づいた時、本土への復帰とは実は安保体制下の本土・まるごとアジア侵略へ向かって突進している本土への復帰であることも見えてきた。第三に、同時にそのような本土との一体化は実は日米支配階級の願うところであり、さらに第三次琉球処分と共にあることが明らかになった。第四に、それは体制側ベース一体化であるのみならず「革新」勢力裏切りの一体化（二・四ゼネスト時の本土総評と亀甲の一体化、屋良政権の存在等）の進行でもあった。

「平等」・「復帰」＝「同化」・「一体化」＝差別拡大・第三次琉球処分と、構造的に類似しているのに気がつく。

三

戦後「平和と民主主義」が虚構であったように、戦後「婦人解放」は二重の意味で虚構の上にあったといえよう。

それに気づき得なかったばかりか大あぐらをかいてしまった戦後婦人運動の体質は、婦人民主クラブの記録『航路二十年』からかなり知ることができる。一九四六年、婦人民主クラブは発足したが、それについてこう書いている。

「『私たちはただ一度しかない人生を、自分として納得できるしかたで充実させましょう。そのためにみんなの希望と知恵を組織して、着々と実現していく社会的な力量を身につけましょう。』

創立の日に婦人民主クラブがその活動を規定し、宣言したように、戦後の婦人の運動はいわゆる女権運動を越えて人間解放をめざす社会運動になりました。婦人民主クラブが婦人の解放とともに、戦後世界の課題となった平和と民主主義の確立のために〝女の側から〟〝全能力を発揮して〟運動を展開してきたということは、たしかに一五年のなまなましい戦争体験が生み出した必然的な方向でした。」

さらに「婦民の創立にはじまる戦後婦人のやみがたいこのような社会活動の参加が、日本国憲法によりとにもかくにも制度として保障された『男女同権』の実質を内側から一人一人の意識に定着させながらつくりあげていこうとする、いわば婦人自身の解放運動でもあったといえましょう。」

過去のことをムチ打ちたくないが、長歎息せざるをえない。したがってこの本の記述のかなりの部分はクラブ内における日共との抗争についやされているが、それは婦人運動上における日共路線とのちがいによる抗争ではなかったのである。大衆的婦人運動の中で一貫して政党ひきまわし・系列化と争ってきた婦人民主クラブの歴史さえ実はそのようなものであったこと、そしてまた、その方向性についてこれといった疑問も加えられることなく書かれている『航路二十年』が一九六七年十一月発行であることも含めて、日本の戦後婦人運動にとって不幸なことといわねばならない。そしてそのことは、この間の青年たちの手による反戦諸闘争を境界線として過去のことであると片づけることはできない。

一九六七年以降の反戦青年委員会や全共闘、新左翼総体がそれまでの運動についてつきつけた問いかけに一考する余地を認めるなら戦後婦人運動にかかわってきた者は自分の場において再考察すべきではないだろうか。べ平連のデモに参加しているうちに、ハイ、時代が変りましたではすまされない。ことに、その間、私たちは女の場そのものにおいて過去の質を問い返すような運動をつくり出しえなかったという負い目を負わねばならないのに、最近そちこちで行なわれる「女」論議――女について、女の自立とは、婦人解放とは、母性とは（……）――は、まるで女についても母性についてもたった今、気がついたようなセミナーや講座を何と見たらよいのだろうか。最初から体制側のウーマン・パワー、女の能力開発攻勢に迎合するつもりならそれもよいだろうが。十年も二十年も考えてやってきたその運動内容と現実の間にひらかれた深淵をこそ見つめるべきなのに。そして、自分自身への問い直しの中に三里塚や忍草や（……）の女が浮び上ってくるのではないか。

「平和こそ大前提、戦争こそ不幸の極限」が婦民発足当時の認識だったが、婦人が「解放」されて十年目、一九五五年に「生命を生み出す母親は、生命を育て、生命を守ることをのぞみます」のスローガンで母親大会が始まる。そこには戦争に対する古典的定義は片鱗も復活せず戦争・平和問題を外交問題としてのみとらえ、構造的・階級的にとらえようとしない姿勢で、そのまま「平和を愛する女」・「生命を生み出す母親」という抽象性・観念論にのめりこんでゆく。かくして二万人を結集する母親大会は文字通り女の平和祭りになってゆく。

　戦後「平和・民主主義・女性解放」を構造的に具体的にとらえることをしなかったことから当然「女」のとらえ方も規定づけられた。性差別を法的差別・経済的差別の現象面でしかとらえきれないところから戦後婦人運動は始まっている。

　婦人が「解放」されてから二十年後、即ち一九六五年、全電通労働組合は育児休職制度の協約化を「かちとった」。

　一九六五年とは電通第三次合理化計画進行の真只中の年であり、その前年には国会で首きり法案が通っているが、ここではそのことは脇において育児休職について組合のいっていることを聞こう。

「私たちは、婦人は働くことによって解放されるのだと説くだけでなく、働きつづけたいと願うひとびとがいかにして働ける条件をつくりだすかということに主眼をおいて歩んできた。」「今日の婦人労働の中心的な問題は『腰かけ・補助的』な性格から脱皮し、婦人も能力に応じて働きつづけることを可能にする条件をつくりあげることである。」育児休職の協約によって婦人労働者は「守備の立場から攻撃の立場にたつことになった」（『育児休職』全電通労組）。

　電通の労働協約書が電話帖ほど厖大なものであることは有名であるが、彼らの橋頭堡は、この協約にある。右の全電通労組の婦人労働に対する考え方は総評婦人部や日共の保育所要求に対する時の考え方と同質である。

四

女が社会的労働に参加することはよいことだ、何故なら自立するし自覚も高まるし社会の矛盾にも気づいてゆく。働きつづけるためには保育所も要求しましょう。生休・産休も要求しましょう、ということになる。賃上げ要求と同様、何の変哲もない多くの要求運動がわれわれに何をもたらしたか。そこに入るまえに、現実には圧倒的多くの女たちはともかく生活のために働かねばならないし、そのために保育所が必要であっても、やはり、ここでは女は「働くことによって解放」されたかどうか、そして何からの解放なのかを問わねばならない。

女は二重に抑圧されている。一つには被抑圧階級としてのそれであり、もう一つは女性であるがゆえに受ける抑圧＝差別である。男は働くことによって解放されるどころかますます搾取され、女が働くことによって解放されるのなら、それは後者からの解放をさしているのだろう。具体的にあれやこれや考えてみるに、一、経済的に自立することによってたしかに父・夫からの束縛から自由になる、つまり家の中で発言権を増すことは確かである。二、あるいはずっと働きつづけたお陰で男とのさまざまな格差がちぢまったかといえばそんなことはない。三、あるいは女が働いたことによって男たちが女らしさではかることをやめただろうかといえばそんなこともない。四、働くことによって社会的矛盾に気づき自覚が高まったか。働くことそのもの＝環境が人の意識を決める（反映論）のではなく、その人の存在がその人の意識を決めるのであるから、ただ働きつづけたところで自覚など高まりはしない。

「戦争はイヤです、平和を守りましょう」といって戦争のおこってくる構造（高度成長・体制的合理化）に手をふれようとしなかったのが平和運動だったように、「差別はイヤです、男女平等を」といって差別構造を追求してゆこうとしなかったのが婦人運動だった。しかも「法的平等だけでなく実質的平等を」と、たんに要求するだけでなく、実質的力量での対等性――階級間の力関係でなく――、その対等性獲得に必要なものとしての働く条件（保育所設置等）の要求ということになってくると一層、罪深い結果になった。

社会的平等とは社会的力量が対等ならあえて平等といわないのであり、ハンディのある者も同様に扱えというのがわれわれの側の平等要求である。体制側にいわせれば保護という。労基法改悪キャンペーンに伴う「女、過保護論争」を想起せよ。臨時工や身体障害者を平等に扱えという場合、本工や健康人と同じ待遇を与えよということなのであり、臨時工や身体障害者に「相応した」待遇であるなら、それをわれわれは差別という。

差別のでてくる根源についても手をふれず、社会的力量をつけることによって「平等」を要求すれば、そのシワよせは女が全部ひっかぶるのは当然の成りゆきである。企業側と一緒になって女の仕事が腰かけ的なことを批難したり、皮肉をこめて「女には生理休暇があっていいな」といったりする男性組合員の声も聞えてくる。

これらこそ「会社の利潤をあげて賃金を多くする」思想であり、「会社をもうけさせるだけじゃないか」という労働者の考え方の原因を忘れた結果である。平等要求＝実は同化＝実は差別拡大になってしまったのではなく、はじめから同化要求としてあるのだった。

こうして民同・日共を主流とする男女同一労働同一賃金の要求は体制側の手にかかってわけなく職務給か職能給における女の最低格ずけとなり、女の職場進出とはパート・タイマー、臨時工の増大を意味し、長時間保育が交代制勤務、残業を可能にしたが、それに対する反撃は組むことができなかった。

そして今や、全労働者の三分の一を女が占めるにいたるや性差別構造は体制側の手により再びフル回転しはじめたのである。

すなわち、アジア再侵略へ向けての国内体制再編として、分断・差別支配、労働者による労働者管理は不可欠の条件である。悠久数千年（日本では五百年位か？）の変らざる大地は性差別構造であり、三才にしてしみこんでいる一貫した体制側思想の利用である。

新しい局面に入った支配体制は自然利用にまかせてあった女らしさを再評価・再編しようとしている。即ち、個々の男の支配にゆだねてあった女、主要には家＝消費生活における使用価値として理解されていた女らしさを企業必要に積極的にくみこんでいこうとしている。女らしさ買いますで、郵政省のヘルパー制度、民間会社に見られるアシスタント、マダム・ヘルパー、ウーマン・ディレクター、はては独身社員寮のバーのマダム。これらは形の与えられたものであるが本質的に同じことはあらゆる民間の社員教育にみられる。これらが今までの職場の花と質的異なることは影山裕子自ら言っている通りである（『女の能力開発』影山裕子）。

しかし同時に短期雇用者、半失業者、低賃金労働者に甘んじさせる心理としての、女の本領は家事と育児にあると自己規制させる心理としての女らしさの利用価値も資本は決して捨てはしない。

反体制をもって自ら任じている男たちが、女らしさに階級性はないなどとヤニ下っていると、女は低賃金労働者に甘んじたまま体制側にぶっかきとられていってしまうだろう。

五

民同・日共の女性蔑視に通ずる思想、女権主義と本質的に変わりない思想は徹底的に洗いあげてゆかねばならないが、それは同時にそれを批判しようとする立場にある私たち自身の中に深く巣くっているものである。

最近、新左翼系党派の婦人活動家たちもようやく女の問題にとりくむようになったが、そのかかわり方について入管体制へのかかわり方と面白い類似を見るのでちょっと引用してみたい。

「秋の国会で上呈されようとしている入管法阻止の闘争が政治課題の日程にのぼってきた今日ゆえ、私のブルジョア人権闘争も焦点になれたのだ。階級的視点からの支援が多ければ多いほど、私はもし猫も杓子も入管闘争の時期でなかったらと身ぶるいする。何故ならば十数年来、私は日本の革命的左翼が本来ならば差別抑圧と闘うはずの階級的立場から国際情勢、日本の国内情勢を分析するのをきいてきたが、差別・抑圧をもっとも具体化する入管体制と闘うときくようになったのはつい最近のことである。従って政治闘争の課題となってきた入管闘争を、私はただ偶然な幸運事としか見られない。」（「我々は何を獲得したか？　私は、貴方達は何を獲得したのか？」劉彩品）

私には何故、今、どうして、新左翼系諸党派の戦闘的婦人活動家たちが婦人運動に急にかかわってきたのか、しかも女だけが集ってあまり戦闘的な行動も組めない集合体に加わってきたのか、よく理由がつかめないでいる。街頭闘争が権力によって制圧されたので他のことをやる暇ができたからなのか、女の戦線も構築されるべきだからなのか、アジア再侵略の国内再編成阻止にはあらゆる戦線での全面展開が必要だからなのか、そこに行けばオルグの対象になる無党派の人間がいるからなのか、それとも自分が女であることを思い出したからなのか。婦人運動への参加理由はともあれ、どこまで女が受けているあたり前の差別と抑圧に反対してゆく気があるか、である。その気があるなら何故、彼女たちは女にかけられている攻撃について言及することに臆病なのか。次の文章は労基法改悪粉砕婦人集会についての記事である。

「婦人労働者に集中してかけられてきているこの攻撃

は（……）その一切の人間性（その中には当然にも婦人という特殊性も含まれるわけだが）を資本に隷属（……）しようとしている。」（……）そしてこの間「婦人運動を、婦人という特殊性を捨象するのではなしに（……）全労働者の運動の中で把え返し、（……）ということが問われ」ている。「しかし問題なのは（……）とい婦人の深夜労働・時間外労働（……）生休撤廃、有給休暇の制限、危険有害業務制限の緩和といった攻撃を、階級共同の闘いとして、その個別性を捨象するのではなしに、いかに普遍化して闘い抜いてゆくのか、ということである。」（「解放」一九七一年一月一日号　革命的労働者協会）

なぜこんなにまでも労基法の女に関する規定の改悪について婦人労働者にだけかけられている攻撃ではないんだよ、いい、しかし婦人労働者にかけられた攻撃だということを忘れたらだめだよ、と言わなければそれをとりあげることができないのか理解に苦しむところである。彼女たちの思考方法に従うと「婦人労働者は労働者である。婦人労働者は女である。しかし必らずしも女は労働者ではない」から労働者らしからぬ女の問題は、彼らのいう「階級的」視点からとび出してしまう。今までだったら婦人問題は所詮ブルジョア社会の枠内での改良主義同権要求だといって、戦闘的男女活動家からは見向きもされないハメになるところであるが、沖縄闘争や入管闘争のお陰様で差別問題が見直されている折から、切って捨てられることはなくなった。だから「捨象するのではなく普遍化して闘う」ということになるのだろう。

それに何故、婦人労働者の問題が「一般」（労働者階級一般？）に対する「特殊」あるいは「個別」問題なのか。アメリカの「黒人」という言葉はそれ自体の中に差別された人種ということを含んでいるのであれば、従って黒人問題は白人問題なのであって、黒人問題はアメリカ国民「一般」に対する「特殊」あるいは「個別」問題なのではない。

戦後の婦人運動はなるほど女権運動を本質的にのりこえていなかった。しかし今そういって批判する部分が女の問題についてかくも屁っぴり腰では困ったことであり、だから「体制変革のあとにつづく婦人解放論でなく自己変革として差別問題をとらえる」（侵略＝差別と闘うアジア婦人会議大会アッピール、一九七〇年）必要が現実にあるのだ。

女の闘いは資本・体制との闘いであると同時に、自己との闘いである。自己とは自分という女の中に巣くっている自己卑下であり、運動にしみこんでいる女蔑視の思想であり、運動体そのものにしみこんでいる差別意識である。

新左翼、ウーマン・リブ派まで含めてわれわれが婦人解放運動について明せきな、具体的な方針が出しえていないのは、まだ男への「同化」でない婦人運動について意識しはじめて間もないこともあるが、やはり、われわれ自身、口で何と言っていても実際には自己卑下、男性優位主義から完全にぬけきれていないことにこそある。階級抑圧に対して性抑圧を二の次と考える頭からぬけきれていないで、男と女の関係をあるがままに抑圧と被抑圧の関係として素直に、具体的にとらえることができないでいるからである。奴隷根性からぬけきれないから攻撃性も機動性も出てこないのだ。

しかし奴隷根性の清算は自分を奴隷にさせている相手と事を構えずにはできない。敵を正しく、抽象的・観念的にでなく、具体的・現実的に見きわめよう。

六

今にして思えば体制側の最大戦略目標は、私たちを階級形成＝闘う人民に形成させないことにあったし、私たちの要求交渉の相手はそのような彼らであった。

戦略目標である以上、それは実に多種多様な方法をもっておこなわれてきた。人民総体についていえば、それは体制的合理化の進行と共にあるが、総評が世界に誇った春闘賃上げでさえ、実は階級闘争などといえるものではなく、生産性向上への協力の手段として階級形成の阻害に役立っていた（『春闘をなくす春闘』全都労働者活動家会議）。

賃上げをかちとったつもりのものが、実はわれわれ自身の意識を懐柔し、団結をくずし分断支配を可能にさせるための彼らの資金に転化していた。その意味では、総評は中国内戦当時の輸送大隊長蒋介石（米国から援助してもらった軍需品の多くは中共側に捕かくされ、逆に使われていたので、中共側が蒋介石をそう呼んだ）だった。ただし中国の場合強くなったのは人民の側だった。

しかし、七〇年代に入るや侵略への国内体制の再編成は急速に進展しはじめた。合理化・分断支配の総仕上げとして労働戦線の右翼再編は全金参加の問題でしばらくもたついたにせよ基本的なレールはしかれているし、それに見合って野党再編も進行するだろう。

そして侵略体制にふさわしい女の存在様式をつくりあげることに手がけはじめた。そのことについては、侵略＝差別と闘う三・八国際婦人デー基調報告にもあるがここでも若干ふれよう。

「ウーマン・パワー」「女の能力開発」「女の職域拡大」の掛声のもとに、大多数の者を実は一生働きつづける短期雇用者として、また八時間も働くパート・タイマーとしてかり出しておきながら、全くごく少数の人間に昇進昇給の道を与えておいて、しかも生理休暇をとらない者に優先権を与えるなど、きたならしい手のこんだやり方を使いながら——従来、意識構造としてははみだし的存在としてあった女をさまざまな形で積極的な体制型人間にしてゆこうとする所に真のねらいがある。

また労基法の母性保護規定の改悪にしても、実質的にはすでにかなり空洞化されているものを撤廃するねらいは私たちの中にある権利意識を根こそぎにし、さらに深夜労働・危険有害業務制限の緩和によって合理化に花をそえようとするものである。女子教育面において家庭科時間をふやすなど、女らしさをたたきこむことも権利意識の抹殺であり、国家の必要に応じて、企業と家庭の間を自由に出し入れのきくタイプをつくりあげるものである。

妊娠中絶禁止法の動きも、一つには利潤追求のための労働力確保、軍隊の兵士確保の長期展望をもちながらも、一層注意すべきことは、宗教界などから出されている生命尊重論による中絶禁止である。性道徳を守ることは生命を大切にすること、命を大事にすることは人間尊重につながるという言い分で、一方で公害・労災・交通事故などによる生命破壊をしながら、生命尊重思想を体制側の掌中におき、次には「国家あっての生命」という体制をととのえている。こうして彼らは青少年の性意識調査と共にセックス・出産までの国家管理をねらっている。

七

事態はますますきびしくごく当り前の要求も通らない客観情勢になるだろう。だから同時に基本的人権・生活権に根ざす民主主義的要求もたちまち体制側のカン所にふれて、一挙に尖鋭化する可能性も多くなってくる。だからそのために体制側は弾圧体制・公安調査の強化と共に大きな安全装置をつくってゆく。今まで経済闘争一本やりといっていた同盟が右翼再編呼びかけにさいして、これからの時代は労働問題だけでなく物価・公害・社会保障などの生活問題、地方自治体の政治問題も山積しているので、それらについても解決してゆかねばならないし、そのためにも労働組合は大きく統一してゆくべきだと言った。労働問題は体制内化した労働組合でおよそ掌握し操作する自信があるのに対し、地域居住区の諸矛盾はだんだん鋭い形をとってきていることへの体制側の対策である。また革新首長も同じく安全弁としての役割を果す。

原則的には戦争に近づくことは革命に近づくことではあっても、革命的情勢とは階級形成=闘う人民の形成なくして絶対ありえないのであってみれば、私たちは婦人運動の場で何をこそ用意すべきなのか。

たとえば労基法関係について、われわれ自身でまず確かめねばならないのは「母性を破壊する労基法改悪に反対しましょう」の総評婦人部と、労基法改悪の出されてくる帝国主義的背景について理解し、それが全労働者階級にかけられている攻撃と受けとめている私たちと現実の接点でどうちがうのか。

「十一月(一九六八年の)の経験に基づきながら(……)自分たち自身の体をはった闘いとして(……)爆発させて」(『婦人解放』マルクス主義青年労働者同盟)ゆく労基法改悪闘争とは具体的にどんなものなのか——なのである。

母親大会のバカバカしい数百にのぼる申し合せ事項(何故、バカバカしいかの展開は後日の機会にゆずる)、日共の諸要求貫徹を見るまでもなく、現実は不満と要求が充満しているし、それらのほとんどはごく当り前な多様な、体制内要求である。つまりわれわれ自身の現実の闘いは、そのごく当り前な要求からはじまるのであるが、その要求あるいは拒否の中で自分を、あるいは仲間を闘う人民に変革してゆくとはどういうことなのだろうか。あるいはまた、私たちが知りたいのはきわめて常識的な要求闘争——機械化反対、賃上げ、保育所など——から出発しながら、何故それらの要求が私たち自身を強める方向に向わないで反対物に転化したのか。そのカラクリ、彼我の過程をこそ明確にしてゆかねばならないのだ。

あるいはまた、私たちが動き出す時の出発点である要求とか拒否についても、もっと現実に密着してとらえるべきだと思う。その要求とか拒否の形態は権力との対立関係の中で変ってゆくが、形を変えるということは要求内容が変ってしまうということではないだろう。最初、経済的要求にすぎなかったものが政治闘争になるのは、――例えば三里塚農民が、はじめはただ「土地を守る」ためだったのが、安保や沖縄、空港の意味を理解するようになったから政治闘争になったのではないし、農民の要求内容は今も四年前も変っていない。「空港がどういう性格をもっているか、そんなことで反対するんじゃないんだよな。(……)三里塚には三里塚の空港反対の立派な理由があるわけだ。(……)」(『壊死する風景』三里塚青年行動隊)と青年行動隊が言っている。

それなら何が変ったのか。要求を第三者が勝手につくりだしたり、自分たち自身の要求がよく見えなかったり、要求あるいは反対する「その理由に挑むことを捨て」たりしていないだろうか。

あるいはまた、どこにもある要求と不満、潜在的対決にどのような条件が加わった時、顕在的対決になるのか。また、その対決にどのような条件が加わった時、持続・拡大されるのか。その条件は国際的大条件の場合も、政治的大情況のこともあるだろうし、あるいは、たった一人の同僚が横で見守っていたということもあるだろう。私たちはそれを知る必要があり見通す必要があるのであり、そのためにこそ、たとえば労基法改悪の出されてくる政治的・経済的背景を知って、接点における彼我の力関係をはかるのであり、また国際情勢・国内情勢について分析する必要があるのである。

かくかくしかじかであるが故にを説明するために国際・国内情勢を分析し――であるが故に闘わねばならぬ、と言うのであったら、私たちはつねにどこにいても一握りの人間になってしまう。

したがって情況分析に始まり、情況分析に終るがごとき客観主義＝主観主義は無用の長物であり、ましてや説明ぬきにした特殊の分析用語の投げあいに用はないのである。また討論の場で、一つの傾向の情勢分析や闘争報告などが全体を圧倒することなど、さらにさらに不必要なことである。

　私たちの経験の中では、言葉化できる闘いなどというものはきわめてわずかしかないが、それでも皆で、その推移・条件などを分析し、その中から共有できるものを見出してゆくことが必要である。そのさい、私たちはまずそのような討論の仕方、経験の蓄積の仕方から考えてゆかねばならない。

　そういうわれわれ自身のやり方を意識的に着実につくりだしてゆくことこそ、自分自身の中に巣くっている反プロレタリア性＝男性優位主義克服の第一歩であり、男への「同化」でない婦人解放運動、いわゆる階級的婦人運動への手はじめである。運動体内部にぬきがたくしみこんでいる性差別意識は、なにも男が主要の、あるいは男女こみの運動体だけの問題なのではなく、女だけがより集っている集合体自身の問題なのである。

　われわれ自身のやり方がどんなものか、まだ誰にもわからない。しかし、それは生むことを蔑視し、切りすててきた社会において、なお生みつづけてこなければならなかった女の甲斐性のようなもの＝生産性の論理からはみだした不条理のようなもの（飯島愛子「女にとって差別とは何か」参照）をつつみこんだものだろうが、それは権力の緊張関係の中でしかふれることができないだろう。

　そしてその時はじめて、戦後時代のもう一つの側面つまり「平和と民主主義」の欺瞞性に実はダマされることなく着実に生きていた大衆と自分自身を見出すだろう。

　最後に――昨年夏の「侵略＝差別と闘うアジア婦人会議」の大会およびそこに至る過程の討論内容もふくめて、それはベトナム人民の闘い、さらにそれとの関連においてまきおこされた六〇年代後半の反戦青年委員会、全共闘を主軸とする青年たちの諸闘争によって、またそれらへの参加によって、婦人運動の場においても、戦後「婦人解放と平和と民主主義が虚構であり、女の諸要求が実は差別の拡大に通じていたことに気づき、その認識をより多くの婦人たちと共有しようとしたことにすぎない。」（「予感される組織に寄せて」所美都子）

　だからアジア婦人会議の夏の大会をのりこえて云々の言葉がよく見かけられるが、それは上記の認識を観念としていくら乗り越えても仕方のないことなのである。

（『構造』一九七一年五月号）

◎主要論文8

問題提起

女にとって搾取とはなにか、

なぜ生む性としての女は、社会的労働の場において差別されるのか

一、性差別を搾取としてとらえ直す

　私たちはこの間、女に対する支配、抑圧を差別問題として、主に私たち自身の差別意識の問題としてとらえてきた。しかしここで再び性差別の内容を女に対する搾取と分断支配の問題としてとらえ直す必要を感じる。その点を明確にふまえないと支配者たちの巧妙な攻撃の前に、差別問題はそのことが改めて強調された時の原点的な意味からはずれてしまわないともかぎらない。

　女にとって搾取とは何かを問う場合、現在ではそれ

は家庭と職場の関係が重要な問題となる。資本の側かららいうなら、女はどんな条件をつくれば家から社会的労働の場に狩り出せるか、そして逆に職場から家へ追い返せるか、の問題である。

かつて女の解放は「家」からの解放が大きな比重を占めた。その「家」と闘うための不可欠の条件として、近代的個人になるための不可欠の条件として「自立」することが必要だった。それを基盤としての女の運動は、婦選運動と無産婦人運動へ大別して二つの潮流がつくられていった。

戦後婦人運動は戦後「女性解放」——婦人解放令と民法改正のとらえ方の誤り（今にして思えば）の上に、家・男との関係は基本的に解決されたとしながら、他方では女性解放の視点から「職場進出論」、「女も働くべき論」を主張しつづけてきた。その場合の女性解放は何からの解放なのか不明確なままだった。あるいは当時の婦人運動当事者にとっては「社会的力量を身につける」（『航路二十年——婦人民主クラブの記録——』）ことだったのかも知れない。女の職場進出が疎外されている状況の下では（戦時中五〇〇万を数えた婦人労働者は敗戦後二年間で二五〇万に減少し、再び五〇〇万になるのは一九五六、七年である）、労働婦人は家庭婦人より進んだ存在であるという評価に裏づけられたところの「職場進出論」、「働くべき論」も通用したが、資本が女の労働力を求めはじめ、高度成長、合理化で急速に労働の質が変化してゆく中で当然ながら女が働くことへの懐疑が生まれてきた。

一九五五年（昭和三〇年）から始まる主婦論争は一方ではマスコミの口を通しての資本の考え方……の反映——「女は家にあるべき」を根底にしたところの「家庭か職業か」であり、他方では革新運動の婦人論に対する突きつけでもあった。（時期的には一九五五年は第一回母親大会が開催された年である。）

婦人労働運動の場では男女同一労働同一賃金、母性保護を要求しながらも、その不平等の生まれてくる根源にまでさかのぼることがなかったから女が働きつづけられるための諸要求は体制を支えるマイホーム主義と何ら矛盾することはなかった。むしろマイホーム主義が男のモーレツ社員化を支え、女を職場へかりたてもした。

　しかし今や政府の女への対策がますます露骨に、労働力率アップと労働力としての「資質向上」に向けられ、従って中高年主婦層が注目されている現在、家庭と職業の問題は一層クローズアップされる。資本の側は何年か前のような逡巡した態度はかなぐりすてて、「女の能力開発主義《ウーマン・パワー》」を旗印にしてきた。あいまいな女性解放論の「職場進出論」や「働くべき論」はウーマン・パワーの前に全く無力である。そのへんについての〝立ちおくれ〟を代々木共産党は昨年あたりから気づきはじめ婦人対策について修正しはじめている。

(『前衛』一九七一・五、一九七二・一〜三月号)

　また、労働一般に対してアウトロー的ウーマン・リブの存在（ぐるうぷ闘うおんなに代表される。リブ大会、女が働くことについての分科会の議論）にはおかまいなしに、職場における権力者側のイデオロギーとしてのウーマン・パワーは進行し、ますます女たちを分断支配し、苛酷な労働条件におとされてゆく。

　今までさまざまな婦人問題評論家や研究家たちは男女格差、差別の厳然さをいろいろな角度から数字的に示してくれた。古典をひもといて女の解放は社会制度の変革、社会主義の実現なくしてあり得ないことを教えてくれた。女の受けている二重の抑圧は長い長い歴史的なものであることを教えてくれた。しかし、なぜ女が女なる故に差別されるかについては明らかにされていないし、ましてや私たちにとっては、婦人運動における改良闘争＝男女格差縮小、男女同権獲得と、解放闘争＝階級抑圧、性抑圧からの解放の相互関係について明らかにされているとは思えない。

女の解放論をたんなる願望論、情念論にとどめないために、また婦人運動を改良主義的闘争のワク内にとどめないために、また逆に革命一般論に解消してしまわないために、女性差別を女に対する搾取構造の問題として明らかにしてゆきたい。

二、性差別賃金
——女はなぜ男より安いか——

そのためには女の賃金はなぜ安いのか、生む性としての女はなぜ社会的労働の場で差別されるのか、から始めなければならない。

なるほど、女の山ほどの不満は賃金が男に比べて安いことにのみあるのではない。むしろ賃金に対する不満は一人一人の女にとって、時にはさほど本質的なことではないかのようにさえ見える。しかし女の賃金が男に比べて何故安いかを追求することによって、つまり女にとっての搾取構造を明らかにすることによって性差別の資本主義的特質が判ってくるだろう。

マルクスは等価交換関係の下において何故資本家はもうかり労働者には何も残らないのかを明らかにすることによって、労働者の賃上げ闘争の理論的根拠と、政治闘争の必然性について解明した。

男に比べて安い女の賃金について基本的には二通りの見方がある。すなわち一つは女の労働あるいは労働力は、男のそれより安いから安く支払われているにすぎないという見方と、もう一つには女は不当に安く支払われているという見方である。

前者の言い分はいろいろな形で表現される。すなわち、女は能力が低い、単純労働で誰にでもできる職種が多い、仕事が腰かけ的である、従って会社や社会への貢献度が男に比べて低い→という言い分に対しては、だから女も積極的に働き、職場の花でなく実力をつけようと、ウーマン・パワー派は答える。またこういう言い分もある。すなわち、女の仕事が単純労働だったりパート的だったりするのは女に家事や育児の負担があるからである、またいくら女が働いても最初から低く格づけされている機構だからだ→という言い分に対しては、だから女が働きつづけられる条件、保育所や母性保護の条件をつくったり、安く格づけすることをやめさせねばならないと、条件改善派は答える。

大別して女の賃金の安い根拠を、女の労働そのものに求めるものと、そういう労働をつくりだす外的条件に求めるものとの二通りがあるが、両方とも結局は賃金とはその人の労働、その人の能力に対して支払われているのだというところに帰着する。

それに対して、男の賃金にはそもそも妻子を養う分も計上されているのだから、女の賃金＝女の労働力の再生産費はそんなものなのだという主張も職場にいくとかなりきかれる。

それらの言い分に対して、私たちは賃金とは労働に対して支払われているのではなく、労働力の社会的再生産費なのだ、だから男も女もそんなに相違するはずはないという、原則的な主張をくりかえす以外にない。

しかし、賃金とは常に資本家によって値切られ、不当に安く支払われるものであるが、その中でさらに女の低賃金は差別賃金だと主張することの内容は何なのか。つまり女の賃金闘争にとっての理論的根拠についてである。

①　女の賃金は男の賃金の四八・二％にすぎないということは、男女賃金の絶対額における比較である。しかし賃労働者の働く労働が支払労働部分（賃金部分）と不払労働部分（剰余価値として資本家にとられる部分）の二つから構成されているのだから、いま一つの側面として、搾取率＝不払労働／全労働として男と女のどちらがより搾取されているかの比較があるはずである。

賃金闘争とは本来、不払労働と支払労働の配分、つまり搾取率をめぐっての資本家と労働者間の闘争である。ところが高度成長の過程での生産性向上運動で、パイ全部を大きくする（パイそのものは労働者の労働の結晶以外の何物でもない）ことによって労働者のとり分を多くしようとする考えのもとに、本来の賃上げ闘争の精神が骨ぬきにされてしまった。いま盛んに叫ばれている女の能力開発、実力主義はまさに女むけ生産性向上運動にほかならない。

女特有の賃金闘争は、一つには当然、男との比較における賃金の絶対額のアップ、すなわち男女同一労働同一賃金であり、いま一つには不払労働と支払労働の配分比率をめぐる闘いである。

女の賃金が男の賃金の四八・二％だということは労働の質量が男女同一の場合において男より100－48.2＝52.8──五二・八％多く搾取されているということである。労働の質量が男の方が女のほぼ二倍の場合に初めて搾取率が同一になるということである。だから資本家たちは同じ労働内容なら女手でまかなうことによ

り、収益を男手の場合よりさらに五二・八％あげようとする。

② 労賃とは労働力の社会的再生産費（労働者の生存費）であって労働に対する支払いでないことはマルクスの発見以来いいふるされているが、問題なのは、差別賃金であるところの女の賃金は、労働力の再生産費としてどう計算されるからそんなにも安くなるのか、である。

いいかえれば、生命力として労働以外のいま一つの発現形態であるところの生殖、すなわち男と異質である、子を生むという生命力は労賃としてどう計上されるのかということである。

女の労働が単純労働だとか腰かけ的だとかいう現象をつくりだしているところの女の就労形態（生涯型として M型をなす）をつくっているのは、疑いもなく〝生む〟ところから規定されている。女は生む性＝〝生殖する生命力〟であるがゆえに、労働力＝〝生産する生

命力〃に対する支払いとしての賃金において差別され、さらに生む性については全く私的なものとしてかえり見られない。それが経済的観点でかえり見られるのは、利潤を生みだす次の世代の労働力確保についての場合のみである。

資本にとって〃生む性〃は本来、利潤追求の目的を阻害するものとして存在しているのであって、母性保護や育児休暇制度といっても、決して、〃生む性〃の再生産費を認めてのことではない。だから、あくまで〃弱いもの〃に対する「保護」なのである。しかし今や、その「保護」さえも取り上げようとしている。労基法改悪による母性保護規定の廃止の口実として女の体位向上や機械化による労働の軽減をあげ、さらに残業や深夜業が制限されていたのでは女性の「自立」、「能力発揮」がさまたげられるとハッパをかけている。（東京商工会議所意見書や影山裕子の主張等）

こういう攻撃に対して、私たちが相変らずの漠然としてとらえどころのない女性の権利主張や、弱き者への保護意識ではとても立ち向かえない。生理休暇や母性保護の要求は女性労働者の根づよい要求であるにもかかわらず、長い間改良主義的に扱われてきた。母性保障要求は、本来利潤追求にとって何のプラスにもならぬところの〃生む性〃に対する支払い要求であり、またそれ故に、その要求自身、合理化・近代化に反対する、搾取率に対する闘いとして階級性を堅持するものとして打ち立てられるべき本質を持っているはずである。

賃金闘争は賃労働＝商品としての労働力の存在を前提としておこなわれるが、その闘争の発展は賃労働そのものの廃棄を志向する。同様に、母性保障の要求は商品としての女の性の存在を前提として成り立つと同時に、そのような性のあり方を否定しようとする闘いでもある。

それなら〃生む性〃はどのように社会的に疎外され

てゆくのか、そしてまた、支配の道具として利用されているのか。

三、働くことと生むことの分裂
——資本制生産の進行は女をいかに収奪したか——

資本家的生産方法あるいは賃労働は、土地および生産手段から分離され、己れの労働力以外売るべき何物も持たない自由な人間の存在を前提として可能である。すなわち「一方には直接的生産者たちを土地の単なる附属物たる位置（隷農・農奴・奴隷その他の形での）から分離せしめることを前提とすると同時に、他方にはまた、民衆から土地を収奪することを前提としている」その過程をマルクスは資本の原始的蓄積過程と名づけた。

そのことは、「じつは原収奪であり、労働する人間と彼の労働手段とのあいだに存在する原結合の解体をもたらした一連の歴史的過程に外ならない。分離はひとたび確立されると、新しい歴史的形態で原結合を復活させるまでつづく。」（『賃金・価格・利潤』国民文庫訳）

資本の原始的蓄積過程は日本の場合一八八〇年（明一三）代には完成したといわれているが、それは女をいかに収奪したか。労働手段との分離過程は女にとってはさらに生産と消費の場の分離であり、生産と生殖の結合の解体でもあった。原収奪以前における「家」では生産・消費・生殖が混然一体として行なわれていた。女は「家」の中でたしかに稀薄な人格、あるいは人格をもたない労働力にしかすぎない。ましてや村共同体においては何の発言権も持っていなかったろう。しかし彼女は自然＝土地や労働手段にありつき生きてゆくためには、また、生殖して種として生きつづけるためには「家」の媒介なしにはできない。男とても同様である。しかし必ずしも常に生殖行為ができるわけではなく、「家」の相続者とその嫁の特権であり、他はオジ、オバとして一生労働力としてのみの存在もあったろう。

　しかし、人間と労働手段が分離していない条件の下では、たとえ人間が土地にしばられている農奴的形態であってもその生産活動は使用価値の生産のために行なわれ、生産は消費（人間の具体的欲望）に従属し、生産と消費は分断された二者としてでなく、継続した一連の作業として存在したろう。また生殖は時に生産を上回るやっかいな代物であったかも知れぬが、それもまた生産の一環として存在していただろう。

　そのような下においては、家事・育児が女をいっそう重労働に追いこんだとしても、家事労働とは生産した生活消費財を消費するためによりいっそう加工するためのものである。大豆はミソやショウユにされ、食卓にのる。マユは糸にされ、布に織られ、染色され、着物に仕立てられる。その作業工程の間に決定的な分断はない。

　家畜が農耕を助け、子を生むように女も農耕し、子を生み育てた。生きるための土地へのかかわりは、生産の単位としての「家族」の一員になる以外にないように、子供は生まれおちれば母の子であるより「家族」や「村」の一員としてこそ生存が保障される。

　農民からの土地収奪は、同時に土地に隷属し共同体にしばりつけられていた直接的生産者の解放であり、自分自身の労働力を商品として自由に他へ売ることのできる個人の誕生の過程でもあった。

　労働力の土地からの解放のいま一つの側面として、性と生殖は「家」から解き放たれた。女は自分の性を自由にし得るようになった。子は「家」や共同体のものであったのが今や子は夫の子であり、私の子である。生まれすぎた子は、家の意志や村の総意で間引きされたが、今では私たちの自由意志で生み、またコントロールし、また堕胎をする。賃労働者が自分の好まない資本家の下で働かない自由を持つように、私たちも好きでない男とは結婚しない。

そして同時に生産と消費の場、生産と生殖（子育て）の場が分離し、両者が相反目しあうがゆえに、生む性としての女は生産の場から疎外される。原収奪以前にあって女は、家父長に養われている外見をもつ労働力としてあったが、今では外見でなく現実的に扶養される存在、社会的生産労働をしない存在としてあることを強制される。今では女にとって「家」とは、生産ときり離された家事労働をすることによって養ってもらう場であり、男のかせいできた労賃＝貨幣にありつく場であり、その貨幣を生活消費財に変える場であり、こうして「家」は男労働力の安上りな再生の場である。

社会的生産労働と家事労働は敵対関係者となる。一方が生産的で社会を動かす場なら他方は非生産的で非社会的、私的な場となる。

そのことは資本制生産が農村の副業を破壊し、諸生活消費財の生産が資本家的生産にとって代られることによっていっそう促進される。もはや農村では自家用にすらミソもショウユも布もつくられない。それらを購入するためにますます限られた種類の農作物の生産に従う。労働者の家庭では着物は既成服となり、生肉・生魚が冷凍品となり、洗濯桶が洗濯機やクリーニング業にまかされればまかされるほど、また炭や薪がガスや電気にとって代れば代るほど、家事労働は具体的労働としての質を失う。すなわち、女が生産労働から疎外されたとはいえ糸を布にしたり、布を着物に仕立てたりする加工労働を通して夫や子との関係が存在していたが、今や夫や子との関係さえも貨幣（抽象化された労働）の中にしか存在しえない。夫から受ける貨幣をもって完成した消費財と交換してくるだけのものとしての妻の存在になる。

こうして生活消費財のいっそうの商品化によって消費生活、家庭生活は全面的に資本制生産過程の一環に組みこまれることによって、かつて生産の単位としてあった家族は、今では消費の単位としての存在さえ稀薄になってきている。

さらに女たちは、家長、男の収入低下とともに、生きるために「家」という社会の構成単位に必ずしも入ることを必要としなくなりつつさえある。

封建制下における農民がプロレタリアになるためには、彼らが土地から自由になり、人格的に自由になることが必要だったが、男の農民とともに原収奪された女たちが「自由な労働者」になるためにはさらに、①家父長権下からの女の人格的自由　②生活消費財の資本制生産のいっそうの進行　③家長の賃金だけではやってゆかれぬ家計の窮迫が必要だった。(註)

（註）明治政府は一八七三年（明治六年）、地租改正によって土地に対する封建的諸制限を撤廃し、土地の商品化を制度的に確立した。と同時に一八七一～二年に封建的身分制度、すなわち士農工商の身分、農民の身分制（草分、水呑、家抱）を廃止して、職業の自由を許可した。しかし、それら一連の改革でも女は人格的自由を与えられないまま無人格的・家計補助的・出稼ぎ型低賃金労働者として、農村における小作制度とともにとびきり安い労働力の供給源となった。

女の「自由な人格」が保障されるのは、実に一九四七年（昭和二二年）のことであり、戦後農地改革とともにあった。戦後農地改革、今日に至るまでの農業政策、兼業・出稼ぎ農民の現状と、戦後婦人「解放」、今日における家庭、婦人労働者の現状とは深く結合した形で進行し、資本の高度成長を支えてきた。

四、商品としての性と家事・育児労働

先に述べたように資本制生産様式は、直接的生産者を生産手段から切り離し、プロレタリアにする。その同一過程が生産と消費を分断し、女は生きてゆくための生産労働と家事・子育ての「消費」労働の間をきり裂かれ、社会的労働の場から疎外される。（そのことは決して女が働かない存在になったということを意味しない）(註1) かつて女たちは土地にありつくために生産の単位としての「家」の構成員にならねばならなかったが、

今では生きてゆくための貨幣にありつくために「結婚」をしなければならない。利潤を目的とする生産様式が今日の「消費」労働、「私的」労働、「女の仕事」としての家事・育児労働の性格を規定した。

労働手段を持たぬ賃労働者は生きるために自分の自由意志によって資本家に労働力を売る。そして労働力の再生産費としての労賃を取得する。社会的生産労働の場から疎外された女たちは、生きるために己れの「性」を終身就職＝結婚という形態で男に売りつける。彼女は彼の労賃の一部分を取得する。

賃労働者たちは一旦、自分の労働力を資本家に売り渡した以上、その時間内、労働力の機能としての労働を何に使おうが資本家の自由である。そして賃金はあたかも「働き」に見合って支払われているような外見をもつが、実は労働者は働けば働くほど賃金が上るのではなく、労働力の価値の相対的低下（不払労働部分の増加）となり、そればかりか、彼によって生産された「物」は資本となってますます彼を苦しめる。女たちは一旦、結婚した以上、「性」に附随した機能として社会的に規定され強制されているところの家事・育児労働に従う。主婦に社会的に強制されている家事・育児労働は商品としての性に附随した機能である。妻の性は夫に占有されている。

「主婦論争」において、家事労働の無償について議論された。その議論は〝一般的社会的労働については労賃が支払われているが〟という前提で、家事労働についてはどうかが議論された。

その前提に対して私たちはまず次の二点を指摘しておかねばならない。①賃金とは労働に対する支払いでなく労働力の再生産費に対する支払いである。②妻＝主婦に対する支払いは、支払われているとしても家事労働に対するものではなく、「性」に対するものである。だから問題のたて方としては、「性」に対して支払われているかどうかが問われねばならない。

しかし女の「性」の機能は二つの側面をもつ。一つには自然的な側面、すなわち子を生む＝性行為と生殖であり、今一つは、その自然性から社会的に規定されるところの家事・育児労働を行なうことである。家事労働に対する支払いが云々されるとき、本当は、女（妻）の性の夫による占有料について語られねばならぬのに、労賃が現象としてはあたかも労働に対する支払いの形をとるように、この場合も家事労働への支払いとして語られている。しかし、それもたまたまそのような議論がされているのであって、現実においては「性」に対する支払いは、「扶養（料）」という形態で現象しているのである。なぜなら、家事労働は「私的」・「消費的」なものにすぎないからである。

事実は、家事・育児労働とは社会的労働力の再生と新生の過程にほかならない。家事・育児労働を、私的・消費的なものとして強制、持続させることによってこそ今日の利潤生産が可能になっているのである。資本家たちは、労働者の妻の家事・育児に対して決して社会的労働力再生のための労働としての支払いはしない。まさに資本家にとって「家事労働は無償であるが社会的に有用である」（神田道子）のだ。

しかしことによると資本家たちは、労働者の妻＝主婦に対して「性に対する支払い」をしているかも知れない。もしそうだとしたら、女の性に値段はあるのだろうか。労働力に再生産費（労賃）があるように性の再生産費というものがあるのだろうか。（労働力の再生産費とは、その労働者が翌日も同じように働ける状態を維持するために必要とする商品の値段を合計したものである。その中には次の世代の労働力の再生産費も含まれる）。しかし女の性は、その女が生きているかぎり属性として存在するのだし、値段があるようでないようなものである。その意味では空気中の酸素とも同様だし、大地の値段とも同様である。残念ながら土地のように値上りしない。生殖という自然的側面ではその有用性は年齢とともに低下する。

だから「主婦」が、たとえば交通事故で死亡した場合、その家事労働について逸失利益[註2]を認めるか否かが法廷で議論になる。あるいは幼女の死亡事故の場合、彼女の稼働期間を二五～六歳までとして逸失利益を算定したり、あるいは、それでは男女の間のあまりにも大きな不均衡がでてくるので女の場合、慰謝料という形でその分を是正しようとしたりする。最近の「主婦労働者の増加は主婦の逸失利益算定の基準を、しだいに稼働能力を中心とするものに移行しうる余地を示すともいえ」るそうだ。（労働省婦人少年局）

要するに家事・育児労働なるものは、社会的に有用だとか尊い仕事だとかいくら言われてもこの社会においては、算定外のこと＝割にあわない仕事だということは冷厳な事実なのだ。

（註1）　日本の資本主義は女の工場労働者によって支えられ発達した。次の数字は横山源之助著『日本における下層社会』より

織物製造における男女工比較＝明治二九年
男＝　五七、三三四人
女＝九二一、三八六〃

マッチ工場＝明治二九年
大阪　男　＝　二、七〇三人
　　　女　＝　四、八三六〃
　　　内職＝　四、三一四〃
兵庫　男　＝　一、七六五人
　　　女　＝　四、二二八〃
　　　内職＝二四、〇〇〇〃

大阪の例
　男常傭＝日給三十四～五銭
　　（年配者は五～六十銭）
　女常傭＝日給十四～十八銭

全国五十人以上工場の職工数＝明治二八年
男＝一五九、五一五人
女＝二四八、六二五人

合計＝四一八、一四〇〃

男女労働者の構成が、男子労働者の比率のほうが多くなるのは昭和五年を境としてはじまる。次の数字は大河内一男編『婦人労働』より

昭和五年

男＝　九七四、〇〇〇人

女＝　九一一、〇〇〇〃

昭和十年

男＝一、九九七、〇〇〇人

女＝一、二二七、〇〇〇〃

（註2）逸失利益＝稼働能力を喪失したため、将来取得することができたはずの収入を喪失したことによる損害。

五、女が「働く」ことと資本の政策

女が社会的に「働く」ことについて議論される。現実は働かねば生きていけない状況の中で、くり返し「女は働きつづけるべきか、家庭にあるべきか」、「職業か、家庭か」がむし返し問われる。そしてさらには「女として生きるか、母として生きるか」という形で語られる。このことは単に女の主観、女の意識の問題なのではなく、資本による女労働力の操作と、そのためのイデオロギー操作という政治と経済の問題なのである。

男は個体として、また種として生きつづけるために——衣食住、性、にありつくために——まず彼は何よりも疎外された社会的労働＝賃労働をしなければならないが、女にとって「働く」ことは選択として存在する。それは決して今まで女が社会的労働を背負ってこなかったということでも、女が怠惰だということでもない。「生む性」として労働から疎外されているため、「性」を媒介として逆に労働に、あるいは衣食住にありつく。それ故に女は二つの尺度で計られ、女の意識は引き裂かれる。一つには男と同様、労働力商品として、いま一つには性商品としての尺度で計られる。労働力商品

としては賃金という貨幣形態で、性商品としては「女らしさ」という一見とらえどころのない、しかし厳然と存在していろ尺度で計られる。「女らしさ」とは時に性対象としての男の〝好み〟であり、時に家事・育児をする〝母らしさ〟である。（飯島――「女にとって差別とは何か」・「男への同化でない婦人運動の確立のために」参照）

具体的な、現実的な人間としての女は、一旦「女らしさ」におきかえられる。彼女は、その欲望を充たすためには結婚制度という社会的手続きを経ねばならず、そのためには「女らしさ」という形をとって初めて交換可能＝欲望の充足となる。一旦、自己の価値基準が男の評価という形で外在化すると、それによって逆に女の生き方、あり方が規定され、「家庭か、職業か」、「母か女か」という形で社会的圧力となって女にかぶさってくる。

彼女の家計補助的低賃金は、女が本来の労働力を計る尺度と別に、「女らしさ」で計ることによって成り立っている。たとえば役所などで女だから早出掃除をしたり、お茶くみをしたり、タバコ買いに走らせられる。そしてその延長上に一日中コピーとりをする等の単純作業がある。さらに、同一労働に従事していても男がやれば特殊技能的に評価されたり、「男」であることそのものが一つの能力として通用する。オフィスで全く同じ仕事を机を並べてしているのに、彼は女たちの管理者であることが多い。看護婦や保母等の対人関係の職種では、熟練労働であっても「母性」、「女性」向きの仕事として、暗に無償性を要求される。

しかし「女らしさ」の内容はその時代の資本の必要によっていくらでも変更される。最近では勤労婦人福祉法の基本理念によく示されているように「職業生活も家庭責任も」である。また、女だからといって職場でお茶くみ、掃除をすることはない、雑用は「雑用係」を雇ってやらせればよいのだという主張（加藤富子）が一見、物わかりよさを粧って語られる。

今までは女総体を社会的労働の場で「単純」「補助的」地位におしとどめていたが、最近では合理化・技術革新・労働力不足の見通しの上に立って、女の能力開発・職域拡大のかけ声のもとに、実は一握りの女を分断し、多数の女に対する管理者に仕立てあげながら圧倒的多数の女をよりいっそう、パート・臨時・下請け・内職に固定化してゆこうとしている。

「資本の労働力対策」という大情況から見た場合、女に対しては、①人口そのものを生み出すものとしての対策、②現在の女人口をより多く労働力化する対策（家庭から職場へ引っぱり出す）、③労働力としての「資質」向上の対策として基本的にはあるだろう。そのことは女総体をとらえる総合的対策として打出されてくる。

労基法「改正」の動き、勤労婦人福祉法、優生保護法「改正」、育児休職制度、それらのために用意される数多くの、いわゆる「答申」や「調査」等、どれをとって見てもその根幹は労働力対策にすえながら、現体制を危くさせないために、「家」の保持、女に対する思想対策が重要な内容を占めている。かつて、小作制度とともに女は嫁入り前（子を生む前）の安い労働力として日本の資本主義を創出してきたが、今日では兼業農家・出稼ぎ農民とともに主婦労働者（子を生んだ女たち）は高度成長を持続する不可欠の存在であり、彼女たちをいかに効率よく労働力化するかは、資本にとって大きな課題となっている。農村と「家」は体制維持の基盤でありながら、その荒廃は二人三脚で進行している。

主婦を労働力化させるには、いくつかの複合的要因が必要である。すなわち、①家計のひっ迫＝「家計」を単位として考える収入増の必要度、②彼女の家内労働が代替できる程度＝余暇、③彼女の労働意欲、等の諸要因である。

「余暇」は必ずしも主婦を労働力化させるとは限らない。そうさせるためには、家計を単位として考える収入の必要度が契機となる。しかし逆に家計収入の程度の高いほうが主婦の「余暇」が多いという傾向がある。

また、家事・育児労働の代替には、①保母やホームヘルパー等の他人の直接的労働による代替、②洗濯機等の機械力による代替、③冷凍食品、既成服、クリーニング等、商品による代替の形態がある。この中で②と③は商品の購買欲をそそるものとして資本家たちの利潤追求の目的とも一致するが、総資本の立場からみて最も割にあわないのが①である。個別の家における雇用関係としての家政婦等については資本にとって直接利害関係はないが、最も代替のしにくい育児労働における代替のための「保育園」建設、「保母」養成は金がかかってバカバカしい。

保育所づくりは一面、資本自身の要求でこそあるが、それへ注ぎこむ金は資本の立場からすれば、いくらつぎこんでも際限なしの見返りなしに見えるだろうし、保育所の数と内容に対する女たちの要求は際限なしのドン欲さとして映るだろう。その上、保育所があるが故に、短期雇用・再就労・無権利・低賃金の女労働力のウマミが失われるおそれさえある。それならいっそ、その「弊害」をおさえこめる企業内保育所へ補助金を出したほうが得だし、さらに育児休業にしたほうがよいというのが、育児休職制度や勤労婦人福祉法を出してきた、政府のもう一つのねらいである。

私たちにとって「働く」ことは、たとえ働かざるを得ない強制による賃労働であろうと、資本の操作による労働力狩り出しであろうと、やはり奪われた「労働」と「性」をとり戻すに至る一つの過程である。しかし、資本の側が攻撃的に女の労働力を求めてきている時、私たちは「女が働く」内容を再度とらえ直すことがせまられている。

高度成長とともに、春闘による賃上げ闘争でたしかに賃金は上った。しかし、その賃上げは余裕たっぷりの資本の許容範囲の中で、しかも合理化、労働強化、分断支配とともにすすめられた。おそらくそれと同じ構造、同じ過程で、女労働者の問題も資本の側にもっていかれてしまった。女の〝働くべき論〟、働きつづけるための条件獲得要求、保育所づくり、母性保護、男女同一賃金要求の一つ一つが急速にかすめとられてしまった今日、私たちは、そのいかれてしまった過程と内容について、職場と家庭の現場から問い直してゆく作業を開始しようではないか。

参考文献

『日本の下層社会』横山源之助著（岩波文庫）
『日本資本主義の成立』大内力、他（東大新書）
『賃金の話』永野順造著（東洋経済）
『賃金・価格・利潤』マルクス（岩波文庫）
『現代における婦人の地位と役割』神田道子著（光生館）
『女子労働の経済学』佐野陽子編（日本労働協会）
『婦人労働』大羽綾子・氏原正治郎編（亜紀書房）
『婦人労働』大河内一男・磯田進編（弘文堂）
『判例にみる婦人の能力評価と労働権』労働省婦人少年局編（労働法例協会）
『女子公務員像の転換』加藤富子著（学陽書房）
『前衛』一九七一年五月号、一九七二年一・二・三月号（日本共産党）

（この問題提起は去る七月二十二日、千駄谷区民会館でシンポジウムへ向けての討論の一環として行なったもので、そのときに皆から出された意見を加えて文章化しました。）

（『〝日本帝国主義の女性支配と女性解放闘争〟シンポジウムへ向けて　討議資料第一集』一九七二年八月二十二日）

◎主要論文9

〝戦後婦人解放〟とは何だったのか

〝戦後〟とは何か

戦後、多くの人たちが、生活はじょじょにではあるがやがてよくなってゆく、女の地位も〝社会的進出〟の拡大とともにやがて向上してゆくだろう、やがて働く者の利益をより代弁する政権もできるだろう、やがて世界も平和になってゆくだろうと漠然と信じていたのではないだろうか。なにせ、もうあの野蛮で前近代的な戦前とはちがうのだし、日本の、また世界の人民の力も強くなっているのだから、と。

戦後婦人運動は、〝今はもう戦前とはちがうのだ〟という感性の上に成長してきたともいえよう。殊に占領米軍五大改革の一つとしてあった〝婦人解放〟であり、この〝民主化〟政策に依拠した婦人運動であってみれば、〝戦前とちがう〟ことへの拡大解釈、過大評価は大きかった。戦後民主主義を戦後革命の敗北の結果としてみようが、大衆闘争の高揚の結果と見ようが、それは人民に対する支配形態であることにちがいはなかった。

戦後婦人解放とは何だったのか。その時期にまだ生まれていなかった者から、文字通り解放として感激をもって受けとった者まで、年令的・経験的にさまざまな層を含めながら、なお等しく、すでに四分の一世紀をこえようとする戦後婦人運動の出発点であった〝戦後婦人解放〟について問わないわけにはいかない。何故なら、それ（解放）を支配としてとらえきれなかったことの弱さ、誤ちを明らかにとらえ直すところに、婦人運動にとっての〝戦後〟がおわるからである。すなわち、それを克服したところに新しい運動の出発点が据えられる、そして又、そのことは現在いわれている女性解放の内容をきめるものでもあるからである。私たちが否応なしに引きつがねばならぬ戦後婦人運動の質を問うことなしに、今日、巷に叫ばれている女性解放、おんな解放に苦もなく移行することは、かつて自己の被害性のみに依拠して運動をつくってきた軌跡とあまりに似かよっては来ないか。殊にその点で功罪あい共に問われるべきは二十八年間の歴史をもつ婦人民主クラブの存在である。

戦後婦人解放についてどう考えるかは、当時、アメリカ占領軍（名目は連合国軍）を解放軍と規定した日本共産党の誤りを指摘して事たりることでもないし、米国の極東政策が間もなく急速に変貌していったことによって民主化政策も変更されていったのだとして済まされることではない。もっと現在的な意味、すなわち婦人問題でブルジョワジーと対決するものをついにつくり出しえなかった革新婦人運動の一つの原因が、戦後婦人解放の受けとめ方にあったのではないか、そして又、現在の女性解放運動が果してその二の舞をくり返さないかどうかの問題として主体的に問われることなのだ。

戦後史の終りを、佐藤栄作は沖縄の祖国復帰なくしてあり得ぬとウソ涙で語った。あるいは青年たちは日韓闘争、反戦青年委員会の誕生の時、また佐藤の南べトナム訪問阻止闘争（67・10・8）に境界線を引くかも知れない。あるいは日中国交回復をもってする人々もいるだろう。

戦後民主主義の時代は終った、あるいはそれは〝虚妄〟にすぎなかったというように婦人運動の一部であれ感じられていったのはいつ頃からだったろうか。それはたいへん受身で、従って鈍感に認識されていったように思う。一つには、それまでの既成革新運動を経験してきた者たちが、主に東京を中心としてのことではあるが六七～七〇年において、社共共闘の場と、べ平連・反戦青年委員会等の新左翼共闘の場の街頭行動の二様化の間にあって、いずれと共同行動をするかの選択の中で認識していった。婦人民主クラブのべ平連への参加、その後のクラブ内日共分子との訣別、日本婦人会議（社会党系）内における反戦青年委員会との共闘是非についての議論、それにひき続いて侵略＝差別と闘うアジア婦人会議開催提唱をめぐる一部脱退、いくつかの団体（日本婦人会議・婦人民主クラブ・日本女性同盟・草の実会）の母親大会実行委からの脱退あるいは不参加等。

私じしんをも含めて彼女たちは何を、、、もって、平和と民主主義、革新の潮流から、たとえ一時的にすぎぬ部分があったにせよ、あえて離れたのか。すでに三年余を経過した今日、後続の婦人活動家への継承財産としてもその問題は整理されるべきだし、いわゆる評論家の解釈にまかせるのでなく、婦人活動家じしんが行なうべき事柄であるだろう。

しかし青年・学生・市民運動の反戦ベトナムの新しい潮流に触発されて出てきた、民主的・革新的婦人団体の表面にあらわれた動きをつくり出した素地は実は50年代後半からの〝高度経済成長〟によってひきおこされた婦人労働者の増加、就労状態の変化をはじめとする婦人層全体の構成変化にあるといえよう。すなわち婦人労働者数の激増は同時に男女格差・無権利・使い捨ての増大であったという現実から、〝これからは女権運動の時代ではありません〟として受けとめた〝婦人解放〟の時代が終ったこと、否、むしろそう言ったた自らの運動理念が破産したことを悟らざるをえなかったことにあるといえよう。

〝戦前とはちがう〟という民主的・革新的婦人運動の思想性こそが女の犠牲の上に〝高度成長〟をおめおめと許す素地をつくってきたともいえるのに、そのこと——主体的に果した役割と責任——に対する認識は今日でも明らかにされようとしないまま、高度成長を通して分断・差別がますます強化される現状の下に、ここにきて若干の方針上の手直しによって事をすませようとする。（日共―一九七二年四月号「経済」、嶋津論文、田沼論文等）

また他方、青年・学生・市民の新左翼と街頭反戦行動を共にする中から、実は、〝戦後平和と民主主義〟にだまされるべくもない人々の存在が私たちに見えてきた。それらの人々の突出した典型的存在として沖縄が、北富士が、三池があり、更に三里塚が、在日ベトナム・朝鮮・中国人の闘いが、部落が、……等々という形で見えてきた。

〝戦後婦人運動〟は〝戦後婦人解放〟をどう受けとめたか

戦前の婦人解放運動の共通した基本的目的は制度的な男女平等の確立だったといえよう。そしてその内容は参政権の獲得、教育の機会均等、家族制度の廃止、公娼制度の廃止などにあったが、敗戦後占領軍による〝日本民主化のための五大改革〟の一つである婦人の解放によってほぼ達成された。

その婦人解放をいわゆる婦人運動者側はどうとらえたか。少し長くなるが引用しよう。

〝「私たちはただ一度しかない人生を、自分として納得できるしかたで充実させましょう。そのためにみんなの希望と知恵を組織して、着々と実現していく社会的力量を身につけましょう。」

創立の日に婦人民主クラブがその活動を規定し、宣言したように戦後の婦人運動はいわゆる女権運動をこえて人間解放をめざす社会運動になりました。……婦民の創立にはじまる戦後婦人のやみがたいこのような社会活動の参加が、日本国憲法によりとにもかくにも制度として保障された「男女同権」の実質を、内側から一人一人の意識に定着させながらつくりあげていこうとする、いわば婦人自身の解放運動でもあったといえましょう。〟（婦人民主クラブ一九六八年刊『航路二十年』より。傍点は引用者）

現在、これを読んで当然思うことは、戦時中、女たちも軍需生産や食糧増産という形で軍部内閣の号令の下に〝社会活動に参加〟した。そのことは制度的に女が一人前扱いされていなかった時代のこととして、女の主体性は問われずともよかったのだろうか、そして今度は平和憲法下て社会活動への参加は、女のやみがたい欲求であり、婦人自身の解放運動だ、といってしまえるのだろうか。――それらの事が何故、当時、疑問として出されなかったのか、ということである。

ちなみに、やはり占領軍民主化政策の推進者としてつくられた労働省婦人局が主催した婦人週間のスローガン（第一回＝一九四九年）は〝もっと高めましょう、私たちの力を、地位を、自覚を〟であり、翌年第二回も同様、第三回は〝社会のためにやくだつ婦人となりましょう〟第四回は〝よりよい社会をつくるために権利と義務をいかしましょう〟であったことを指摘しておきたい。ついでに言うなら第十九回＝一九六七年以降の婦人週間の目標は一貫して〝婦人の能力を生かす〟で、一九七〇年のスローガンは〝社会参加と家庭責任――婦人の能力を生かす――〟である。

占領軍の民主化政策の推進者として設置・育成された労働省婦人局と民主的婦人団体の間にある双生児性は、その生い立ちからいって当時やむを得ないものだったことは認識したとしても、しかし、二十数年を経て、労働省が日本帝国主義の労働力調達課、人事課そのものとして明らかに存在している今日に至る間、ついにそれに対決するだけの質をつくり出し得なかった我々の婦人運動とは一体何だったのか。

過ぎ去ってみて初めて認識できることなのかもしれないが、戦後婦人運動は戦後婦人解放のとらえ方を基本的に誤ったということはやはりいわねばなるまい。

思いつくままに整理してみるならば、
第一に、当時、達成されたところの制度（法律的）としての男女平等を、女が働くことそのものに対する不平等の解消と混同、あるいは拡大解釈した。

第二に、その後も現実的に存在しつづけた実質上の性差別を封建制の遺制および女じしんの社会的力量の問題であるとした。

第三に、従って闘いの目標は反封建、近代化、民主化におかれた。

第四に、従って女が働くための条件づくりの運動は、①と②から規定される内容をもつものであった。

のちの働くべき論、保育所づくり運動、母性保護運動、同一労働同一賃金等の改良闘争が反体制運動に発展してゆきえないで、それどころか体制側にその内容をかすめとられていった質の一端がここにはじまるといえないだろうか。男への同化運動ともいうべき婦人運動の内容は、戦後婦人解放のとらえ方にはじまっているともいえないだろうか。

いまや革新的〝同化〟婦人運動（男女平等の理念）は、体制内的〝同化〟婦人運動（女の能力開発、ウーマン・パワー）に急速に移行しつつあり、両者の境線はまことに分けがたい。例えば能力選別主義の急先鋒である影山裕子は日本有識婦人クラブの会長である。彼女のいう女性解放とは何か。要約すれば――私は女の職域拡大、管理職登用に尽力している、それを阻んでいるのは労基法の母性保護規定だ、母性保護は企業でやると採算が合わないし、服務編成上、面倒な事が多すぎるから国がやればよい。つまらない仕事や単純作業は極力自動化するか、そんな事しか出来ない人間にやらせておけばよい――という内容であるにすぎないのに、彼女は女性差別問題に事ある度に発言し、必らずマスコミにそれがのる。その度に、彼女は性差別は〝時代錯誤である〟といい、自らを女性解放論者であると位置づける。

しかし、労基法の母性保護規定の撤廃をめぐっては、その影山裕子と総評婦対部長の山本まき子は賛否真正面から対立するものの、総評は出産退職制ともいうべき育児休業制の強力な推進者である。労働省婦人局と共に。労働力不足がいわれながら一九六五年頃から急速に結婚退職や女子若年定年が民間企業で制度化されていったが、今や国家的規模で実施されようとしている出産退職制度＝育児休職制度（勤労婦人福祉法を見よ）を革新的婦人運動家も共に推進謳歌している。

女差別が社会的に表面化されるたびに、きまり文句のように〃時代錯誤も甚だしい〃といわれるが現実は明らかに帝国主義的に進行しているのである。分析、差別、固定化はますます強化されているのであり、女性差別もその例外ではない。我々は我々の戦後婦人運動を自らの力で克服してゆかねば、これまた体制協力の婦人運動として〃戦前〃にまい戻るのである。

〃戦後婦人解放〃はどうとらえられるべきだったか

いろいろな角度からの取りあげ方があろうかと思うがここでは、いくつかの思いつくまま述べてみたい。

戦後婦人解放をどうとらえられるべきだったかということは、当時、同時におこなわれた農地改革をどう見るかということと密接に関係しているように思う。農地改革を主要には従来の小作的地主制度（どのようにそれを規定づけるかはここでは問わない）からの〃解放〃としてとらえるのか、それとも、そのことを同時に、新たな農村支配の基盤の確立、戦争によって壊滅的打撃をこうむった瀕死の資本主義建て直しの基礎づくりとしてとらえるのか。

当時の農地改革は、①文字通り農地改革であり山林は含まれなかった　②配分の基本は、耕作権を所有権として確認する方法をとった　③土地は戸主に与えられた――従って従来の耕作面積の多寡によって新たな貧富形成の基盤がつくられたこと、一方で民法を改正し家父長的家族制度を解体しつつも、農村にわける〝家〟の経済的基盤を保持した、と見ることができるだろう。

なお不勉強な私に代って菅沼正久氏から引用することを許していただきたい。――〝階級論として言えば、中間にあるボウ大な中農層を地主階級・富農層の側にひきつけて、貧農と中農が団結していく路線を断ち切るという方向がとられた。しかし、農地改革を闘うときには、貧農・中農、後には富農となりうるような小作上層階級が農民組合運動に入っていた。貧農から中農を分離して、在村地主、あるいは富農の側にひきつけていくということが成功したために、農地改革の進行につれて農民組合が急速に衰退過程に入ったと思います。〟（一九七一・十二・二八、研究会における菅沼氏の報告より）

米占領軍によって次々と打出される民主化政策は、たしかに当時の日本の支配者階級の肝をひやし、多くの女たちからはまばゆい思いで受けとられたことは事実であろう。しかし他面、女にとって〝民主化〟と〝解放〟は、敗戦による断絶から突如として始まったものでないことも事実である。戦時体制という形であれ、あらゆる職場に女は進出していた。国鉄十万の婦人労働者をはじめ金属、機械工業部門、バス運転手、航空整備員にまで至った。〝婦人解放〟によって女は参政権を獲得、政党加入の自由を得、39名の女代議士が誕生した（46年4月）。労働省の初代婦人少年局長として山川菊栄氏が任命され、若干の女の役人が誕生した（47年9月）。民法改正（47年12月公布）によって家督相続が廃止され、新憲法による男女人格の平等と共に財産分与上の平等、結婚・離婚の自由も保障された、等。

農地改革が当時の食糧危機を政治危機・暴動へ転化せしめないための歯止め的役割りを持っていたとする

なら、婦人解放は、元植民地・戦地から引揚げてくる男たちに女が職場を明け渡すことと同時並行的におこなわれていったといえる。

一九四四年二月、農民以外の女子有業者数五二五万人（総数一二二七万人で、その比率は一〇〇対二三三）、一九四五年十二月、女子有業者数二三一万人（総数七九五万人、その比率は一〇〇対三四四）である。一九四五年十月、政府は婦人労働者整理案を出しているが、それによると第一次一八一万人、第二次一二六万人である。一九四六年七月国鉄は婦人・年少労働者を対象に七万五千人の馘首通告を出している。

婦人参政権の行使や婦人少年局の設置等では、職場を確保することも、実質的平等を得ることもできなかったが、女たちは各所で労組婦人部を結成して闘った。そういう闘いの一環として教組婦人部は母性保護を含む労働協約を（47年3月）、男女同一賃金を（48年1月）獲得していった。

インフレの昂進、経済の悪化を背景にますますもえひろがる婦人労働者の闘いに対し、一九四八年一月、GHQ労働課のスタンダー女史は、婦人部の機能は婦人労働者に対する特殊サーヴィスである〟というステートメントを発表し、労働省はそれに基づいて通達を流した。

サーヴィスの内容としては、組合参加のための婦人教育、婦人の労働条件の改善、職場外の問題におけるサーヴィス、リクリエーションであるとし、〝婦人部は自主体であるべきではなく、組合全体のワク内で運営されるべきである。婦人が自主的な別個の投票をもたねば、婦人の要求を知らせることができないとの議論が今まであった。幹部および組合問題に関する別個の投票は、男女分離という封建的慣行を永続化し、かつ組合内の統一という基本原理を破壊する傾向がある。〝自主が誤って平等と同義にされている。〟というものである。

スタンダー女史が提案する婦人部の機能＝サーヴィスの内容はまさに今日の矮小化された労組婦人部活動の中にそのまま見られるものである。彼女の声明はますます露骨になってきたGHQの抑圧政策の一つとしてあったものではあるが、その内容から推しはかるに、当時の労組婦人部の中にこそ〝戦後婦人解放〟の本質をいちはやく見抜き、〝民主化〟とするどく対決する芽がそこには存在していたのではないか。

しかし今日に至るもなお、〝民主化〟や〝婦人解放〟についてのとらえ方がきわめて不明瞭なままであるように思える。それ故に次のようなことがまことにサラッと語られるのではないだろうか。

〝田辺信一――生活を再建する三年位までは、あらゆる婦人団体が反封建ということで……共闘できた。そういう点では統一目標があった。

もろさわようこ――反封建ということでは婦人運動の流れの中では、一貫してこれは全部統一できます。たとえば家族制度復活反対、売防法等の反封建の女たちの統一戦線は組めるわけ。ところが平和の確立という反戦の方法論において分裂が見られるのです。〟（〝戦後婦人問題史〟）

当時、もっとも激烈だった婦人労働者の闘い、そして自立した婦人部をもりあげた闘いをもまた〝反封建〟という同じ枠で見られるのだろうか。そして又、当時の婦人運動の流れを〝反封建運動〟と〝平和運動〟として大枠、位置づけられてしまえるのだろうか。時の指導者がそのような誤りをおかしたとしても今日かえりみる場合は当然ちがってこなければならない。

菅沼氏が〝農地改革の進行につれて農民組合が急速に衰退過程に入った〟と指摘しているが、婦人運動においては〝婦人解放〟＝反封建＝民主化＝近代化の進行が、一方では婦人組織をはなばなしく一斉に開花せしめながらも、他方では婦人労働運動、実質的平等の獲得、実質的力関係の優位性で後退をまねいていったということはないだろうか。そのことについて結論を出すには当時の婦人労働運動を現実に即して調べねばならないが。

最後に、〝反封建において一致しえても「平和の確立」について、その方法論であざやかな相違をみせた〟(同上)という、その平和運動の質について問わねばなるまい。〝戦後婦人解放〟に対するとらえ方は、逆に〝平和〟のとらえ方に規定されているともいえるからである。

〝このような戦争の痛手からえた教訓こそ、戦後に生まれた婦人民主クラブの運動に本質的性格を与えたものでした。婦人たちが、その能力を引き出して建設的に、幸福に生きようとするためには、まず平和こそ大前提であること、戦争こそ不幸の極限であり、破壊以外の何ものでもないことを、それを生き抜いた生身の体験として婦人たちは知りました。〟

(『航路二十年』より)

この平和、戦争のとらえ方はそのまま一九五五年にはじまる母親大会の基本理念——〝生命を生みだす母親は、生命を育て、生命を守ることをのぞみます〟へ継承され、更に原水爆こそ悪てあるという考え方とも共通し、日本の平和運動の主流を形成してゆく。

平和こそ善、戦争こそ不幸、女・母は平和を愛する、という無前提的な、あまりにも没主体的なこの考え方が今日許されるべきものでないことは、すでに一九六七年以降の新たな反戦闘争の潮流によって証明された。しかし婦人運動の中でそのことを実証してゆくのは今後のことであり、〝過去〟のことだから認識できることであっても、そのことを現在の実践の中で生かしていかれるかどうかは別問題である。

戦後＝四分の一世紀をかえりみて、ことにそこでおかされた平和運動上での誤りをみる時、その根源が、まさに日本近代百年の歴史とそこに生きつづけてきた私たちじしんの精神構造に発するものであることを感じる。そのことへの言及なしに戦後婦人運動における平和問題については語れないように思うので、ここでやめる。

一九七三・四・十四

《後記》

婦人解放という時、近代日本の歴史の中で、まず青踏運動におけるもの、第二に戦後婦人解放、第三に昨今の女性解放を想いうかべます。それらは一見、断絶してみえながら相互に密接に規定しあっています。現在を生きる私たちにとってあるべき女性解放を問う時、どうしても戦後婦人解放に思いを至さないわけにはまいりませんので、私自身、六十年代以降のことについては少々、体験的にも見聞しておりますが、それ以前のことは紙の上での知識で大層、観念的で荒っぽい見方をすることになったと思います。当時を生き、且つ運動に参加された先輩の方々に片腹痛いと思われることを覚悟して、現在的必要からあえて文章化いたしました。

(『社会学会誌』一九七三年九月刊、明治学院大学社会学会発行)

◎主要論文10

性の収奪

女の性から見た優生保護法

1

●優生保護法と堕胎の自由

優生保護法とは、不妊手術と堕胎手術の許可条件の定めである。

この法律では、「優生手術」＝生殖腺を除去することなしに生殖を不能にする手術、「人工妊娠中絶」＝胎児が母体外において生命を継続することのできない時期に、人工的に胎児およびその附属物を母体外に排出することをいう――と名づけている。

これまで子供が欲しくない、あるいは欲しいが育てられないという理由にもとづく堕胎は、すべて「妊娠の継続又は分べんが身体的又は経済的理由により母体の健康を著しく害するおそれのあるもの（第一四条四項）」の項目にかぶせて施術してきた。

今度の改悪案ではこの項目を削除し、その代り「母体の精神又は身体の健康を著しく害するおそれ」と改めるという。したがって拡大解釈は可能であり、実施上、現行法とほとんど差異のないザル法といわれているが、明らかに中絶禁止の方向であることは間違いない。

「経済的理由により（……）」の項は収入証明書でも添付し審査しないかぎり意味はないし、そのこと自身、「医師の認定による人口妊娠中絶」という条文を尻ぬけにし、本人の希望次第で堕胎をおこなうことができてきていた。

今、優生保護法改悪の動きに直面して、中絶禁止法が実は厳然と存在していたこと、そして〝中絶の自由〟

〝堕胎の権利〟もまた、平和憲法の存在と同様の類いであることを痛感してきた。そして改めて私たちは、〝なぜ施術者である医師の資格についての適否条件以外に、その手術を受けるのに許可条件を設けなければならないのか〟と問う。〝なぜ、医学的、優生学的、倫理的(強姦等による妊娠)、経済的理由以外の理由、たとえば子供が欲しくないということでは禁ずるのか〟と。つまり産む産まないは我々が決めるのだという、堕胎の完全自由の要求が声をあげたのだ。

しかし、にもかかわらず今一つ、堕胎自由を要求しつつどうしても割りきれないのは、いかに堕胎が自由となり、本人の希望次第となろうが、〝女の希望〟という形で実は産み育てられない社会状況の外的強制力がそこに働いているではないかということ、そしてまた、胎児抹殺といううしろめたさ、性快楽のおつりはこれだよとばかりに感じさせられる屈辱感などに打ちひしがれている女の脇に、痛痒を感じないで立っている男どもの存在をどうしてくれようか、どっちに転んだって痛いめに会うのは結局、女ではないか、という想いである。

そこをどう突破するかが、この間の阻止闘争の中で摸索してきた核心だったといえるだろう。

しかも条件つきであれ中絶の自由を認めたこの法律はそもそも敗戦後の食糧難、経済難のもとでのベビーブーム対策として誕生した。一九五三年の人口問題審議会答申でもなお「この傾向が持続されれば十数年後には働く能力を有しながら職をもてない人口が五六〇万も出るだろう」と報告しているのに、それから十数年後の一九六九年の、即ち今度の改悪案の一つの根拠となっている中間答申では、「昭和四十五(一九七〇)年以降、『労働力不足』はますますきびしいものとなってくるであろう。いま仮りに出生率が上昇したとしても、これらの出生児は今後少なくとも十五年間に労働力人口とはなりえない」と語っているのである。そして一層、女を侮辱するかのように国会で政府自民党間で、中絶は諸悪の根源、母性の喪失として議論されているのである。

堕胎がかたく禁止されてきた欧米諸国の女たちと異って、ともかく「中絶の自由」を経験してきた私たちの状況から、優生保護法改悪阻止闘争の中で、この二つの側面——堕胎の完全自由を求める要求と、「中絶の自由」が持っていた現実の内容への怒り——は、互いにぶつかりあい、矛盾しあう要因として、むし返し形をかえて議論された内容でもあった。

そのような状況をふまえた私たちであれば、今後どのような運動をつくっていくのか、その点で深化すべきであるだろう。

●性否定と優生思想

改悪阻止闘争の初期に、今回の改悪案のだされてきた背景について二つの意見の対立があった。一つは労働力・人口対策であるとする見方と、今一つには家族主義イデオロギーの強化のためであるとする見方である。

日本帝国主義と闘う女性解放闘争シンポジウム、優生保護法分科会における二つの基調より——

①「改悪の第一の目的は若年労働力不足の解決をブルジョアジーは労働過程での帝国主義的再編の一環としての長期的労働力・人口対策としてあると思います。」

②「今回の改悪の狙いは（……）ブルジョア的な支配秩序が乱れている現状をなんとか食いとめようとするものである。」

のちに「障害者」の優生保護法改悪阻止闘争との交流を通して優生イデオロギー問題が解明化されてきたが、当初は「胎児チェック」の問題をどう見るべきか、という内容で討論されていった。

背景問題について解答が得られたわけではないが、

現時点では、歪小化した言い方をあえてするなら〃堕胎の権利〃か、障害者抹殺かということで論議が対立している。即ち、一方の側が現在、堕胎は悪であるとする攻撃がかけられているのだから〃堕胎は女の権利である〃ことを高くスローガンとしてかかげるべきだというのに対し、他方の側は、堕胎を女の権利と主張することによって実は、改悪案のねらいである「障害」胎児抹殺を女の手でおこなうことになると主張する。

　この二つの異った論争に共通なことは攻撃の質、あるいは私たちが主張すべき主要なことは性問題なのか、生殖＝出生問題なのか、どちらなのかということだと思う。

　しかし改悪案は、中絶制限の方向と緩和の方向＝優生思想の強化が同時に出されてきているのである。堕胎の権利主張が障害者抹殺につながるのではなく、むしろ優生思想の強化は、純潔教育、新婚学級教育等々の禁欲的、性否定的な、そして堕胎を悪であるとする教育と共に浸透してゆくのである。女の性そのものを肯定し、女の性の燃焼を可とする思想と堕胎の禁止、堕胎の強制、優生思想は本来相いれないものなのだ。

　優生保護法は、堕胎は悪であるとする思想と優生思想の二要素から成り立っている。即ち妊娠・出産の強制＝不妊・堕胎の禁止と、妊娠・出産の禁止＝不妊・堕胎の強制を二本柱としており、今回の改訂案はあきらかに両思想を強化しようとするものであり、私たちの反対は、その両面に対する反対――生殖をテコにして性の国家管理を強化しようとすること、また生殖を国家管理するがために性の規制を強化しようとすることへの闘いである。ナチスはユダヤ人の出生を禁止するがために、ユダヤ人の結婚・私通をも禁止した（国民血統保護法、一九三五年）。

●母子保健法と優生保護法

　なぜ不妊手術、中絶手術を禁止するのか、と私たちは質問する。

私たちから言わせれば不妊手術あるいは中絶手術がチェックされねばならない理由は、後日子供が産みたくなった時、それがかなえられぬようなことがないように、あるいはまたその施術によって健康が損なわれたり、性感が阻害されることのないように配慮される以外にあり得ない。

しかし支配者の立場はちがう。女は不妊であってはならない、妊娠したものは産むのが当然である、産まれてくるものは「不良」であってはならない、という前提で始まる。

したがって、優生保護法の目的は「優生上の見地から不良な子孫の出生を防止するとともに母性の生命健康を保護する（第一条）」ことにあるとうたわれ、そのためにのみ不妊・堕胎は認められるとする。「出生」との関連づけなしの女の性は忌むべきことではあっても、保護法、保健法、衛生法、福祉法としての法の対象とはなりえず、刑法と道徳の対象でしかない。

そういう意味から母子保健法は優生保護法の姉妹法ともいうべきだろう。

母子保健法における女の性は「母性」であり、「母性の尊重」がうたわれている。即ち「すべての児童がすこやかに生まれ、かつ育てられる基盤であることにかんがみ、尊重され、かつ保護されなければならない（第二条）」と。同法は一九五五年に公布されたが、それは従来、児童福祉施策の一部としてあった母子保健施策では、「健全な児童の出生および育成の基盤となるべき母性の保健について」不備であるということから制定された。

ここには出生＝母子衛生から性衛生はあり得ない。従って「受胎調節」は、「家族構成の適正をはかるための基礎的技術であり」「この技術をもとにして健康な子供を産みそだて、母体とその人間性をまもり、健全にして豊かな家庭をつくろうとする近代的な人間意識である」とする（母子保健対策部会中間報告、一九五四年、中央児童福祉審議会）。

厚生省の指導する新婚学級テキスト（指導用教材）には「結婚の本質」について次のように記されている。「男女間の愛情は結婚という社会的規制により社会から保護される」「家庭の共有者としてのよき仲間となること」――かくして「男女の差異を相互に理解し、夫婦の性愛を満すための努力が必要である」と。

●避妊や堕胎をするもう一つの理由

全くあたり前なことだが避妊や堕胎をする理由は大きくわけて二つの部分がある。一つは産みたいが産みがたい、育てがたい状況だからという理由。二つめは産みたくない（そう思う根拠は問わないとして）から避妊堕胎をする。

前者にとっては避妊・堕胎は社会的に強制されたものであり、産みがたい、育てがたい社会状況が直接的に問題である。後者にとっては堕胎・避妊は己れの主張として行使しているのだから、仮りに〝安心して産める社会〟であっても堕胎が禁止されるなら困るし、前者にとっては、状況がかわらぬまま堕胎が自由であっても満足するはずはない。

しかし今回の改悪案の「経済的理由（……）」の項目の撤廃をめぐっては、前者はその項目を削除できるような社会状況ではないではないかといい、後者はこの項目の削除は明らかに堕胎に制限を加えるものであるということで結果として一致していた。総評婦対部等の改悪反対の根拠は主要に前者の立場であったと見ることができよう。

私たちはもう一歩すすめて、女は産むためにのみ性活動をしているのではないのだ、あるいは換言するなら、受胎の感覚、出産行為まで含めて女の性的欲望は存在しているのだと、主張することが必要である。

堕胎は悪である、妊娠したら産め、女である以上は産みたいと思うのが当然だ――とすることによって、支配階級は女の性を生殖に従属させ、性を生殖の手段として支配し、両者を敵対せしめる。

　彼らと私たちの間では、性と生殖についての見解が真向から対立する。性そのものを楽しむために避妊は必要だし、避妊法が完全でない現在では堕胎も必要である。それなら避妊の失敗は具体的にどういう状況で多く起りうるか。殊に若いカップルの場合、性行為を行なう環境も悪いし――産み育てる環境の悪さ以前に性行為を楽しむための環境も悪いし、性行為が「拙劣」で、そのうえ性感をそこねるような避妊法であるため失敗する。避妊の失敗といっても事実は避妊を放棄してしまっているといった方が正しいかも知れない。その場合、男の手前勝手さは無視できないだろう。性感をそこねない避妊法でなければ、どんな方法でも「完全な」とはいい難い。

　体制側は、産む機能から独立した女の性活動はあり得ぬかのような虚偽のデッチあげをし、安易な堕胎→生命軽視→性道徳の乱れ→母性喪失だ、といってわめきたて、道徳意識の昂揚と法律による規制をうち出してくる。私たちは、まずそのことに断固、反撃しなければならない。

2

●性と生殖

　現在社会では私たちの労働（行為）の生産物が私たちを支配している。私たち自身のつくり出した物はすべて商品として、資本として私たちを圧迫する。労働の結果（生産物）が収奪され、私たちに敵対することは、すでに労働そのものが収奪されていること、奴隷的労働としてあることを意味している。マルクスのいう通り。

　社会変革とは、この逆立ちした関係を正常な関係――生産物が、つくり出した者全員の欲求に奉仕する

——に戻し、同時に私たち自身の商品性に規定された歪曲された欲望を本来の欲望に直すこと、労働そのものを取りもどすことである。

女の性は生殖に、女の生は子の生育に、敵対させられている。

一つには、受胎という自然性を「克服」しえていないが故に、産む性である女は常に妊娠・出産に拘束されてきたことは事実である。

しかし、それだけの問題なら完全な避妊方法の実現ですべてが解決されるが、より本質的なことは生殖が女の性に対して疎外物として存在していること、女の性そのものが収奪されてきたところにこそある。支配者たちが、あるいは男たちが、女を差別・抑圧するからくりは実は、彼らが女の性そのものを支配しているからである。

それなら、女の性はいかに支配されているのか。

●男の性と女の性——自立と従属

歴史的に女の性は抑圧、支配されてきた。女に性欲はないとさえいわれ、子産み道具とされてきた。性欲をもつ女は淫蕩女として妻、母としては不適格とされ、かたや男の精力絶倫は社会的有能ささえ象徴し、妾をもつのは男の甲斐性と羨望の的でさえある。

より正確にいうなら、男の性的欲望はそれ自身「自立」したものとして社会的に公認されているのに、女の性は「従属物」「附属物」として存在してきた。男は男なるがゆえに己れの性的欲望の対象を求めることができるが、女の性は男の性の対象物となった時はじめて顕在化し、性的欲望をもつ存在として認識されるのである。

その代り、男は「自立」の代償として性感の多様性、全身性（全人格性）を喪失した。その性的感覚、性的欲望を性器にのみ集中し、ただその性器で己れの性的欲望を誇示している。その最も歪小化された表現として〝何センチある〟などということが性的能力のバロメーターであるような愚劣なことがまかり通り、己れの意識さえそれに支配されている男が多々存在する。性的能力とは、人と人とのもっとも直接的な関係性を創り出す能力、人間として誰もが持っているはずの能力であるのに。

男たちは女を従属させることによって、女以上にはかり知れぬ何物かを失い、今や失ったものが何であるかを想い起すことさえできなくなっている。

それなら女の性の「従属」とは何を意味するのか。現象的には男への従属であるが、その内容は、性（性的活動、性的存在）の生殖への従属、つまり生殖の手段となってしまった性的存在である。あるいは又、女の性的欲望・性的存在を生殖的欲望＝子を産み育てたい＝母性本能であると限定されてきたことである。その規範から外れるものは、〝バイタ〟である。同様の意味で同性愛や倒錯も排斥の対象となる。

性を生殖の道具に堕落させるためには、まず性を、一方の性＝男が占有する関係（他方の性＝女は性を失う）にしなければそうはならない。両性が自立をしていたらそうはならない。生殖から見れば単に媒体＝生殖手段にすぎぬところの男の性がなぜ生命を産み出す女の性を支配することができるのか。

それは男と女の個別的性関係は、それ自体、社会的経済的関係に規定されているからである。

●生殖の道具となった性

現在社会では本来、人間のもっとも人間的欲望、人間的活動であるはずの性と労働がいやしめられ、嫌悪されている。「労働は欲望の充足ではなく、労働の外にある欲望を充足するための一つの手段」（マルクス）となってしまっている為、労働は「強制労働」「奴隷労働」である。労働の喜びが語られる場合も実際は、報酬への期待、労働の成果への評価等、労働にとって外的要因に存在する（マルクーゼ）。

女の性的活動もまた本来の性的欲望の充足ではなく、妻の場合には生殖することの一つの手段となり、娼婦においては男が排泄するための手段となる。いずれにしても女の側からは生の手段としての性であり、女の性の最も根源的な分業として妻と娼婦の分業がある。しかし、強制され、外在化された欲望に支配された性活動は女だけのものではない。例えば現実からの逃避、不安の解消としての性行為。極端な例として死刑囚のオナニー。

労働者にとって労働から「解放」されている時が、本当の自分に戻ったかのような逆立ちした関係が現実であるように、性は、もっとも本能的、動物的なものとされ、それが清められるのは〝子を産むこと〟＝〝母性〟に求められる。カソリック教徒の場合、生殖行為として以外の性行為は認められない。

人間の性が動物の性と異ることは、人倫（近親相姦の否定等）だとか母性愛だとか性交抑止の意志などにあるのではない。動物の場合、性行為＝生殖であるが、それに対して人間の性はそれ自身として欲望である、つまり快楽的であるから異るのだ（栗田勇「性的人間」参照）。子を産んだり、子に乳を与えることは動物もする。しかし現実社会での判断は〝本能のおもむくままセックスに走る〟とか〝母性喪失――これでも人間か、犬畜生にも劣る〟という表現に示されるように全く逆立ちするのである。

「性の暴走」は、もっとも人間的快楽的性を抑圧された結果として起るのである。あるいはまた失なわれた本来の労働、失なわれた本来の性への見はてぬ夢を、今の機構の中で求めようとする。奴隷労働でないところの自発的労働、プレイ化された労働。合目的化されない、手段化されない性としてプレイ化された性、悪女への憧憬。

●一夫一婦制度――生の手段となった性

生殖の道具となった性（女の男への従属）の完成された組織形態は一夫一婦結婚制度である。生産の道具になり下った労働（搾取労働）の完成された組織形態が資本制賃労働であるように。

人間は二つの生活動（生命力の発露）において人間相互の関係をもち、他の人間をつくりかえ、また、自分をかえてゆく。一つは労働による自然を媒介とする間接的関係として、今一つは性による肉体という自然を媒介とする直接的関係として。ところが一方の性が手段化され、従属化され、性が性器的性におとしこめられ、個別家族にとじこめられてしまった現在、性による人間関係もまた、そのようなものとして再生産される。

〝神聖なるもの〟〝祝福すべきもの〟である結婚こそ実は、いやしめられた性の存在様式であり、もっとも性器的性関係、限定された器官に従属した「動物的」欲望、ワイセツな（岡田秀子「反結婚論」）関係である。手段としての性、打算的、巧利的性が、それにふさわしい男女をつくり出す。本来、社会的なものである生殖＝生育が個人的欲望の手段となることによって、排他的・利己的な〝わが子〟がつくり出される。

性を生殖の手段におとしこめることは、最終的には性を「生」の手段にさせることによって完結する。女の性を生殖的性、個別家族に閉じ込めておくためには、女がそのようにしてしか生きていかれない状態にしておくことが必要である。現実にそうであるように、一つには女は一人で独立の生計をいとなめない、即ち生の一方の活動である労働から排除しておく、あるいは労働では生きてゆかれないようにしておく。二つめには、ましてや子供を養ってゆかれないにもかかわらず子供は女が育てるべきこと（母性の強調）にしておく必要がある。こうして女の性の収奪を永遠ならしめる。

女の性にとって社会変革とは何か。矮小化され、閉塞された性を解き放つことだろう。私たちは未来像としての解放された性については、きわめて観念的に語る以上のことは何もできないし、語る必要もない。〃女性解放は社会変革なくしてあり得ぬ〃といわれるがむしろ社会変革——経済機構の変革や政治権力の奪取がどれだけの女の性の解放に近づき得るか、の問題である（ライヒ）。男女の社会的平等や育児の社会化さえ性の解放にとっては〃外的条件〃にすぎないが、その外的条件の質が私たちの性的存在を決めてゆく。

3

●改悪案推進派と改悪案反対派

この間、優生保護法改悪案を推進しようとしている関係者たちの見解は一九六九年の人口問題審議会中間答申、成長の家の主張、国会の参議院予算委員会における質疑応答（質問者＝玉置和郎、鹿島俊雄、白井勇、答弁＝佐藤栄作、坂田文相、野原労相、斉藤昇厚相等）のなかに主要な傾向が示されている。

即ち、堕胎は悪であり、正命軽視の風潮を生み、これを「野放し」にすることで性道徳が乱れる、よって堕胎を取締り、純潔教育や道徳教育を強化しなければならない。また、若年労働力不足は深刻な問題であり、人口の減少は国力の低下につながる、よって家族計画などは好ましくないし、妊娠したら産むのが当然であるという主張。

特徴的にいえば、性＝生殖問題というとらえ方であり、禁欲主義的である。法改悪のねらいとしては、①労働力不足、人口増対策、②性道徳強化を内容としているといえる。

国会の答弁より——

野原労働大臣——御指摘のとおり、最近の日本の人口増殖の傾向は非常に心配な状態でございます。何としましても日本経済が大きく成長し発展するためには、やはりそれに見合うだけの働く人たちの力がなければできないわけでございますから、まあ当分の間はある程度むだづかいをやめたり、新しい労働力としての開発をしたり訓練もしたりということで済ましていくことはできると思いますけれど（……）出世率が非常に低いという問題の中には、優生保護法によって、俗に堕胎が非常に自由にされているというような点があるようでございます。（……）（一九七〇・四・二、参議院予算委員会）

佐藤栄作首相――セックスの問題、それの乱れがあらゆる方面に悪影響を及ぼしている（……）かように思いますので、性道徳を守るという、そこに基幹が一つあるだろう、これはとりもなおさず生命を大事にするという（……）人間尊重、その理念からこれは当然守られなければならないのではないか。かように私は思っております。（……）（一九七〇・三・二三、参議院予算委員会）

佐藤栄作首相――最近の乱れ、セックスの問題、ことに生命尊重（……）そういうところにも堕落があり、やはり社会秩序の破壊もあり、いろいろな犯罪にもつながると、指摘ができるのではないか（……）優生保護、まあそういうほうからこの問題に取り組む、そういう方もあります。（……）社会秩序の乱れ、そこらにやはり関連があるんではないかと、さように考えるがゆえに、やはり胎教ということを大事に考える。まあ、そういうことを考えると、いわゆる家族計画なぞはあまり功利的に考えるべきものじゃないと実は思っております。（……）（一九七二・四・四、参議院予算委員会）

これに対して今回の改悪案に反対を唱えているグループが存在する。それは反対声明をいち早く出すなどの動きを見せている国立遺伝学研究所（松永英人類遺伝部長）や日本家族計画協会、同連盟（協会理事長は国井長一郎。国井氏は家族計画国際協力財団常任理事でもある）、あるいは国立公衆衛生院（村松稔衛生人口学部長）等のいわば学者グループ、家族計画運動家グループの人々である。

今年五月にひらかれた日本人口学会のシンポジウムで日本の人口は静止人口状態（人口増加率ゼロの状態）を維持すべきであるなど問題提起がなされた。あるいは六月に東京で開かれた国際家族計画連盟西太平洋地域（西太平洋地域事務局長＝片桐為精）の国際会議に、人口増加ゼロ運動のエーリック教授（米）が来日したのを機会に人口問題協議会メンバーとの討論、講演あるいは朝日新聞に三〇回にわたって「地球は満員――人口と資源」の特集が載るなど、それらはこの改悪案反対グループの猛烈なまき返しの動きと見られるし、今日まで改悪反対勢力が広汎な社会的力になったことの大きな側面であったことは否定できない。

国井氏は次のように主張している。「受胎調節という技術はいまの社会生活をおくる夫婦にとって全くさけることのできない生活技術となっている。現代の社会の本質が家庭にその実行を強要しているともいえる、あるいは家族計画をおこなわないでは家庭が破綻するのである」と。そして、労働力不足、国力衰弱、道徳崩壊、婦人健康破壊など家族計画にまつわるすべての迷信を科学的に打ち破れと主張する（一九七〇年）。いわば、この家族計画派は最近では静止人口派として、より徹底した主張をしていると見てよい。

種々の点で両グループの見解は対置される。例えば、前者が性を生殖問題、道徳問題と見るのに対し、後者は性を家族問題、家族計画問題ととらえる。また前者が人口を労働力、生産力、国力として見るのに対し、後者は人口問題を資源問題あるいは自然環境、公害問題としてとらえる。

優生保護法改悪について、優生問題を除く諸点において――というのは、両グループとも優生問題では現在のところ相違していない――前者をタカ派強硬派とするなら後者を体制内ハト派と名づけることができよう。

●アジア政策としての優生保護法問題

このところ欧米諸国で次々と堕胎の禁止を緩和する方向が出てきている。それらを勝ちとった欧米の女たちの闘いを私たちは知り、かつ連帯してゆくことは勿論大切なことではあるが、ニクソンが任命した「人口増加とアメリカの将来委員会」の報告書（一九七二年三月）においても、人口増加率ゼロの静止人口が望ましいと勧告している事実も知っておかねばなるまい。

アジア諸国ではすでに多くの国の政府が、いかにしたら人口増を抑止し得るか、その対策に懸命だという。

シンガポールの例――国立病院でお産をすると第一子は十ドル、第二子二〇ドル、第三子五〇ドル、第四子以上は百ドルもとられて、有給休暇なし。お産後、不妊手術をすれば出産費が戻ってくる。夫が手術を受けても同じ。その上、公営アパートにはいろうとすると小家族優先だ（朝日新聞「地球は満員」特集より）。

今後、日本帝国主義が「開発途上国」へ経済侵略してゆく上で相手国の人口問題は重要なファクターになるだろう。いまや相手国の人口過剰を安い労働力源としてのみ見ることはできなくなりつつある。即ち「開発途上国」の人口激増が、経済開発、資本形成、剰余価値の創出の阻害要因になりつつあることに、その国の民族資本は勿論、日本帝国主義の資本も気づかざるを得なくなっているのではないか。だから経済援助、技術協力の名の下におこなわれる経済侵略の一環としてそれら諸国の人口対策にまで日本帝国主義は介入しはじめる。

このような状況の下で、優生保護法問題に関するハト派が日本帝国主義の経済侵略の先兵になってゆく可能性は大である。

日本政府がアメリカの肩代りとして家族計画事業の協力のため、国井氏が海外技術協力事業団の依頼でフィリピンへいった時のことが新聞にも報道されていた（朝日一九七三・五・二四）。それによると、日本側の援助額があまりに少く、しかも相手側がもっとも欲しいコンドーム等を断って、教育用備品や自動車（啓蒙活動に使う？）を示した為、フィリピン側責任者は夕食会にも顔を出さず、サインも帰国ぎりぎりの間際にもらってきたという。経済侵略の露払いとしての家族計画協力であるが、それにしてもそのやり方があまりに目先の利害を追うためにきわめて評判が悪い。

日本の独占資本は、国内的には今回の改悪案のように絶えず〝産めよ、ふやせよ〟への内的欲求に駆られながら、「開発途上国」に対しては利潤追求のために経済開発と人口問題のバランスを念頭に、タカ派とハト派を使いわけながら対応してゆくだろう。

先に優生保護法改悪を堕胎の禁止と堕胎の強制の二側面からとらえることの意味を強調したが、対外的には、改悪案推進派のみが帝国主義的なのではなく改悪案反対派もまた（本人たちの意志と関係なしに）（註）日本帝国主義のアジア政策の一環として組みこまれていることに注目すべきである。

（註）日本家族計画協会発行「家族計画」一九七三・六・一号より――「とくにアジア諸国では、日本にならって、自国の優生保護法をつくろうという動きがある。すでにインドやシンガポール、韓国のように人工妊娠中絶の評価にふみ切った国もあることはご承知のとおりである。（……）私（国井氏）の怖れているのは、もし改正して中絶手術の適応条項が縮小された――つまり「制限」されたということになると、結局は開発途上国のこのような真摯な動きに水をかけることになるということだ。（……）あげくの果てに日本の人口膨脹政策が始まったことを印象づけ、日本警戒を一層つよくする。」

それなら私たちは？

アジアの女たちとの共闘は？

（一九七三・八・二〇）

（『女・エロス』1号、一九七三年一一月刊）

◎主要論文11

体制内・二つの潮流

今回の優生保護法改悪案をめぐって体制内側に二つの流れ――改悪案推進派と反対派がある。

推進派の見解は「成長の家」の主張を思想的象徴とし国会の八百長質疑応答に見られる。即ち佐藤栄作前首相の〃最近の諸悪の根源の一つとして〃妊娠中絶があり〃悪を除くという意味で取りくむ筋のもの〃という答弁である。

女の性は生殖の為にある、性＝生殖問題という、たいへん禁欲主義的な思想であり、そこから堕胎は悪であり生命軽視の風潮を生み、これを野放しにすることで性道徳が乱れる、従って中絶を取締り、純潔教育・道徳教育を強化せよ、となる。

他方、改悪案に反対する側の主張が存在する。それはいち早く反対声明を出した日本家族計画連盟（会長＝古屋芳雄）や国立遺伝学研究所の松永英人類遺伝部長、あるいは日本家族計画協会理事長の国井長次郎、国立公衆衛生院衛生人口学部長の村松稔等に代表される家族計画運動家や学者のグループである。仮りに家族計画派と名づけるならこれらの人々は、今日では国際的風潮と共に人口静止の必要を強力に主張し始めている。

それらの表立った動きとしては、今年五月にひらかれた第二五回日本人口学会での今後の日本の人口問題は静止の道しかないという問題提起。あるいは六月に東京で開かれた国際家族計画連盟西太平洋地域の国際会議を通して、やはり人口静止のキャンペーンがされている。

推進派と反対派の見解を対置してみるなら、前者が性を生殖問題・道徳問題として規制・取締りの対象としているのに対し、後者は性を家族計画・「科学」の対象としている。前者が人口を即国力あるいは労働力として見、排他的・国粋主義的傾向を持つのに対し、後者は人口問題を資源問題・環境問題とし、自ら強調しているように「地球主義」の視点をとり、即ち国際資本の立場に近いといえよう。

しかし以上のことをもって後者を可とする即断は許されない。人口静止問題が論じられ始めたのは数年前からのことであるが優生保護法問題の今後をきめる重要な側面であるといえよう。

アメリカを一例として見るなら一九六九年ニクソンが議会へ提出した人口教書で人口増問題に対する対策の緊急性を指摘。七〇年には人口増加防止を目的とした「家族計画活動および人口研究に関する法」を制定。

七二年にはニクソンの任命した「人口増加とアメリカの将来委員会」が人口増加率ゼロが望ましいと勧告。七三年一月には米国最高裁が〝妊娠三カ月までの中絶は何ら法的規制を受けない〟という画期的な判決を下した。もちろんその審判の裏には多くの女たちの闘いがあった。

国際的にはローマクラブ（経営者、学者の集り）が「成長の限界」（七二年）という報告書をまとめ、そこでは紀元二千年には人口爆発が限界に達するとし、人口抑制、生産調整、資源節約の政策を一九七五年までに各国がとるように主張している。日本からは植村経団連会長や木川田東京電力会長が参加している。

今秋にに東京でローマクラブ総会が、来年はブカレストで世界人口会議が開催される。

人口問題は日本帝国主義が「開発途上国」へ経済進出してゆく上でも重要なファクターになるだろう。今や相手国の人口過剰を安い労働力源、豊富な販売対象としてのみ見ることが出来なくなりつつある。即ち「開発途上国」の人口増がむしろ経済開発、資本形成の阻害要因になっていることに、その国の民族資本も日本独占も気づかざるを得なくなっている。経済開発、技術協力の一環として家族計画技術、避妊具等が輸出され始めている。

しかし日本帝国主義としては対外的には人口抑止政策をとりながら国内対策としては「国力」としての人口増への欲求を捨てきれない。資源・市場・公害等の諸問題が困難であればあるほど、その矛盾の解決策として膨脹政策をとらざるを得ない。今後、中絶が禁止の方向をとろうが、緩和の方向をとろうが、いずれにせよ、性の規制管理と優生思想の強化をねらいとするだろうし、それを阻止するのは私たち自身の闘いの力以外にない。

その為にも人口抑制と人口増欲求の矛盾の現れとしての体別内二つの流れは、優生保護法闘争の長期的展望のために注目すべきことであろう。

（一九七三・一〇・一　侵略＝差別と闘うアジア婦人会議「優生保護法改悪阻止のために」特集紙に掲載）

◎主要論文12

キーセン観光の経済的背景

日韓経済交流が本格的に始ったのは一九六五年の日韓条約調印からである。これによって日本は有償二億ドル、無償三億ドル、商業借款三億ドルを向う十年間に約束した。しかし、これらの「援助」は韓国を日本の商品（プラントを含む）輸出の市場とするために当てられ、政府資金はその後にくる民間資本のための地ならしとなった。当時、私たちは青年層を中心に日韓条約をもって、息をふき返した日本独占資本が再び帝国主義的経済侵略の道を歩みはじめるスタート台に立ったと見なし、その反対闘争に加わった。

そして同時に、一九六五年はアメリカの対韓「援助」

の削減傾向の始まりであり、日本の肩代りの開始だった。

一九六九年には佐藤・ニクソン会談で「韓国の安全は日本の安全にとって緊要である」と声明。

日本政府の対韓「援助」の方針は、その開始から今日まで終始一貫、日本資本のあくどい進出であり、韓国の自立経済を阻害してきたし、アメリカの極東政策と手をたずさえて．朝鮮民族の悲願である南北統一を妨害する要因を築きあげてきた。

一九七〇年、朴政権の外資導入政策は、それまでの「借款」を主軸とする方針から直接投資優遇にきりかえた。ひもつき「援助」の当然の結果である元利金返済能力の不足からである。

各国からの直接投資と、その中の日本資本の占める比率を見ると次のようになる。（カッコ内は日本分）

一九六二～六九年　年間二〇〇〇万～三〇〇〇万ドル
（一九六九年＝一〇三五万ドル、一二五件）
一九七〇年　八六三五万ドル
（一九四三万ドル、八〇件、二二五・八％）
一九七一年　五三七六万ドル
（二八一八万ドル、九四件、四八・四％）
一九七二年　一億一七二四万ドル
（七八〇二万ドル、一五五件、六七・一％）
一九七三年一～六月　一億六九〇七万ドル、一一一件
（一億六七七五万ドル、一〇〇件、九四・一％）

一九六七～一九七二年までの日本の直接投資累計額は一億五九〇〇万ドルであるから、一九七三年上半期だけで過去六年間分を上まわる増大ぶりである。

この著しい増大の中で、観光・レジャー産業への投資は直接投資の中の主力だった。藤田工業、日本開発、大成建設、日商岩井、帝国観光等のホテル建設を中心とするものは直接投資、一九七三年分だけで一億ドル以上にのぼっている。

この投資増大と歩調をあわせて日本人訪韓観光客は

一般的な海外旅行ブームを上まわってうなぎ登りになっていった。すなわち

一九七一年　八二〇四六人

一九七二年　一八〇二二〇人

一九七三年（一月～十月八日）　五二〇五八一人

観光客一人当り消費量も一九七二年の二泊三日二〇二ドルから三泊四日三九一ドルに増え、昨年は十月五日現在で観光収入は二億三二万七千ドルで目標額の二倍をこえ、ベトナム特需＝ベトナム派兵によって朴政権がアメリカから得ていたものを優にこえている。

観光収入二億ドル突破を祝って、昨年十一月、韓国観光協会は日本の大手旅行社七社（日本交通公社・日本旅行・近畿日本ツーリスト・東武トラベル・東急観光・名鉄観光・日通観光）に感謝状を贈り、盛大なパーティをひらいた。そこには朴政権の国務総理を初め文化情報部長官、交通部長官、建設部長官が出席をしている。

このように観光開発が日韓両国政府の共同事業としておこなわれていることは、例えば日韓閣僚会議の要請で海外技術協力事業団（運輸省管轄）が済州島観光開発計画調査報告書を作成していることにもあらわれており、その施設の内容を、外国人旅行者がカジノやキーセン・パーティの〝ナイトライフ〟が楽しめるものとすることは、昨十一月の国会でもバクロされている。

又、朴政権の文部大臣ともいうべき文教部長官が訪日旅行中の演説で、韓国のキーセンやホステスが「××を売って」経済建設のため外貨を獲得しているといって賞賛したことは在日韓国人の間で怒りをかっているそうだが、日本人相手の売春は朴政権の「国策」である。

六〇年代の外資は借款を主としたものであり、日本からの直接投資は低賃金をあて込んでセンイ・電子概器・雑貨などの製造部門で一件あたりの投資額も小規

模で斜陽、スクラップの輸出も多かったものが、この数年、大企業が韓国資本と手をくんで合併会社をおこしている。しかし今や、直接投資の第二段階として日本は韓国の重化学工業部門の支配にゆこうとしている。

朴政権は長期開発計画（昨八月）と重化学工業建設計画（昨五月）を発表したが、それによると一九七三年から八一年の間に一〇〇億三二〇〇万ドルの外資（借款＝八四億四〇〇万ドル、直接投資＝一六億二八〇〇万ドル）を導入しようとするものである。重化学工業建設計画では総額六〇億中、五〇億を外資に依存し、殊に大規模な日本資本が見込まれている。

すでに現在、一例として光陽に建設予定の石油コンビナートに対し、三井、三菱グループは合計約十二億ドルの投資を朴政権に申請しているが、一九七三年八月末までの日本民間資本の対韓直接投資累計総額が三億四〇五七万ドルであることと比較するなら、今度の投資が何をもたらすかは自ずと明らかであろう。

又、一九六六年から一九七三年六月までの対日輸出入状況を見るなら次の通りである。

韓国から日本へ　輸出総額＝一七億四二〇〇万ドル
韓国へ日本から　論人総額＝五六億三八〇〇万ドル
対日入超額＝約三九億ドル。一九七二年で韓国の輸出の三五・三％、輸入の三三・六％を日本商社に依存している。

日韓経済「協力」、「援助」、「開発」の名のもとに実は韓国を日本経済の一領域としつつあることは、これらの数字の結果からも明らかである。そのやり方の悪どさは枚挙にいとまがないだろうが、ここでは国会質疑の中にあらわれた僅かな具体例をあげよう。

日本政府の対韓供与、貸付金の多くが日本製商品、技術の買付を義務づけられていることは既に広く知られていることだが、その上さらに、例えばソウル地下鉄建設の為の借款で、日本の国内価格三〇〇〇万円の鉄道一車輌が六一〇〇万円で売りつけられている。一七〇万円の自動車が三〇〇万円以上になる。又、日本の大手商社が窓口で「援助」されている企業――三菱商事の仁川製鉄、三井物産の韓国肥料、丸紅の韓国電気冶金、トーメンの韓国アルミ等が次々に「不実企業」として倒産してしまう。

　労働力問題、インフレ、公害、用地難……日本の資本主義の諸矛盾のはけ口、延命の道として韓国があり、それを朴軍事ファッショ政権が補完している。チョン・ギョンモ氏はまさにずばり、朴政権と日本の間柄を麻薬の中毒患者と売人の関係――売人は最初は金をとらずに薬を与え、中毒症状を呈してくると容しゃなく高値でふんだくる。両者はお互いに軽べつしながら相手なしにあり得ない――だといっている。

　一九七三年は日韓経済関係にとって新たな段階の開始とも見ることができよう。

　金大中事件をめぐる日韓両政府の対応の全過程が経済関係の政治的露呈であったとするなら、キーセン観光は、政治と性、経済と性の腐敗した密接な結合をイカンなく示し、更に日韓「協力」が新しい段階に入ったことの象徴的な表現であった。

　反対運動の結果、当面、日本運輸省と旅行業者と朴政権はちょっと自重のポーズをとった。しかし朴政権にとってキーセン観光政策が重要な外貨獲得手段であることにかわりはないし、日本の観光産業資本は、膨張する対韓投資総額の中で相対的に小さな部分になってはゆくが、なくなることは絶対にない。むしろますます増大する日本の企業進出に伴い、業務ビザで長期滞在する日本人男性に対し朴政権の肝入りでそのような場所が必要となろう。現にソウルの高級マンションの部屋を、まかない付きで観光客相手に貸す商売があるという。五〇〇〇のホテル室数では不足で、一九七三年下半期には八三〇〇室、一九七六年までに一五〇〇室の増加をめざしてホテル建設をしているという。

あるいはまた、去る二月二二日の「キーセン観光に反対する集会」に呼び出された旅行業者たちは、とくとくとして今後の営業方針に韓国への修学旅行を考えているといった。〃キーセンが駄目なら修学旅行でいいだろう〃という営利的な発想の中にはからずも、〃韓国は日本の一領域〃と化しつつある現実の根深い進行を感じさせられる。

買春斡旋について〃韓国側業者がやることまでは知りません〃という旅行業者の言い分は、日本資本の下請けである韓国側エージェントにやらせればよいということと同義語である。現在でさえ日本の旅行社は団体を募集して韓国におくりこむだけで一定のリベートを取ってしまい、韓国側代理店にはぎりぎりの費用しか送らないという。韓国側が裏金――キーセン料亭や土産物店と結んだリベート――に頼るしかない構造をつくりあげている。現在の日韓関係ではそれは文句なしに可能なことなのだ。それを打ちくだくのは日韓の女たちの強いきづなで結ばれた闘い以外にありえない。

ただし、日本の女としてまことに悲しむべきは、韓国民衆はこの問題でストレートに朴政権に怒りを込めるであろうに、私たちは日本政府や旅行業者のみならず、まず隣りあわせている日本の男たちを弾劾しなければならないことである。

(『朝日ジャーナル』、『世界』、『統一評論』、『民族統一新聞』、その他を参考にし、整理しました。)

(『キーセン観光　性侵略を告発する』キーセン観光に反対する女たちの会、一九七四年四月刊、小山睦美というペンネームで執筆)

◎主要論文13

私たちはどこへ向かおうとしているか

一九四五年八月、日本の帝国主義の長年にわたるアジア侵略が破産した時、私たちは、誰に対して、あるいはどこの国に対して敗北したと受け取っただろうか。大方は、アメリカまたは米英ソの連合国軍にそしてそれらの国の先進性と厖大な物量に対して日本は敗北を余儀なくされたと思った。そのことは、その後、連合国軍という名の米軍統治下におかれることによって、ますます私たちの意識にやきついていった。大男マッカーサー司令官と小さな天皇が並んだ敗戦時の写真は「敗けて当然だった」という当時の国民的心境を絵にしたようなものだった。そしてその反面には在日朝鮮人や中国人を戦勝国々民であるというふうには絶対に見ようとしない心理が存在していた。

しかし、日本に代ってアジアに登場したアメリカが後押しした蒋政権は間もなく中国大陸から追い出された。交戦国でもない朝鮮の南半分を分断占領して遂行した朝鮮戦争でもアメリカは勝利できなかった。それにつづいて小さな農業国ベトナムでアメリカの敗色が濃くなるにつれ、私たちは漸く、過去、日本帝国主義が敗北させせられたのは、アメリカの先進性や物量作戦に対してではなく、「後進的」朝鮮、中国人民に対してだった、そして実は一九四〇年の日米開戦前にすでに日本は敗北していたということを認識しはじめた。

敗戦後、日本は終始アメリカのアジア侵略政策に密接に協力する関係に支えられて経済復興、高度経済成長をとげてきた。しかし、ベトナム敗北がおそらくアメリカ国民の心情、文化に与えたであろうほどの深刻さが、私たち日本人の意識に対してあったとは思えない。むしろアメリカに取って替るということで一層、経済的優位性を誇りとして、排他的になりつつあるのかも知れない。

日中国交正常化の基本になった日中共同声明では、侵略の非を認めたとはいえ、他方では、朝鮮に対する植民地支配は合法だったとする日韓条約批准のさいの解釈をかえようともしていない。そればかりか今日ではアメリカのベトナム撤退により、ますます朝鮮の南北分断は日本の安全のために必要であるという解釈は、アメリカの外交政策というより、日本帝国主義自身のものである。韓国の日本植民地化、独裁政権下のアジア諸国への経済侵略は着実にすすめられている。

考えてみるに、明治以来の日本政府の婦人政策は欧米志向、富国強兵と共にあり、敗戦後はアメリカ追随と高度経済成長の中にあった。しかし、それは体制側のものとしてあるのみならず、革新を口にした女たちの運動、意識の中に深く抜きがたく存在するものだった。婦人運動といわれるものが、日本の体制の体質的なアジア敵対視の方向に対して、あるいは生産性という物差しですべてを計るやり方に対して果して本当に反対をしてきただろうか。いいかえるなら、生産性の論理、先進化の論理からはみだした「生む性」である女について、基本的にとらえてきただろうか、という疑問でもある。

今、アジアに再び「新しい戦後」が始まろうとしているが、この二つの戦後、二つの敗北（一九四五年に終息した日本帝国主義のアジア侵略と、今日のアメリカ帝国主義のベトナムにおける敗北）の間にあるところの三十年間の日本の婦人政策と婦人運動を省りみることによって、「私たちの中に抜きがたく存在するもの」を見つめたいと思う。

一九七〇年から始まる女解放の潮流は、高度成長・GNPのひずみの中から必然的にでてきた女たちの自己防衛であり、生産性に対する、合理化に対する、近代化に対する反対の、叫びだった。しかし、その自然発生性と感性が常に体制側の新たな攻撃と対決してゆく姿勢を保持しえないならば、容易に体制に組みこまれ、風化、風俗化されてしまうだろう。そして今までの婦人運動が、社会変革、革新、民主、平等、平和を口にしながら、差別拡大と高度経済成長を支えてしまったようにあってはならない。そういう観点からも過去をふり返り、女の運動を考える一つの試みにしたい。

戦後復興と婦人政策

婦人解放は、農地改革、財閥解体、新憲法制定と共に「新しい日本」の出発点だった。「新しい日本」とは女たちにとって何だったろうか。

①敗戦と国家売春

敗戦後、日本の終戦処理内閣が手がけた最初の「婦人政策」は進駐してくる占領米軍の将兵に対するセックス対策であった。八月十五日全面降伏、一八日内務省から全国警察署長あてに性的慰安施設の整備充実を通達。占領軍第一陣が厚木空港に到着した二八日にはRAA（国際親善協会）が当時の金で五千万円の融資を受けて発足、公娼のほかに飢餓状態で職を求めていた女たちが各所慰安所に配置されたというのだから、全く敏速な措置だ。

公娼制度の日本的伝統、そしてまた、かって戦時下では「皇軍への御下賜品」として朝鮮人の処女たちを狩り出じ、八万とも十万人ともいわれる従軍慰安婦を戦場にともなった経験が百パーセント生かされて、今度は占領軍将兵の「性のエジキから日本女性の純潔を守る防波堤」として国家売春が組織された。当時の公娼一万三千人の中一万一千人を占領軍専門とするほか、RAAはその最盛期には七万人の女を抱えていたといわれる。

私たちは、それらの延長線上に、今日現在、台湾、韓国、フィリピンをはじめとする東南アジア、あるいは沖縄への組織された集団買春旅行を見る。

②「婦人解放」と女労働者の大量解雇

いわゆる戦後婦人解放は、一九四五年十月のＧＨＱの五大改革令の一つである「選挙権付与による日本婦人の解放」をはじめ、新憲法・新民法による法的男女平等の確立、家族制度の廃止にともない妻の無能力規定の廃止、結婚、離婚の自由、刑法における姦通罪の廃止等がある。戦前からの女権運動の達成目標は、こうして敗戦という状況の中で崩壊した国家権力に代る、新たな統治者、占領軍の庇護のもとで一挙に解決された。一九四六年四月十日の婦選行使の第一回総選挙で三九名の婦人代議士が誕生し、一九四七年にかけて、はじめての女の東大学生、民生委員、町村長、地方議員、役人（厚生省労働局婦人児童課長、労働省婦人少年局長、司法政務次官）が誕生した。

それらの法的平等、政治参加、公的地位への進出とともに、当時の女の状況のもう一つの側面として婦人労働者の大量解雇を見落すことはできない。全面降伏を受諾するや、日本政府は大量の軍需物資の陰とくと放出、独占軍需資本への大規模な支払いをし、独占資本は一方的に生産を中止し、長年の敗戦で疲弊していた日本経済は一層マヒさせられた。そういう事情のもとで失業は女に限ったことではなかったが、それに加えて女たちは、戦場から復員してくる男たちに職場を明け渡さねばならなかった。

一九四五年一二月の厚生大臣閣議要望事項は、「戦争終結に伴い、一三二四万人の復員者を生じ、之に対しては極力前職復帰を図るの外現在就職せる女子等を家庭に復帰せしめて、代替就職せしめると共に……」と記している。戦争は男に代って女を職場進出させ、終戦は女から職場を奪った。

一九四五年十月、政府関係に働く女労働者に対して、第一次一八一万人、第二次一二六万人の整理案が出され、一九四六年七月に国鉄は女と年少従業員を対象に七万五千人の解雇通告を出してきた。

さらに、アメリカの極東政策の変更、「日本を共産主義の防壁にする」方向にともなって経済安定九原則（一九四八年一二月）が出され、低賃金、人員整理が強行され、ここでも女が真先きにその対象になっていった。一九四九年から五〇年にかけて、男は三・一パーセント、女は一〇・七パーセントの割合で職を離れた。その数は一六〇万人（女）。一九五〇年三月、女の雇傭労働者数は二八六万人で戦後最低を記録し、人身売買、売春婦の増加が社会的問題になった。

③人口抑止政策としての妊娠中絶の自由化（表1参照）

表1——出生率の推移

年次	率（人口千対）
1947	34.3
1950	28.1
1955	19.4
1960	17.2
1965	18.6
1970	18.7

（厚生省「人口動態統計」）

男たちの大量復員（一九四五年末、復員兵士七六一万人）は当然、人口の爆発的増加を結果した。一九四八年七月、国会は優生保護法を制定し、妊娠中絶を制限つきで合法化した。その提案理由が語っているように、「敗戦により四割強の領土を失い、八千万の国民がひしめきあい、食糧の不足は著しい上、人口は年間一二〇万の自然増加をたどっている。対策としてはさし当りある程度の人口中絶を認め、人口の自然増加を抑制すべきだ」ということだった。しかし法の内容としては、産めよ殖やせよ国のためと、富国強兵政策の一環としてあった戦時下の国民優生法に、母体保護（中絶許可のたてまえとしての）をつぎ穂したものである。

その底には人口は国力であるという国民優生思想が流れ、それが若年労働力不足が問題になるや直ちに「良質の」労働力確保のために中絶ひきしめとなり、最近では一転して人口は資源問題になっている。

この法は女の性に対するタブー視、優生思想、人口調節弁的役割等のさまざまの側面がぬりこめられており、それがいかに差別的であり抑圧的な性格のものであるかは、一九七三年の優生保護法改悪反対を通して明らかになっていった。女の性は、その自然的機能と社会的につくられた規範ゆえに、時に妊娠をおそれ、時に不妊をおそれる。女の生涯は社会的につくり出された労働からの疎外ゆえに、時に子に頼り、時に子育てゆえに、経済的自立ができない。女のそういう性と生を統御すること――女は母性であることがいちばん美しいとか、女の幸せは（……）とか、女の性は女自身の快楽のためにあるのではないとか（……）思いこませることによって女を二重にも三重にも支配し、搾取し、抑圧する。これが政府の「婦人政策」によって具体化された女性の全般的な状況である。

高度経済成長と女の運動（表2参照）

一九五三年七月、朝鮮休戦協定がようやく調印されると翌年四月、アメリカは日本政府との間にMSA協定を結んだ。この協定の目的は「アジア人をしてアジア人とたたかわせる」必要を感じたアメリカが日本を極東侵略の道具とするために日本の再軍備を急ぐことにあり、そのための資金はアメリカの余剰農産物を売りつけ、見返り円をあてるというものだった。早くも同年七月には自衛隊が発足し、憲法改正、家族制度復活の動きがはじまる。MSA小麦の輸入は、日本の農業を破壊する突破口となり、そのあとの、農業基本法の別定、より侵略的性格をもつ総合農政（一九六九年～）へと引き継がれ、農民を都市へ大量に狩り出す最初の道をひらいた。（表2参照）

アメリカは同時に、ジュネーブ会談を前にして「大量報復政策」の示威として太平洋のビキニ環礁で水爆実験をおこなった（一九五四・三～四月）が、日本の漁船福竜丸が被爆し、それを契機に国民的結集のもとに原水爆禁止運動が湧きおこった。アジア諸国の間で

は、朝鮮休戦、ジュネーブ協定、平和五原則共同声明と、植民地主義に反対する気運が盛りあがっており、

表2

農家総数	1960年　650万戸 1973年　510万戸	専業　67万5,000戸 兼業　442万5,000戸
農業就業人口	1960年　1,454万人 1973年　848万7,000人	男　319万人 女　529万7,000人
穀物自給率	1960年　83% 1973年　43%	米100% 麦　5%

日本の平和運動は国際的にも評価され、意気盛んになった。

一方、極東侵略の基地にふさわしく日本経済を再編、合理化していく対策は進められ、一九五五年、MSA小麦の見返り円を基金に、日本生産性本部が発足した。労働生産性向上を前提とし、それと見合った実質賃金等、打出してきた。朝鮮戦争の特需で息をついた日本資本主義はアメリカのアジア政策に従属しつつ高度経済成長を開始した。

①母親大会——抽象的「母親」と被害者意識だった平和運動

福竜丸の被爆をきっかけにして女の平和運動が盛りあがり母親大会が生まれた。そもそもの始まりは国際民婦連が日本代表の原水爆被爆の訴えを受けて、世界母親大会を呼びかけたのに始まった。原水禁大会と同じ一九五五年を第一回目とし、原水禁大会は太郎さん、母親大会は花子さんと、一対の平和運動として扱われてきた。

第一回大会は参加者約二千名で、戦時下の女の苦労、占領中の暗い事々、第三次世界戦争が始まるのではないかという切実感等が、戦後根づいた民主主義意識や、

PTA、地域活動での経験と相待って、戦後十年を経て一気にふきあげた感じで大会は開かれた。以来、教育の反動化、保育所づくり、小児マヒから子供を守る運動（……）巾ひろい内容をもちながら、毎年、参加者が倍増してゆき、今日では一万～一万五千名を結集する大カンパニアである。

第四回大会では、教職員の勤務評定反対の線を打ち出し、また同じ年の十月には警職法改正反対の行動をする等、当初の「涙の母親大会」から次第に政治的行動へ発展していった。同時にそれまで後援、協力団体としてあった各県教育委員会は手をひいていった。六〇年安保改訂反対闘争は、母親大会運動の成長過程から見ても、一つの頂点としてあったが、実際にはその運動が大きくなるに従って、政党の主導権争い、主に日本共産党のひきまわしが烈しくなり、母親大会は大衆運動としての発展性を六〇年を境にして、完全に失っていった。

原水禁運動は核実験に対する見解の対立を基底にした政党の主導椎争いから分裂した。母親大会は分裂しないまま、それぞれの党――日本共産党と社会党が、それまでの女の大衆運動の高揚を利用する形で、新日本婦人の会と日本婦人会議という政党系列下の婦人組織を結成した。そのことによって一層、当初の自然発生的な、大衆運動としてのゆるやかな母親大会連絡会組織はその意義を失った。

母親大会運動は敗戦経験にもとづくところの戦争にまきこまれたくないという被害者意識を基本としている。従って、「平和」を戦争でない状態と、受け身なとらえ方をしており、その平和を守る主体＝母親は、母親であるが故に平和を愛するものと、きわめて没階級的、没「性」的存在である。そのことは母親大会の唯一の、「不変の」結集スローガン、「生命を生み出す母親は、生命を育て、生命を守ることを望みます」に象徴的に示されている。

この「平和」「母親」「生命」のとらえ方は、原水禁運動における「核」「人類」の概念にもいえることである。

　平和を守ると共に、もう一つの運動内容は、民主主義を守ることであった。再軍備・家族制度復活・破防法・警職法・勤務評定は、「逆コース」＝戦前へ戻ることとしてとらえられて反対運動が組まれていた。

　今日では、異なった意見、既定の路線に対する懐疑等は少数意見として圧殺されるか、主導権争いの具にされるにすぎず、様々の日常性や運動を「諸要求」という形、しかもその要求は既定の路線からはみ出さないものにまとめあげられたもので、それを分類して関係各省に陳情するというパターンに陥っている。その儀式をおこなうため、今日でも毎年くり返し大会がもたれるのである。

②総評婦人部運動――働きつづける条件づくり運動は男女平等への道だったか

　敗戦後、日本の労働運動の主流を占めたのは産別会議（全日本産業別労働組合会議）である。産別主導下の労働運動で、女労働者は青年労働者と共に戦闘的実践部隊として、国鉄の大量解雇反対闘争を始め、政令二〇一号（公務員、公企体労働者のスト禁止令）等に対して実力職場闘争で闘い、その中で都教組婦人部は男女同一賃金（一九四八年）を、日教組は労基法以上の母性保護協約＝生理休暇三日、産前産後一六週間休暇（一九四七年）をかちとり、大量解雇の嵐の中で女労働者の一部は労働の権利を守り、職場に定着していった。

　産別自身の非民主的運営、朝鮮戦争を目前にした米占領軍の総評育成方針により、一九五〇年、総評が創立されて以降、労働運動の主流は移る。その総評（主流は社会党左派）も数年を経ずしてアメリカ極東政策の強固な反対者となった。

総評傘下の女労働者は産別時代の成果の上に立って「働きつづける条件をかちとろう」を運動の主軸にすえる。

専売、電通等の職場保育所つくり運動、教組の産休補助教員の制度化要求、そして今日では女教師、看護婦、保母の育児休暇法制定要求もその一つである。当初、「働きつづけること」の基本には、経済的自立こそ女の主体性確立のための必要条件であり、女労働者こそ、婦人運動の指導的担い手であるという伝統的な考え方の上に立っていたと思う。

日本の賃金の主要な形態は、企業別年功序列賃金であるが、女はその賃金体系からもはずされ、何年働いても、一定年令がきたら頭打ちになるのが一般的である。しかし、一部の――総評婦人部の主要部分である官公労女労働者たちは、自らの闘いの成果として男女平等賃金、即ち女にも年功序列賃金を保障させた。その女たちにとっては、働きつづけることはまさに男女平等待遇に直結することだった。

総評が「働きつづける条件づくり」を運動にすえた事は、その限りでは正当な要求運動であるが、一部の労働者の権利として止どめる限り、それは、そこから切り捨てられた労働者に対して排他的、特権的、差別的なものにならざるをえない。そのことは、本採用の女教師の出産休暇を保障するために、低賃金、無権利の臨時傭い教師群＝「産休補助教員制度」なるものを創出し、しかもその制度を権利拡充の運動の成果として自賛してきたことに露呈されている。

いま一つの中心的運動である母性保護運動――その実際的内容ば生休完全取得運動であり、さらに一歩進んだ、つわり休暇、通院休暇の獲得にしても正規採用者にのみ適用される特権になってしまった。

保育所づくり運動は、初期の職場保育所運動から、「ポストの数ほど保育所を」を合言葉に公立保育所設置要求、無認可共同保育所づくりへの地域運動に発展していった。しかし女が働く事を保障する要求としての保育所づくりは、高度成長にともない次第に、資本側の、主婦労働力狩り出しのための保育所政策にまきこまれて行き、いままでの運動は転機に立たされた。今日では企業内保育所設置に政府は援助金を出すが、その保育所をパートにだけ開放して、本採用者には使用させないところがある。つまり本採用者は子供が生まれたら退職し、少し子供が大きくなったら安い労働者として再び働きなさいということである。

目下、総評の働きつづける条件づくり運動の中心は、育児休暇制度そのものの内容もさることながら、それが果して働きつづける条件づくりになるかどうか、差別の上にのった一部労働者の特権にならないかどうか、総評としてはもう一度考えるべきことだろう。

母親運動にしても緯評運動にしても「守ること」「獲ること」を主にしてきた。そのことは当然の事としても問題は、その守るべき内容、獲得すべき内容だった。沖縄を切り捨てた上に存在した新憲法、民主化、平和だったし、パート、臨時工の無権利状態の上にある本工の権利であり、働きつづけるのであり、総体としては韓国、東南アジア諸国の人々の搾取の上にある繁栄であった。

（労働婦人部問題）

産別は、女の問題を「婦人年少者」と一括するような扱いにおきながら、他方では女労働者の戦闘性に期待をかけていた。その戦闘性ゆえに、米占領軍の対日政策の変更にさいして、一九四八年ＧＨＱ労働課のスタンダー女史は、「婦人部の正しい概能は婦人へのサービスである。今日の婦人部は非民主的傾向がある。婦人部は自主体であるべきでなく組合の枠内で運営されるべきである」という声明を発表。連絡を受けて日本政府労働省は、「青年部、婦人部が独自の規約や二重投票をもつことは組合の統制や調和を破壊することになるから設けないこと、婦人が特に婦人の問題をとりあげる目的でグループを設けることは組合の調和を破らないかぎりでさしつかえない」と通達してきた。それは当時の労働運動に対する弾圧、分裂工作であったが、女の運動の自立的全的発展を阻害したものと批難されるべきである。

産別民主化運動（民同）、産別組織の崩壊総評形成にいたる経過でも多くの婦人部が解消されていった。総評に婦人対策部が設置されたのは結成後八年を経てからであるが、それはかっての自主性を内包した最前戦部隊としての婦人部とはほど遠いものであり、まことに組合の調和をやぶらない存在として今日ある。労組の男側からは「お荷物」であるかのように扱われ、女の側からはいつも男側の無理解さを嘆くことが一〇年一日のごとく繰り返される。

③主婦論争　婦人政策近代化への準備体操

第一回母親大会が開催された同じ一九五五年、主婦論争が始まっている。「婦人公論」「朝日ジャーナル」「思想」等の誌上をかり、石垣綾子、磯野富士子、黒川俊雄、大熊信行、田中寿美子、水田球枝……七〇人近い論者によって延々六年間つづいた。様々な論点、角度でおこなわれたが、焦点は職業と家庭をめぐる女のあり方の問題であった。

女にとって家庭生活（家事、育児労働）と職業生活（社会的労働）は相対立するものとして存在している。戦前または戦後のある時期までは、女にとって職業生活は結婚するまでのこととされており、その問題は、専門職あるいは自立を主張する特定の女のこととされていた。しかし高度経済成長政策で既婚女労働者が増大するにしたがって、その人たちにとって家庭生活と職業生活の問題が直接的なものになってきたこと。さらに、かってはサラリーマンの妻としての主婦は家事専業者として非労働力と思われてきたものが既婚労働者の相対的増加により、現在では非労働力なのか、それとも潜在失業者、予備役労働者なのか自他ともに考える存在になってきたこと。また家事労働の合理化によってできてきた余暇が主婦の社会的活動への参加（PTA、婦人学級、平和運動……）を活発にし、その点からも考えるようになってきたこと。同時に、農業、自営業（の主婦は家事専従者ではない）の比率が下り、都市化現象が進んだこと。それらを社会的背景としながら☆女は家庭に専念すべきか職業を持つべきか、☆家事労働は価値を生み出すか否か、☆婦人解放運動の中で主婦はいかなる役割をもっているか等を主要な争点として論争がされた。

主婦論争は、次の、中高年婦人の積極活用政策＝職業と家庭の調和政策が打ち出される前の時期、即ち一方で労働力需要が家庭主婦層にまで及びながら、家庭責任についてまで政府がまだ口出しを始めず、個々の主婦の考えにゆだねられていた時期を象欲するものであった。

論争は結果から見れば、婦人政策の「近代化」への歯止めとなるような内容をもちえず、また高度経済成長政策への抵抗者としての女の主体性確立のために寄与したとも思えない。むしろ近代的婦人政策が次に出されてくることへの露払いとなったのではなかろうか。全体として、家事・育児労働は女の領域という性的分業を前提とし、そのことへの懐疑は出されていない。

海外侵出と性差別の再編強化

日本はアメリカ経済に依存――「援助」、朝鮮・ベトナム戦争の特需、技術・資本の導入、市場としてのアメリカ……――して復活、高度成長をとげてきたが、アメリカのドル防衛と、世界資本主義諸国の復活にともなう国際市場争奪の激化のなかで、転換を迫られはじめた。

一九六〇年の日米安保条約は経済的に完全に復活し

た日本と、逆に破綻のきざしを見せはじめたアメリカ帝国主義の関係を背景としつつ、五〇年安保より双務的な性格をもち、米韓、米比、米台、アンザス（オーストラリア、ニュージーランド、アメリカ）、SEATO（東南アジア経済機構）と共に、沖縄をカナメ石とした軍事同盟であった。

一九六五年、ベトナムへの介入、ドル節約で、韓国への「援助」の肩代りを求めるアメリカの意向で日韓会談は急進展し、日韓条約は結ばれた。資本の自由化に追いこまれ、アメリカのドル防衛政策による日本の対米輸出に対するアメリカ資本のまき返し、輸入制限で苦境に立っていた日本の資本にとっては救いの神であった。以来、日本は韓国進出を突破口にアジア全域にすさまじい勢いで膨張をつづけている。

日本経済の産業構造は第一次部門を縮少、きり捨て、資源、食糧、を外国に依存しながら厖大な設備投資をつづけ、第二次、第三次部門の急激な増大をはかり利潤をあげている。明らかな侵略型に変貌していってくる。さらに国際競争に勝ちぬくための資本の集中、合併、石油産業への偏重、急激な技術革新。その中での労働過程や消費生活の変化は女の存在形態と、政府の婦人政策を変えていった。

①ウーマンパワー政策と性別の強化

国内的には、六〇年代に入り「所得倍増計画」、それにつづいて「人づくり政策」（一九六二年）、「期待される人間像」（中教審答申、一九六六年）等が打ち出されてくる。

過去、婦人政策というものは、一般的政策の中の附随部分としてか、母性保護、母子保健や母子家庭問題の様に、「母」的、保護的性格が強かったが、今日では、婦人政策は労働政策の中の大きな部分として登場している。しかし、ますます独占企業の思惑をくみとり、企業の労務管理課のようなきめ細かさで、資本の女労働力に対する欲求を積極的に体現しようとするものであり、女の労働力化に影響をおよぼす要因――夫の所得、子供の数、妻の教育水準、生活品の既製品化の度合、余暇、雇用機会、女の市場賃金等の相関関係――についての研究が進められ、女に対する全生活的政策（過去においては、労働、保育、家庭、保健等、バラバラなものとしてあった）として打ち出されるようになった。

所得倍増、人づくり政策の一つとして発足した経済審議会「人的能力部会」は一九六三年「経済発展における人的能力開発の課題と政策」について答申、その中で、「婦人労働力の活用」として「婦人の能力開発」政策を登場させた。

それによると女労働力活用のための問題として四点あげている。①「経営秩序における婦人労働力の再評価」――女も男と同様、能力に応じ採用、訓練、昇進させること――②「婦人の再就職問題」――中高年家庭主婦が再就職するさいのあっせん機関の拡充等――③「パートタイム制度の活用」――家事に重点をおく婦人の活用とこの制度の啓蒙――④「婦人労働者の職業生活における必要な教育訓練の充実強化」――職業意識の強化、教育訓棟の強化等――。この答申はすでに増大しつつあったパートタイマー（一九六二年以降急増）に対する対応等であり、さらに一層、中高年女労働力をパートタイマーとして狩り出すための施策でもあった。

一九六五年を境に若年学卒労働力の不足が緊急の問題になってくるのに対応して、一九六九年の「労働力需給の展望と政策の方向」報告書では、七〇年代の「婦人の能力開発」政策の柱としてパートタイマーの単純労働ばかりでなく、専門職、管理職にも女をつかせるという「職域拡大」を打ち出し、職種、職務能力に応じた採用、育児休業制度の導入、職業訓練の方向を示した。

これらの動きを追いかけるように、一九七〇年、東京商工会議所は「労働基準法に関する意見書」を出してきた。その内容とする対象は女労働者で、一つは「早急に検討すべき点」として、有給休暇、休憩時間、割増賃金の現行の規定をパートタイマーに適用することに反対している。いま一つは、長期的に検討すべきこととして、女の深夜労働禁止の緩和と、生理休暇の廃止を内容とするもので、「保護」が「女の能力開発」＝「男女平等」（機会均等、待遇平等）をさまたげるという思想を打ち出してきた。

このように政府の婦人政策は安い労働力の創出、確保としてのパートタイマー制度の確立を中心においている。パートタイマーは高度成長を背景にして出てきたものだが、それは景気の調節弁として、又、資本の流動と共に流動する、資本にとってまことに都合のよい労働力であるが、その実態を見れば明らかなようにパートタイマーとは、臨時、日雇、低賃金、無権利、不安定就業の代名詞であり、政府がそのためにどんな美辞麗句をつらねようが、定着化させないことを利点としている。その層の尨大な存在、しかも制度として推進することとは、女性差別の拡大強化にほかならない。

それと、ウーマン・パワー政策のもう一つの側面としての「職域拡大」にしても、技術のもう一つの側面としての「職域拡大」にしても、技術革新による専門分野の肥大、多様化により男学卒労働者で間にあわなくなったから、それを安い女労働力に代替しようというものである。その層に対しては、男と同等に女にも能力に応じた扱い、昇進、昇給もさせましょうという「男女平等」をかかげ、資本の必要に応じて職場定着化をみとめてもよいというものである。そして彼らは、それを最大限利用して、一方のパートに示される女総体の差別の拡大を粉飾し、女内部の分断差別――単純労働と専門職、「能力のないもの」と「あるもの」――を強化し、一般化しようとしている。誰が、何を持って能力のある、なしをきめるのか。

この二つの差別性を持つウーマン。パワー政策の一つの仕上げとして、本来は労働法として労働者の基本的権利と資本、行政の義務、安全や保護の規準等が明記されるべきものを「福祉」という名称をかぶせて何もかもあいまいにして並べてたのが、勤労婦人福祉施法（一九七二年）である。しかし、これでは資本の側から見てもあまりにも利点がうすいから、労基法改訂という形で——即ち、既得権の剥奪——ウーマン・パワー政策が貫徹されようとしている。

女が社会的労働へ定着すること、女が基本的労働権を確立することを、あくまで阻止しようとする資本の意図は、最終的には女の性役割の固定化、即ち男女の性的分業を守り通そうとする家庭対策において貫徹される。

② 「家庭責任」と性役割の再編成

婦人労働力の活用政策と対家庭対策はタテ糸とヨコ糸の関係をもっておりなされている。

一九六三年の児童白書では、婦人労働の増大傾向を背景とする「母性愛の喪失こそ現在の子どもの危機をつくり出している」と述べている。やはり同じ年、中央児童審議会、保育制度部会の中間答申「保育はいかにあるべきか」は、保育七原則を打出し、「家庭における愛情にみちた保育」、「母親の保育責任と父親の協力義務」、「母親に保育される権利」、「家庭保育を守るための公的援助」等、中心が家庭保育におかれ、母親の役割が強調され、世間的には「働く母親は家庭に帰れ」が叫ばれていた。

しかし若年労働力の不足で高度成長、高利潤が危ぶまれるや、家庭政策もまた、児童福祉や青少年対策の一環としてではなく、婦人労働力の確保政策の一環として形をかえてくる。即ち「家庭責任と職業責任の調和」の政策である。

一九六六年に出された婦人少年問題審議会の「中高年令婦人の労働力有効活用に関する建議書」では「中高年令婦人の多くは家庭責任を有している実情にかんがみ、これらの婦人が家庭と労働に対する各種の責任を調和的に果し、差別待遇をうけることなく職業に従事することができるように配慮することが必要である」とし、家庭責任を円滑に果す具体的提案として、乳幼児施設の増設と母親の労働時間との関係の調節、学童保育の設置、ゴミ処理や公共料金徴集のサービス、育児休職、家事援助制度をあげている。

しかし、労働省婦人少年局の「婦人の就業に関する懇談会報告書」では、婦人の就業は一般的に助長すべきであるとしながら「乳幼児をもつ主婦の就業」については、婦人一般の就労とは同一視できないとし、母親のスキンシップ、出産、育児の価値を強調し、再就労を円かつにする条件として職業訓練の機会、育児休職制度をあげている。

要するに政府は女の雇用形態をパートタイマーを中心にすえた、ツー・ライフサイクル型をつくってゆこうとしている。出産までの若年就労、子どもが生まれたら育児に専念、子供が少し大きくなったら不安定再就労、そのための学童をふくむ保育施設。しかし、養成がすぐできないような専門職、あるいはすでに企業に定着してしまった者（本工）に対しては育児休職制度を、という内容である。

それにしても具体的施策の面では、その多くは絵にかいたモチにすぎない。完全に実行されたのは金融機関がオンライン制度のうまみにのって公共料金扱いの窓口をもうけたことぐらいである。育児休職とは実際には無給で一時解雇と同じであり、同時に職場から子もち女を追い出し職場秩序を守る合理化である。保育施設の保育時間との調節とは、実際には母親の労働時間の短縮に全くつながらず、長時間保育となって保育労働者の労働過重と子ども達への心身負担を呼んでいる。

これらの政策は、女の労働力をもっとも安く、都合よく使おうとするねらいと、次世代をもっとも安上りに育成するというねらいの二つが、「母性」を根拠にして——母性は保護されねばならない、子どもにとって母親は必要であるという——正当化されている。妻子を扶養する男が欠落している母子家庭以外では母親の労働権というものは基本的には存在していない。母性は最大限、資本主義的に利用されている。

戦後、今日まで、家庭についての支配者側からの対策は、まず一九五五年前後の「逆コース」の一つとして家族制度復活の動きはあったが、本格的な家庭対策がはじまるのはやはり一九六五年を境としてはじまる。

一九六八年、家庭生活問題審議会は答申「期待される家庭像——家庭生活の役割は何か」をまとめた。家庭生活についての価値観を行政（国家）の立場から国民に教えようという試みである。そこには家庭生活の役割を四つあげている。

一、人間性を確保する場——社会の進歩にともなう人間疎外という状態のなかにあって家庭は、人間に残されたきわめて貴重な人間性の回復と統一と安定をもたらす場である。

二、人間形成の場——新しい生命と生れ育つ子どもたちをつくり社会的な人間として成長させていくばたらきは、家庭をおいてほかにない。

三、生活を築く場——家庭は家族の健康を維持し、あすへの活動力を再生する場であるばかりでなく、積極的にいこいの場とすべきであろう。

四、生活を守る場——老人、身障者……に対して、いかなる保護対策も家庭のなかの人間関係がつくり出す共同の力には及ぶものではない。

批判するまでもなく度はずれた家庭の役割の強調であり、社会総体あるいは社会政策、政治の責任の回避である。そしてまた、前記の女に対する「家庭責任と職場責任の調和」政策なるものとあわせ考えるなら（担当関係省の矛盾やバラバラ行政であったとしても）、青少年の非行化防止も、育児も、老人や身障者に対する介護も、職場から帰った夫に御飯を食べさせ慰めるのも、すべて女の家庭責任にかかってきてしまう。

すでに現実はそうである。政策というより、むしろ操作され、世論風潮が女に一層の重圧をかけ、重みにたえきれなくなった「母性」の個別反乱として、たいへん日本的な、子殺し現象が頻発している。

戦前、戦中の軍国主義イデオロギーのもとでは「国家あっての家」であったが、この答申では「家庭のしあわせあってはじめて国の繁栄が得られ、家庭の平和があってこそ世界の平和も期待できる」と、一見、逆転しているが、それなら家庭のしあわせ平和は何によって得られるかという説明はない。ただ現在の家庭は、これまでの家制度への反動から……個人主義的立場が導入され……平等精神だけが強調されて、すべてを水平的関係として考える傾向があらわれている……云々と、きわめて権威主義的な思想をもとにした指摘があるだけである。

③七〇年代おんな解放運動について

七〇年安保の最も中心的な課題は沖縄返還問題だった。当時の沖縄現地は米軍軍政下という表向きの厳しさとは逆に、自ら闘いとった自由と権利を行使して、更に教公二法、主席公選、軍用地の新規接収反対、全軍労スト等が闘われ、米軍基地の機能をマヒさせるに十分なものがあった。

本土の左翼は沖縄現地の闘争に触発されることが大きかったが、七〇年安保をめぐって旧左翼、ことに日本共産党は日米安保の自動延長の時期である一九七〇年に沖縄復帰もあわせて安保条約を廃棄しなければならない、それには総選挙で廃棄通告する政府を樹立しなければならないと考えた。社会党はそれほど際立っていなかったが総選挙にすべてを集約していたことでは同類であった。

べ平連、反戦青年委員会、全共闘に象徴される新左翼は、条約問題ではなく、日本国内の生産、管理支配もふくめて全体制の問題であるととらえた。事実、全国的にベトナム戦に向けて存在する軍事基地、米軍ジェット燃料、弾薬輸送、ナパーム弾等の製造、搬出は、直接派兵しないだけで、日本は参戦国であり、条約期限に焦点をあわせて形式的な中央統一行動で政府交渉をするようなものではなかった。

新左翼系は、ベトナム反戦を合言葉に一九六七年十・八羽田闘争から、佐世保、王子、三里塚、新宿米タン闘争、一九六九年の四・八沖縄闘争、六・一五にいたる街頭実力闘争、各学園闘争で、旧左翼ときわ立った相違を見せていた。

七〇年代、女解放運動の新しい潮流が目に見える形で登場してきたのは、七〇年安保闘争が事実上、終息した時期だった。

七〇年女解放運動を直接的に触発した要因はいくつかある。一つには、高揚した新左翼の、旧左翼と明確に異った闘争のあり方から受けた衝撃——たとえば形骸化した統一集会、デモという形でおこなわれる中央政府交渉のやり方に対置される、ラジカルな現地実力行動。民主々義の大義のもとに多数決の圧力で低位平準化される組織のあり方に対置される闘争をになおうとする自立した諸個人の連合。今一つには、後進的な、弱小なと思われていた、あるいは忘れられていた側の闘い——沖縄現地、ベトナム、在日アジア諸国人の入管問題、アメリカの黒人運動が女たちを勇気づけた。同様に、三里塚や北富士の生活を背負った同性たちのいわゆる都市型でない、土着な闘いは、女たちを考えこませた。

一九七〇年は八月に、侵略＝差別と闘うアジア婦人会議大会と、十・二一国際反戦デーに性解放デモの二つの結集があった。

前者は、旧左翼＝革新婦人団体を母体とし、主に沖縄闘争への参加を通して既成婦人運動への批判の立場を確立してきた。マルクス主義への回帰を常に内包しながら女解放を模索していたといえよう。後者は、ノンセクト新左翼、べ平連運動、入管問題の中から、あるいはアメリカ・リブの影響を受けつつ登場し、前者に比較して、むしろ即自的自己解放としての性の解放をめざし、共同体思考を内包していた。しかし、その相違点は、それぞれのうちに同時に存在する要因でありそれまでの婦人団体と異なって人的にもたえず流動するため、明確に線をひくものではなかった。

そのいずれの結集も、性差別を日本帝国主義のアジア侵略、ことに他民族に対する排外主義と深くかかわったものというとらえ方をしていた。とくに後者の結集が「性の解放」を叫んだのは、性否定の心の構造が一夫一婦、家制度を支え、権威主義を生み出す根源だとしたからである。

そのことは、性差別に関するかぎり、旧左翼と全く同レベルの新左翼に対するつきつけでもあったし、支配としての分断差別を支えているのは、実は共働きしている男たちであり、同時に女自身の「女らしさ意識」またその裏返しとしての「男なみ志向」であることの指摘でもあった。ことに新左翼政治集団は、女の差別の実態を認めたうえでなお、女の差別は朝鮮人差別や部落差別にくらべて取るにたらないもの政治的重要課題になりえぬもの、体制が変革されれば解決されるものという意識から抜けでることができないでいた。

七〇年女解放の潮流は、さらに性差別の根源を性による分業にもとづくものとしてとらえたことに特徴がある。利潤生産という形で物質生産に決定的な優位性をおく今日の社会では、生命生産を自然の性としておこなう女は、本質的に労働の場から疎外され、性を媒介（結婚、売春）にして生きることを強要されている。すべての基準が生産性の論理で計られるのに対し、根源的にはみだしている女は、「女の論理」なるものを対置する以外にないではないか。差別の中で、分業の中で、より根源的なものは性差別、性分業であり、二つの（物質と人間）つくることが同価値で認められないかぎり、男女平等はありえないと、してとらえた。

性差別についてのそういうとらえ方は、これまでの婦人運動が教えてこなかったことだった。戦後婦人解放当時の民主的婦人グループの主流は、自らを女権運動と区別し、女性差別を封建制の残りかすとしてとらえ、これからは「社会参加」の時代であり、過去の暗い時代とちがって女の力量が正当に評価され、認められるという展望に立って女の結集を呼びかけた。一九五五年から始まる母親大会運動では、その出発点に、平和を守る主体者として「母」を絶体的なものとして据えた。しかし母が、いかに子を生む存在だったとしても、家を媒介として体制的国家に組みこまれているかぎり、それは「銃後の母」と本質的に変ることはない。女権運動が、時に、より戦闘的だったのは国家権力の原基形態としての家に刃向ったからだった。戦後婦人運動では、戦後解放で家父長的家族制度は廃止され、民主化は基本的に達成されたと見ていた。従って母親大会分科会で毎年議論される「民主的家庭づくり」は差別、分業の根源としての家制度の核心にふれることができずじまいだった。同時期の総評婦人部運動でも、性差別について現象的なとらえ方の領域をでず、従って男女平等の実現の具体的な方策としての、働きつづける条件運動も、母性保護運動も狭い枠の中に閉じこもったものにしかなりえなかった。さらに女自身についての差別のとらえ方が皮相的だったことは、ひいては女の中につくり出されていった差別分断支配、即ち、高度成長の中で創出されたパートタイマー、臨時雇用問題等に対しても闘いを組織しえず、また性差別分業を新たな粧いで登場させた勤労婦人福祉法の「家庭責任と職場責任の調和」政策に対しても、むしろ結構なものであると賛成していく結果になった。

今年、国際婦人年をきっかけに、再び「男女平等」や「社会参加」が、「上」から、あるいは「官民一体」で叫ばれている。その背景は一つには、現実に格差・差別が拡大強化されていることに対する女の抗議の声によるものでもあるが、今一つには、国内再編の支配政策として、男女同等政策が積極的にとられているということだろう。

日本がかつて朝鮮人を植民地支配した時、皇民化政策の名の下に差別迫害をおこなった。沖縄に対しては、常に本土並み化政策と共に琉球処分という収奪がおこなわれた。その内容はいずれも、同化、平等の名による差別である。今日、女に対してとられている政策の基本は「男並み」扱いという同化の中での収奪である。

現に体制側は、女の解放（ウーマン・リブ）とは、あたかも女の能力開発（ウーマン・パワー）のことであるかのように言いくるめ、「平等」の概念に「保護」を対立させ、母性保護があたかも男女平等をことさらに「機会均等」「待遇均等」の枠に押しとどめ、差別の根底である男女の性の分業については絶対に守り通す構えで、マスコミを動員し、結婚産業をあおり立てている。

しかし、その責任をひとり体制側や、「既成」婦人運動のせいにすることはできないのであって、私たち自身の女解放運動の問題である。

（「日本における性差別」白書刊行委員会、『日本の女は発言する　上』一九七五年一一月二一日、株式会社４９１刊）

◎主要論文14

女・民族・天皇制

私がこの先、書くようなことは何処かでもっと専門的な裏づけをもって研究されていることだと思う。天皇（政治、文化、宗教……概念として）についてたくさん書かれているのだから「素人」くさい私が（自己卑下で言っているのではない）自分の行動、女の運動範囲をこえて天皇論的なことを書く必要もなく、編集者もそういうことは注文しなかったのかも知れない。知識も熟語の使い方もいい加減で、初歩的事実についてくだくだしく書いたかも知れない。しかし女性解放運動でカベにぶちあたる中で私は私で納得のいくような形で天皇問題を理解しないわけにはいかない。自分たちがなぜ苦しまなければならないのか、その根源をたずねるためにさまざまな類推をくり返した。

一、侵略の歴史的連続性の中から

私たちが天皇問題について考えはじめるきっかけになったのは、国際婦人年の政府主催の会議に天皇・皇后が出席したことからである。しかしなぜその時、天皇問題を考えたかというと、それは婦人運動の場所に天皇が出てきたからだけではない。一九七二年の優生保護法改悪案が出てきた時、子を生むことに対する国家権力の一つの方向性の中に戦前・戦中と戦後を一貫して流れている民族優生思想、資源としての人口対策、性抑圧＝家族主義イデオロギーの連続性をそこに見た。その阻止運動は改悪案の強力な推進者、ミニ天皇教の「生長の家」との対決でもあった。さらに韓国のクリスチャンからのアピールで表面化した集団「買」春観光と反対行動を通して、そこにもかつての天皇の軍隊が軍需物資として運び歩いた従軍慰安婦の影が落ちていた。

歴史の連続性をこのようにことごとにつきつけられる情況の中で私たちは戦後の婦人運動について再度とらえ直すことを迫られていた。そして昨年、天皇出席の国際婦人年日本問題会議に官民一体となって自民党から共産党まで、その影響下にある婦人運動団体をはじめとする婦人団体がこれに協力するという現実を眼前にした。その逆光をあびて戦前・戦中の女たち、女性文筆家・婦人運動家たちの戦争協力、天皇制賛美が、もやの彼方から浮び上ってくるような感じにおそわれた。それは戦後の婦人運動・女性史研究で触れられないまま来てしまったことである。

戦後「革新」によって、侵略戦争をしたのは日本独占資本であり軍隊であり治安警察であり……と「階級的」にとらえることに私たちは馴れてきていた。婦人年日本問題会議に出席した婦人運動家に対して階級性の点で問いつめることはさほど難しいことではない。天皇の「再登場」の背景を階級的に分析することもさほど難しいことではない。しかし戦前・戦中の女たち自身の姿勢を問うことなしに、そのまま戦後女性解放を一としてとらえることは、天皇が戦争責任を不問にしたまま平和日本のシンボルにすべりこんだことと何処か似ていないか。

アジア諸国の人々から、また在日朝鮮人・韓国人からは直接に〝日本人は……である〟〝日本人は……である〟と沢山の批判の言葉をきく。それはつらいことである。先日も在日朝鮮人一女性にあることについて協力依頼をした時「あなた方日本人自身がやるべき作業である、あなた方の姿勢の中にある安易さに手を貸し、助長することになるからそのことについては協力しない」という意味のことをいわれてしまった。そういわねばならないその人も苦痛だったと思うが、いわれた私はたいへん悲しかった。やはり侵略した側の私たちにとって戦前・戦中の侵略は世代を問わず過去のことでしかない。頭の中では旧日帝の「似像」として現在の企業侵略を見ようとし、その連続性を追いかけているつもりであっても、その朝鮮人女性にとっては自民族の抹殺を企てた強制連行、従軍慰安婦、文化の剥奪への怒りはそのまま現在のものであろう。

その時いわれる〝あなた方日本人〟の〝あなた方〟は〝私でない誰か〟でもないし〝労働者や女をのぞいた誰か〟でもない。そこでは私はちがうという個の正しさも階級も女も通用しない。一つの答えとして静止的個、静止的階級つまり現実に日帝と闘わぬのがいけないのであって、要は闘うことであるという声もある。それは間違ってはいないが回答としてきわめて不十分でしかないだろう。なぜなら私たち及び私たちの行動を規定しているものが何かについて明らかにしていないから。

二、「永遠の命」と天皇教

「天皇在位五十周年祝典に反対する集会」（婦人民主クラブ主催）で、もろさわようこさんは「戦前の天皇は現人神とされ、天皇のために戦場に散っていった男たちは永遠の命につながるといわれ女の私には羨ましかった」と語った。今でこそ女の怨霊のようなもろさわさんも「年頃だった」当時は男への同化の希求をこのような形で胸に抱いたロマンチストだったのか。女は個と類のつながりを子生みの性から発想するせいか、「永遠の命」についても男が考えるようにロマンチックには考えない。あくまで相対的比較にすぎないが男にとって自分と類のつながりは女の身体を媒介にして達せられる頼りないものであるが故に、逆に観念としてしっかりと把握したがっているように見える。

それはそれとしてヤスクニ神社国営化の推進は勿論、政治的意図のことではあるが、その推進エネルギーとして遺族の女たちの果す役割が大きいときく。子生みの性である女はそれ故にまた肉親の死が男より連綿として忘れられないものである。死児の歳を数えろのは父よりも母である。今もなお続いている一九五五年体制の代表的平和運動であった母親大会は「生命を生み出す母親は、生命を育て、生命を守ることをのぞみます」の結集スローガンが示すように民衆の反戦エネルギーを子生みの性＝母性においた。今日、私たち（アジア婦人会議）の中にそれなら戦前・戦中、なぜその母性が反戦の抵抗軸にならなかったのか。少数ではあっても信仰を守るということでは大本教や灯台社が天皇制と闘っているのに、愛するわが子をただ「天皇陛下のために」とられてしまうことに対して母親たちの抵抗はなかったのだろうか、という問いかけがある。「母性我」の提唱者であった高群逸枝もまた天皇制の協力者であったことでは例外でない。生命を生み、生命を育てる（育児は本来、男女共同の作業ではあるが）母親であるからこそ命の永遠性を願うのは事実である。死んだ息子を返せと悲痛に叫ぶ心は、そのままヤスクニで息子に会おうとする心につながっている。

「キリスト者遺族の会」の方々が天皇をはじめとする為政者達の責任を問うだけでなく、戦没者も又多数のアジア諸国の隣人を殺害した加害者であったことを主張し、悲しみと悔恨の心をもっていましめとしている。加害者であったことはまぎれもない事実であり、その指摘は率直で大事なことであっても、もしそれ故にその非業の死が犬死であったということを意味するものであったら、あまりにも無惨なことである。清水雅人氏は「《靖国》問題の新たなる展開」という論文の中で、ヤスクニ問題は肉親の死を〝無益の死〟としたくないという遺族の情念の問題であると述べているそうである（というのは書評で読んだだけだから）。戦死がムダ死でなかったことへの切実な希求は、その遺族たちにとっては実に、「天皇のために」死んだが故に、天皇教のヤスクニ神社に、天皇＝スメラミコトの手によって祭られ、死者がミコト（神）になることでかなえられる。だからこそ合祀祭のその儀式（ミコトになるための）そのものが重要な意味をもつのだといわれる。若き日のもろさわさんにせよ、今日のヤスクニ法案推進の「素朴な」遺族の気持にせよ、そこには永遠の命への希いがこめられている。それはただ来世の存在を信ずるか否かという通俗的解釈にとどまるものでなく類的存在としての人間誰しもが心の底に抱いている本能的心情ともいうべきものであろう。それは有限な個の生命を永かれと願う個的存在としての人間の本能と共にどちらも真実のものである。

しかし永遠の命は死から直接的には獲得できないのであって共同体を介して以外ありえない。だからこそ戦死者たちが死の際に「天皇陛下万歳」と叫んだか「お母さん」と叫んだか、いずれにせよ「天皇のために」死ぬこと、死んだとすることが必要だった。だが天皇の「玉座」の下に本当に共同体が存在していたのだろうか。あったのは、ひたすら排外心・敵愾心をあおり領土拡張に専念し私腹をこやしていた財閥・軍閥・政治家たちの集団であった。それをゴマ化す壮大なウソが、「国民は陛下の赤子《せきし》」であり「皇祖皇宗」であり、「世界一の優秀民族」であり、ひたすら血のつながりの強調であった。今回の「祝典」キャンペーンの中でも、一家に父がいるように国にも天皇が必要だという言い分が庶民の中には多い。永遠の命につながると信じた「天皇のための」生と死が実は何だったのか。それがもたらしたあまりにも醜悪で悲惨な現実が、戦後三十年の「繁栄」の中で一見忘却のかなたにあるように見えながら事あるごとに噴出せざるをえない。この歴史的事実は、日本人は忘れっぽい、するすると別の価値観にのり移り本質的変革をしない人種だといわれながらも世代による体験の有無をこえた民族的共有体験である。

その限りなく残虐、醜悪、憎悪にみちあふれた事実を偽りなく忘れることなく見つめようとする側と、その事実をおおい隠し、甚しきはあの戦争がアジア諸国を欧米による植民地から解放したと、当時の「大東亜共栄圏」の言い分そのものを主張する、また戦後経済復興・高成長をとげた今日をもって、だから過去も正当であったとする側。その言い分は決して極右翼集団のものではなく今日、第三世界を濶歩するビジネスマンの自信を支えている心情でもある。そして前者の側には朝鮮人・韓国人による植民地政策の旧悪の数々の証言、沖縄の富村順一氏やひめゆりの塔「火炎ビン事件」、ニューギニアの密林の極限状況の中で、空しく死んだ戦友の亡霊に呼びかけつつ、天皇の台座に向けてパチンコ玉を放った奥崎謙三氏、「キリスト者遺族の会」の告発等が。他方の側にはヤスクニ神社の合祀祭に出席し、「遠くのほうからおごそかな音がオレの頭の上さ通りやして、息子の霊が天からおりてくる音だときかされやんした。不思議なもんでナス。信ずればそういう気イになるのでナス。やっぱしあすこは神さまがいると思いやした」（キリスト者遺族の会発行『国家と慰霊』より）と語る遺族たちが戦後三十年を経た今日いる。天皇問題の一つの基本的側面は、この両極の闘いの攻防の中にこそあると思う。その闘いの本質は天皇教を国教としょうとする政治的動きに対して、信教の自由を守れというところに止まるものではなく、天皇教という邪教との闘いであり、そのための組まれざる共同戦線であろう。

三、エセ共同体と邪教

最近『石枕』という感動的な本を読んだ。著者は昨夏、朴政権によって「山から落ちて」殺された張俊河《チャンジュナ》氏である。当時、日本神学校の学生であった著者は学徒「志願兵」として日本軍隊に入隊、そこから脱出して韓国亡命政権がおかれていた重慶まで、徐州からえんえん徒歩でたどりつき、更に日帝から祖国を武力解放せんと志して祖国上陸をはかるが惜しくもその直前に大戦が終る、という自伝である。私がここでそのことを思いおこすのは熱烈なクリスチャンであり、同時に民族主義者であった張俊河氏が、民族を離れた生き方をする者はすでに自己にあらざる自己であるという信念の下に、その生涯を通してキリスト教徒としての己れを民族と共に行動することの中に見出しているからである。

他方、民族と信仰を結合した戦時下の日本キリスト教界の殆んど全部は、天皇教に屈服し戦争協力をしてしまった。異端的存在だった灯台社の人々は、天皇を認めず兵役を拒否し信仰を守った。傍聴人の一人もいない法廷（明石順三、他女性二人、朝鮮人二人）で明石順三氏は言う。「一億対五人の戦いです。一億が勝つか五人がいう神の言葉が勝つか、それは近い将来に立証されることでありましょう。この平安が私どもにある以上は申上げることはありません」（稲垣真美著『兵役を拒否した日本人』より）。その言葉に象徴されるように灯台社の人々は、わが民族を敵とすることによって信仰を守った稀有な存在だった。

天皇教のもとに生きた圧倒的多数のかつての日本人にとって「天皇のために」死ぬことは即、「日本民族のため」であり「大東亜共栄圏」のためだった。しかし「聖戦」と教えられ、戦場に送り出されてきた若者たちにとって軍隊は野蛮そのものの階級社会であり、外に向っては強奪、殺害行為をくり返す中で死と直面していたら何を信じたらよいのか。ヤスクニで会いましょうという合言葉で、ともかく「天皇のために」死ぬのなら永遠の命が保障されていたのだから最後の唯一の拠り所にする以外になかったろう。ゴマ化しの共同体を押しつけられた以上、「天皇のために」ということは父母のため、妻子のためでもあるということをもって慰めとしたことだろう。「英霊」よ、あわれ。

しかし、今一つの側面として次のようなこともまた事実であろう。今日的情況の中からすればまったく納得のいかない神がかり天皇制への屈服、賛美を、単に言論統制（真実を知らされなかった）と恐怖政治（治安維持法、不敬罪等）による致し方なしのものだったといえないのではないか――そういう問題意識でひらいた私たち（アジア婦人会議）の学習会で、天皇制反対でラジカルな横田勲牧師は次のようなことを話された。自分は当時軍国少年だった。若い人たちには信じられないかも知れないが、私は今すぐこの場でも「海ゆかば水《み》づくかばね」を歌えば、何か言い知れぬ感情がこみあげてきて涙があふれてしまう。思想性を問われればそれまでのことですが……と。それは少年だった横田氏が天皇教によって深く肉体の中にまで植えつけられた、類的民族的存在としての条件反射のようなものなのだろうが、今日私たちもまた、これに似た条件反射から自由でありえようか。

天皇教は決して日本本来の土着の信仰ではない。土着の信仰、文化、価値体系が列強帝国主義というヨーロッパ文明に出会った時、国民国家として日本を統一する過程において極めて政治的に創出された邪教（正しくは擬似宗教というべきか）である。邪教であるから何の普遍性も、一片の真理正義ももちえない。ヤスクニでは天皇のために戦場で死んだ軍人、兵士以外は「ミコト」（神）になれない。戦犯は祀られているが、「敵前逃亡者」や帰国してから死んだ戦病者は祀られない。合祀名簿は以前は陸海軍省の管轄だったが、今日では厚生省援護局に属すろ業務でもあり、その死がムダ死であったかなかったかは遺族年金という形であらわされる。そこに余すところなく示されるように、天皇教とはきわめて好戦的、排他的、現世御利益的である。政治的意図で塗り固められた邪教であるから何の発展も変革もありえないのは当然であるが、さらに天皇教は構造的には、すべてが生き神様である「天皇のために」という直接性に規定される低い次元のものでありながら、日本帝国主義のアジア制覇という「大事業」の支柱だった。それを維持するものとして、日本民族は優秀な血統であり、国民はすべて現人神天皇の赤子であるということで親と子、夫と妻、上官と部下という上下関係しかなかった。

　天皇教が邪教であるように天皇制という国家共同体もまたウソの固まりだった。明治の元勲という腹黒いおそろしく知恵のある集団が天皇をもりたてることによって、日本の山や森や小川にそれぞれ住んでいたであろう土着の沢山の、無媒介的な神々や御霊をまるで自分の配下のようにして、素朴な共同体（そこにはきっと「母」を中心とした共同体が生きていたろう）から引き離し、神仏の地位を簒奪したのではないだろうか。そういうところがら真に近代的な共同体の形成されるはずがない。デッチあげられたエセ共同体、エセ契約集団の中で私たちは自己同一性を育てることはできなかった。日本人は一人になると弱いといわれる。日本人は容易に信念をかえるといわれる。たぶんそれは私たちが簒奪者たちによってデッチあげられたエセの共同体の中でエセの自己確認をしつづけてきたからなのではないだろうか。

　日帝から侵略された諸国人が日本人を見た場合、天皇のためにのみ死ぬ、きわめて気味の悪い血盟集団として見えるという。他方、日本の右翼的な人々はそのことを武士道に通ずる日本的美、日本的精神という。そこには、生死までかけて奉仕すべき目に見えるなにかが見えないからこそ、他民族から見ると理解のしがたい無気味さであり、死→神にいたることを保障する共同体が不在なのだ。にもかかわらず他極では、節度なしに根こそぎ略奪（人的資源さえも）していった物欲の権化としての日本軍閥と財閥——現在では日本企業がある。

　無宗教の私が居心地の悪いのを我慢して、殊更に何か神だの宗教だのといおうとしているのではない。例えばすべての宗教を事実上、禁止している中国でも新中国のあるべき人間像として焦裕緑や雷鋒を称揚している。雷鋒は軍事演習の時、誤って地雷が破裂したのをとっさに我が身をおおって他の兵士を助けた。焦裕緑は肝臓ガンにおかされた身で真に献身的に水、砂、アルカリの三害を克服し、ついに倒れる。自己の肉体の有限性をふまえつつ他の有限なもの＝他の人々、共同体に自己の生命をかけることによって、永遠に生きつづけるのである。そういう「新しい人間像」を称揚することによって、実は人民解放軍××隊や××公社という新しい時代の共同体の確かさを強調しているといえよう。

一つの非業の死が犬死であるか永遠の命にかかわりうるかは、その死が属する共同体のあり方——真の普遍性（神）が宿ることが可能なものか否か——がきめることであろう。私たちは不幸にして天皇制エセ共同体の中に生きてきた。そのことへの怖れと悔悟と烈しい怒りなくして私たちの未来はひらかれない。

四、天皇制と私たち

天皇が自分は神ではない、自分と国民の関係は神がかりのものではない、日本人は世界を支配する使命など持っていないという、いわゆる人間宣言をすることによって、またその後の憲法制度の象徴天皇制によって、天皇は天皇教をやめたのだろうか。天皇は現人神であることはやめたが真の神々も復活してこなかった。エセ共同体は解散したように見えたが、代って出てきたのは物神であり、企業共同体を頂点とするさまざまな利益者集団だった。今日、虚構だ虚構だといわれている「平和と民主主義」体制である。そうこうするうちに、御訪欧御訪米だ、ヤスクニ法だ、エリザベスを伊勢神宮にどうしても参拝させたいだのと、ついに在位五十年を祝うということになってきた。

五十年祝典に反対する意見に二つの大きな流れがあ

る。一つは象徴天皇制賛成派であり、他は天皇制反対派である。前者が五十年祝典に反対する理由は、天皇の在位を五十年と数えることは現憲法の象徴天皇制の基盤を崩すもの——即ち現行憲法の平和精神と国民主権の精神に反するというものである。そのことは結果的に戦前・戦中在位二十年間の天皇の戦争責任を追及しなければならぬということにはならず、象徴天皇に生まれかわったのだから戦争責任は追及しないということになってしまう。即位五十年ということ自身、もう一つのかくれた側面として明治来、日本帝国主義と一体となっている天皇制は、誕生の時から一貫して血ぬられたものであったことを歴史の彼方に追いやる効果をもっている。他方、天皇制粉砕を叫ぶ新左翼諸党派は天皇制ボナパルチズムとか天皇制ファシズム論とか、情勢分析上のお互いの相違性を競いあっていた。

象徴天皇とは何か。天皇は今日でも皇居の中で国家公務員である侍従に代行させて宮中三殿とかを三拝九拝するややこしい儀式を一年三六五日おこなっているのだそうだ（『世界政経』十二月号より）。それは天皇がたいへん信心ぶかい個人としてやっているのではなく、天皇教の世襲的祭主としてやっているのである。象徴天皇制とは、そういう天皇を「日本国の象徴」「日本国民統合の象徴」として「日本国民の総意に基づく」（憲法第一条）ものとしていただいているというのであるから、象徴天皇制というのは実は天皇教の現世向け形態なのではないだろうか。そして私たち国民は自分自身でどう思っていようが天皇教の信者だということなのではないか。

日本キリスト教諸団体の共同の呼びかけで開催された「天皇在位五十年祝典に反対する集会」において象徴天皇制をも問題にすべきであるという議論がされて、一歩前進だった？ときいているが天皇教の祭主を自分たちの「象徴」に押しつけられていて「信教の自由」でもないと思うのだが。ヤスクニ神社国営化の動きだけがひとり「神のものもカイザルに」の状況を生みだすのではなく、現在の象徴天皇制そのものが「神のものもカイザルに」なのではないだろうか。昨年の国際婦人年日本問題会議の時でてきた天皇を、私も何となく「象徴天皇」だろう位に思っていた。しかし国歌でもない、いうなれば天皇教の賛美歌ともいうべき「君が代は千代に八千代に」を宮中雅楽で演奏する中を入ってきたのだから、あれはやっぱり天皇教の祭主夫妻としてだったのだろう。神でもない、政治責任者でもない、私たち国民が投票か何かで決めた覚えもないのに国民の総意に基づいているのだという「日本の象徴」。そして天皇教の世襲祭主。しかもまた奇妙なことに天皇教という神道は宗教でないと強調されてきている。戦前・戦中は諸宗教に超越するものとして宗教でないことが強調され、戦後は自分（天皇）が人間であることを宣言しながら日本国民でない日本人である。私たち日本人の人格、行動を規定する原理は宗教でない宗教、日本国民でない日本人を頂点にいただいているということと決して無関係でありえない。

私たち（アジア婦人会議）は式典反対前夜祭の集会とデモを行なった。思い思いにプラカードを書いたが、「天ちゃん、あんた国民の何なのさ」と書いたのは戦後世代の実感でもあったろう。ついでにその時の文句を少し紹介しておこう。「諸悪の根源、天皇制」「差別の根源、天皇制」「天皇制があるかぎり女性は解放されない」「女の国民統合を許さない」「婦人の運動家よ、再び愛国婦人会の道を歩んでいませんか」。その他一般的な内容のものは「罪位五十年粉砕」「戦争責任は言葉のアヤか」「この顔みたら110番へ、アジア人民大量虐殺主犯」「国家神道、天皇信仰の復活を許さない」「朕は無公害食品食っている、お前ら国民、公害で死ね」等。デモ参加者の平均年齢は二十歳台だった。その一つ一つは私たちの思いをぶつけたものであるが、何かもう一つ焦点が定まらない感じがする。それはたぶんプラカードを書く人間の感性や力量だけの問題ではなく、象徴天皇制と私たちの断ち難い関係性に対する焦らだちなのだろう。しかし、天皇問題について少しは調子がわかってきたような気もするし材料も出揃ってきた、また似たようなこと（カンパニア的な）があったら今度はもっと賑やかにワッとやりたいな、というのが私の周辺の戦後世代の女たちの気持だと思う。探り出していろいろと沢山、書いたり講演したりすることは重要なことだと思うけれど、読んだり聞いたりするだけでなく、もっとワイワイとマイクをもってビラまきなんぞしたらよいと思う。アジア婦人会議、婦人民主クラブ、クリスチャン女性有志と共同ビラをつくったが、ビラまきやデモを通してはじめて、いいだもさんのいう、マスコミが日本国民すべてが祝賀しているかのようなフィクションをつくりあげているという実感も湧いてくる。奥崎謙三氏にはぜひ獄外にいてもらいたいし、アジア婦人会議も水谷公園みたいな薄暗い所で集会するのではなく、もっと明るい広い所でやりたかったというのが「祭りのあと」の感想である。

天皇制は邪教であれ、エセ民族共同体であれ、ともかく日本が欧米の植民地になることを拒否するところから生まれた日本民族の現実的姿である。それはまた同時に他民族を侵すことによって自民族の自己同一性を喪失していく過程でもあった。アジア諸民族が「祖国」を回復するために、今日もなお多くの血を流しつづけていろように、一旦喪失したものをとり戻すことは至難のことであろう。しかし、私たち日本民族の場合はそれに加えて困難なことは、失ったものは何か、それさえなかなか定かにならないことである。女性解放にとって天皇制とは何か——に対する答えが容易に出せないのもそこに問題があるからだろう。

民族と共に生きた張俊河氏の命を引き継ぐかのように、詩人金芝河《キム・ジハ》は「良心宣言」で自分の所属する民族共同体を「韓国の風土にあるこの豊かな金鉱脈」と呼び、そこから「産出されるものは特に第三世界に対する重要なメッセージになるだろう」と語りかける。その明るい澄んだ声と重なりあって、もう一つの自信にみちあふれた声がきこえてくる。「黒人の自己同一性の探究は神への探究である。なぜなら神の自己同一性は黒人の自己同一性であるから」「革命的情況においては断じて公平な神学というものはありえない。それは常にある特定の共同体に同一化した神学である。すなわち、それは抑圧を課する人々と同一化するか、もしくは犠牲者になっている人々と同一化するかのいずれかであるに（J・H・コーン）。

もし私たちが第三世界へ何らかのメッセージを発する時があるとしたら、それは今日までのおそろしく醜悪な負の体験をのりこえた新たな共同体を手にした時でしかありえない。それは「武士道的日本」と断絶した、日本的風土にある「母系制的な」何かでありたい。

（『新日本文学』一九七七年一月号）

第三部

解説と年譜

石垣島にて

解説にかえて

〈反差別〉の地平がひらくもの

加納実紀代

消去する気にならないまま、一年近くもわが家の留守電に残っている声がある。

「……朝早くからごめんね。飯島さんの容態が急変して……。意識がない状態なの。人工呼吸器を入れてもらったんだけど、心臓がいつまでもつか……」

飯島愛子さんの古くからの友人で、彼女の発病後は医者との対応なども中心的に担った宮地さんの声である。この日わたしは朝早く出かける予定があり、忘れるといけないと思って、前夜のうちに電話を留守設定にしていた。おかげで飯島さんの急変を告げる声は、わたしの寝ぼけ声とともに電話器に残されることになった。「ゴガツ、ヨッカ、ゴゼン、ヨジ、ヨンジューキューフン」と、合成音が時刻を告げてメッセージは終わる。

飯島さんの心臓が鼓動を止めたのは、この約八時間後、二〇〇五年五月四日午後一時七分である。七三歳と四カ月、波瀾万丈の人生だった。

飯島愛子さんといってもいまでは知る人も少ないが、一九七〇年代のリブ運動、日本における第二波フェミニズムをひらいたといえる「侵略＝差別とたたかうアジア婦人会議」（以後「アジア婦人会議」）の発起人、以後ずっとその事務局を担いつつ理論的支柱でもあったひとである。本書は、第一部「あるフェミニストの半生」が飯島さんの生立ちから「アジア婦人会議」立上げにいたる手記、第二部が「アジア婦人会議」当時に書いた主要論文集となっている。論文の選定は飯島さん本人による。

当初の意図では、第一部の手記は「アジア婦人会議」以後、奄美大島や石垣島での生活にも及ぶはずだった。しかしその死により、一九七〇年八月二三日、かんじんの「アジア婦人会議」の二日目で、いかにも唐突に終わってしまった。やむをえず本書では、一九九六年に『銃後史ノート戦後篇8　全共闘からリブへ』に書いた「なぜ「侵略＝差別とたたかうアジア婦人会議」だったのか」と、二〇〇四年六月の講演原稿を補遺として収録し、「以後」を補うことにした。しかしもちろん、とてもそれでカバーできるものではない。

起稿は一九九七年はじめ、石垣島での生活が六年目に入ったころである。途中何度か中断しながらも、かつて有能な活動家でガリ切りが得意だった飯島さんは、几帳面な字で四〇〇字づめ原稿用紙の一マスに二字ずつ入れて書きついでいた。しかし二〇〇〇年に乳ガンを発病・手術。翌〇一年、さらに卵巣ガンが判明し、代替医療を求めて病と向き合う日々となった。そのころの友人への手紙には、こんなことばがある。

「子どもの時から弱くてたくさん病気をしてきたけれど、やっぱり癌ていう奴は一段とエライ奴（つまり、いろんなことを気づかせる）だと、思いました。まけおしみ、強がりでいっているのではないのよ」

そのなかで、二〇〇四年六月には、東京ウィメンズプラザを会場に三日間にわたって開催された国際シンポジウム「ジェンダーと国民国家　日本についての歴史的考察」で基調講演。体調は思わしくなかったが、しっかりした声音で三〇分の講演をおこない、参加者に感銘を与えた。その夏は石垣島の自宅で、命の火をかき立てるようにして原稿に取り組んだが、秋になって病状悪化、本書に収録した部分までで中断し、昭和大学病院に入院することになった。しかし執筆への意欲はつよく、石垣島から大量の資料を送ってもらい、治療の合間に手にとっていたが、ついに書きつがれることなく終わってしまった。

階級闘争からの自立

しかし、書かれた部分からは、飯島さんにとっての「アジア婦人会議」の必然性が痛いほどに伝わってくる。一九七〇年二月に出された開催よびかけのアピール「〃侵略＝差別とたたかうアジア婦人会議〃に参加しよう」（二八三ページ）には、「社会体制の変革のあとにつづく婦人解放（論）ではなく」ということばがある。これはそれまでの女性解放論を真っ向から否定するものだった。戦後、法的平等をいちおう確保した日本の女性解放論の主流は、真の女性解放は社会主義革命成立にあるとする階級一元論の枠内にあった。だから女も体制変革を第一義とし、男性活動家の「銃後のつとめ」に励むべし、というわけだった。

それにNONをつきつけたのが、飯島さん起草による「アジア婦人会議」開催アピールである。これは日本の女性解放運動の、階級闘争からの自立宣言といえる。七〇年代、日本のリブ運動はここから始まったといってよい。その背景には、第一部に書かれている暗く長い「ハウスキーパー生活」があったのだ。

ここで、わたし自身の飯島さんとの関係に触れておこう。どういう経緯だったかもう思い出せないが、わたしは七〇年八月の「アジア婦人会議」一日目、全体会には参加している。そこで台湾からの留学生・劉彩品さんの迫力ある話、モンペ姿の三里塚や忍草の「かあちゃん」たちに感動する一方、会場を埋めた白ヘルメット集団の「異義なーし」「ナンセンス」に違和感を持った。そのせいかどうか、以後二、三年は「アジア婦人会議」とは無縁のまま、もちろん飯島さんの存在も知らなかった。

初めて飯島さんを認識したのは、銀座の事務所での会議に参加したときである。テーマは何だったか記憶にないが、どうやらわたしは、それまでの議論の流れも分からないまま「過激な」発言をしたらしい。飯島さんは苦笑しつつ、「おくれてきたトップランナー」とわたしを評した。その評に恥じ入ると同時に、はじめてわたしは、いかにも地味な、そのへんの「おばさん」といった風情の飯島さんの「すごさ」を認識した。当日かその前後に韓国問題で抗議デモした記憶があるので、七四年一〇月ごろのことではないだろうか（手書き年表三八九ページ参照）。

当時わたしは、一五年戦争下の「銃後の女」について調べ始めており、高群逸枝や市川房枝など戦前の女性運動家たちの戦争協力について『思想の科学』に書いていた。それを読んだ飯島さんから電話をもらい、一九七六年三・八国際婦人デーの「女性解放と天皇制」集会、秋の連続講座「天皇制を考えよう」で話をしている。あまり熱心な会員ではなかったが、そのころには銀座から移った四谷の事務所に出入りするようになり、三里塚空港反対の集会やデモではたいてい飯島さんといっしょだった。八三年、飯島さんが土をもとめて奄美大島に移住するときは、送別会に出席してしたたかに飲んだ。

しかし彼女の個人生活やそれまでの人生についてはまったく知らなかったといってよい。九〇年代に入って何度か石垣島を訪ね、仲間とともに刊行していた『銃後史ノート戦後篇』の8号『全共闘からリブへ』に、「なぜ「侵略＝差別と闘うアジア婦人会議」だったのか」（一三八ページ）を書いてもらったので、「アジア婦人会議」設立の大まかな経緯はわかったが、その背景にここまですさまじい「ハウスキーパー生活」があったとは思いもよらなかった。

何という青春だったのだろう。一三歳で敗戦を迎えた飯島さんにとって、戦後の民主化、とりわけ女性解放は心躍らせるものだったが、絶対君主たる父、その父の顔色をうかがう母という家庭における男女の関係はいささかも変わらなかった。思春期を迎えた飯島さんは女である自分を卑下したまま、革命家志望の青年と恋に落ちる。そこで性の快楽を知った飯島さんは、のちに自嘲的に語るところによれば「サカリのついたネコ娘」。その結果は父親による麻酔なしの中絶手術である。厳寒のなか、激痛と屈辱に飯島さんが耐えているとき、彼はいったい何をしていたのか？

それ以上にすさまじいのは「純粋培養のマルクス・レーニン主義の箱入り娘」としての日々である。彼の立てた計画に従って学習に励んだが、それは飯島さんを解放するどころかはげしい自己卑下に追い込んだ。

しかし革命への献身ゆえに彼を否定しきれず、愛憎の自縄自縛にのたうっている。引用されている日記から見えるK・Tとの日常は、いまならリッパなDVである。DVとは何も物理的暴力だけをいうのではない。

この彼女の「悲劇」は、たまたまK・Tという「特異な」男を愛してしまったがゆえの特殊な例だろうか？　「日本トロツキスト連盟」の創立者で、黒田寛一とたもとを分かったといえば、K・Tが誰だかわかる人にはわかるだろう。たしかに彼はある種怪物的な人物であるようだが、しかし飯島さんの「悲劇」はけっして特殊ではない。とりわけ六〇年代後半に盛り上がりを見せた反戦運動や全共闘運動に参加した女たちは、大なり小なり共通の問題に直面している。だからこそ「社会体制の変革のあとにつづく婦人解放ではなく」というアピールが鮮烈なひびきをもって多くの女たちの胸を打ったのだろう。

リブをひらく

「アジア婦人会議」は、日本のフェミニズムに何をもたらしただろうか。

冒頭に書いたように、わたしは七〇年一月の「アジア婦人会議」アピールがリブを起動させたとみている。もちろんこの場合の「リブ」は、田中美津さんを中心とする「ぐるーぷ・闘うおんな」や「リブ新宿センター」の活動だけでなく、七〇年代に起こった新しい女性運動の全体を指す。たしかに最初に「ウーマン・リブ」を名乗って街頭にでたのは田中さんたちであり、以後も「リブ」の名のもとに果敢な活動を展開したから、「リブ＝田中美津」が一般に定着している。しかし「ウーマン・リブ」とは、秋山洋子さんの『リブ私史ノート』（インパクト出版会）にあるように、七〇年一〇月四日、『朝日新聞』都内版で、Women's Liberationの和製英語として使われたことに端を発する。Women's Liberationとは、現在では、二〇世紀初頭の第一波に対して第二波フェミニズムとよばれるが、六〇年代後半、アメリカにおいてまず誕生した新しい女性解放運動である。第一波が「女も人なり」として男と同じ社会的権利を要求したのに対し、第二波は性的存在としての女にこだわった。そして「個人的なことは政治的」として、近代社会の生産＝公／再生産＝私という分離が男女に配当される構造と、そこに働く権力関係を問うた。

こうしたものとしてのリブは、日本では「アジア婦人会議」アピールをもって嚆矢とする。もちろんリブにはさまざまな流れがある。『資料　日本ウーマン・リブ史』I巻には、リブ誕生前の「序章」として、「アジア婦人会議」とともに、神戸外国語大学女性問題研究会の『れ・ふぁむ』や福岡で河野信子さんが出していた『無名通信』が収録されている。これらは六〇年代後半には発信を始めていた。森崎和江さんの『無名通信』は五〇年代末から出されていた。しかし運動の広がりということでは、当時の進歩的女性知識人一六〇人余りを呼びかけ人として、「中央」で大集会をもつ意味はやはり大きい。しかも飯島さんたちは大会開催に向けて何度も討議を重ね、そこでの議論を討議資料集として出している。一回限りの大カンパニアよりも、「過程」をこそ大切にしたいという姿勢による。

そうした活動は、すでにさまざまな形で胎動をはじめていた女たちの動きを有形・無形に促したろう。八月大会を前にして、のちにウルフの会となる「女性解放運動準備会」、田中美津さんの「女性解放連絡会議準備会」などもいっせいにメッセージを発し始める。そして一〇月、田中さんたちの「ウーマン・リブ」登場、となる。

田中さんのリブ旗揚げには、じつは「アジア婦人会議」が「反面教師」として大きなはたらきをしている。八月大会へ向けての討議には田中さんも何度か参加していた。延べ二〇〇〇人という大会参加者の中には田中さんもいた。直前に彼女が出した手書きビラ「女性解放への個人的視点」は「便所からの解放」の原型のような文章だが、最後に「8月22日23日に、侵略と差別とたたかうアジア婦人会議の集会があります」とあり、二三日の分科会に参加できる人を募集している。この部分は『資料　日本ウーマン・リブ史』I巻収録のものにはないが、かなり大会に期待していたことがうかがえる。

しかし田中さんにとって、大会は期待はずれだった。直後に彼女が出した「〈侵略＝差別とたたかうアジア婦人会議〉に参加して」というビラによれば、「立つ人、発言する人、中核の息のかかった人ばかり、しかも、なんや、よくわからんけど入管闘争への決起をしきりに、もっとはっきり言えば、それだけをアピールしている。彼らの情勢分析のもとに」。

わたしは一日目の全体会しか出なかったので知らなかったが、二日目の分科会は前日以上に白ヘル集団に席巻されたらしい。分科会は「七〇年代における婦人運動はどうあるべきか」、「侵略＝差別と闘うために」をテーマに六つの会場でもたれたが、大会後の総括や分科会司会者の座談会によると、どの会場でも白ヘルの若い女たちがひたすら「入管粉砕」を叫んだという。「いのちをかけて闘う」といった空疎な決意表明にうんざりした参加者が「命をかける」とは具体的にどういうことかと問うたのに対し、「〇〇派に結集せよ」と答えるナンセンスな一幕もあったようだ（『〃侵略＝差別と斗うアジア婦人会議〃　大会報告と総括』一九七〇年一〇月）。

『資料　日本ウーマン・リブ史』Ⅰ巻所収の「全学連第三〇回定期全国大会での性の差別＝排外主義と戦う決意表明」（一九七一年七月）は性差別に無自覚な学生運動への絶縁状として評価されているが（『日本のリブ1　リブとフェミニズム』岩波書店ほか）、じつはこうした白ヘル集団の一員としての自己批判でもあった。筆者はいう。「女よ、我々は非主体的に動員されていった、そのことに甘んじていった、去年の夏のアジア婦人会議を直視しなければならない。男の指揮のもと何の討論もせずに参加していった、我々の大衆への裏切りは今も続いている」。タイトルにある「性の差別＝排外主義と戦う」には、あきらかに「侵略＝差別とたたかうアジア婦人会議」の影響がある。

とはいうものの、八月大会混乱の責任の一端は飯島さんにもある。二六年後に書いた文章には、「アジア婦人会議が始められた時点で、すでに反戦青年委員会も全共闘も新左翼セクトに分断され、初期のすがすがしさは失われていましたが、私も松岡さんも彼らに幻想をもっていて積極的に参加を呼びかけました」とある。

田中さんはそうした「アジア婦人会議」にさっさと見切りをつけた。さきにひいた大会批判のビラには、白ヘルに席巻された理由に触れて、次のように書かれている。

「準備段階であたしは、「性の差別について」という討議に参加したんだけど、そのときのカンジから言うならば、〈今、この時、なんで女が結集して個別闘争を提起していかなきゃならないのか、どのような目的意識をもって〉ということをはっきりさせなかったことこそ、ダメだった原因じゃないかと私には思えるのだ。

さらに云うならば、いままでの女性解放闘争をどう総括し、新しくその総括を踏まえてどのような視点にたつ運動を、起こしていくのか、ということの基本の追求をなしくずしにしたまま集会をもったことが、セクトの宣伝の場にしてしまった要因じゃなかろうかと思える。」

適格な指摘である。そしてこのことは、準備段階を通じて飯島さんが言っていたことでもあった。第二部収録の主要論文4「婦人運動と〃差別〃について」には、戦後女性運動の柱であった婦人民主クラブを例にあげつつ、「「女権運動を越えて人民解放をめざす社会運動」(『航路二十年』)と規定づけることによって、戦後「婦人」運動の活動家たちは女権運動の系譜をかんたんに流し去り、同時に〃女とは何か〃の追求をも忘れ去っていった」とし、七〇年代の新しい女性運動について次のように言う。

「「平和と民主主義」の枠組みにすっぽりはまっていった運動への批判と総括だけから生まれるのではなく、体制そのものを支えているところの根源にまでさかのぼらなければならない。それ故にこそ、そのもっとも奥深いところで支えているところの根源としての性、あるいは家族関係等への追求としての婦人運動こそ、重要な意味をもってくると思います。」

しかし「性、あるいは家族関係への追求」の具体的内容について明確に打ち出しているとはいえない。それに対して田中さんは、「女性解放連絡会議（準）」の名で「エロス解放宣言」、「便所からの解放」、「入管法と中絶禁止法とわれらがエロスの行方」等のビラを相次いで出し、「今まで故意的にかくされつづけてきた、女としての性と生殖」を正面から問題にしている。飯島さん自身も第1部の手記で、「その方向性はむしろ田中美津などのいわゆる「リブ」において展開されていったと思う」と書いている（一三一ページ）。「リブは新左翼の鬼っ子」とは田中さんの言だが、彼女にとって「アジア婦人会議」八月大会は、新左翼への幻想を完全に払拭し「鬼っ子」としてリブを生み出す跳躍台になった。その意味では「アジア婦人会議」は、田中さんに象徴される狭義のリブの産婆役でもあった。

女性差別の発見

もう一つ、七〇年二月の「アジア婦人会議」アピールは、日本のフェミニズム史にとって大きな意義がある。一〇年前、わたしはそれについて次のように書いた。

「もう一つは「女性差別」の発見である。一般に女性問題を「差別」という言葉で語るようになるのは、このアピールの「侵略＝差別」をめぐる議論がきっかけである。家父長制への「隷属」や資本家による「搾取」とは違う抑圧が、ここで初めて「差別」として認識されたのだ。近代家族における男女の役割の違い、今でいうジェンダーの発見といってよい。」（「「銃後史ノート」に見る女性の歩み　主体形成、「リブ」が画

期」『朝日新聞』一九九六年一〇月七日夕刊)。

この最後のあたりについては、現在なら「近代家族における男女の役割の違いとそこに働く権力関係、今でいうジェンダーの発見」とするところだが、ともあれこうしたわたしの見方を飯島さんは肯定し喜んでくれた。しかし一般には違和感の方が強かったようだ。七〇年代まで「女性差別」がなかったなんて、そんなバカな、というわけだ。もちろん実体としての女性差別はあった。現在よりももっとあった。しかしそれを「女性差別」、あるいは「性差別」ということばで語ることは、まずなかったと言ってよい。六〇年代までは女性がこうむる抑圧、不当な扱いは、「従属」、「隷従」、あるいは「搾取」といわれていた。前近代的身分関係や階級用語でとらえられていたということだ。東京ウィメンズプラザの資料室で「差別」をタイトルにもつ本、論文を検索したところ、七〇年代以前のものは一九六四年に労働省婦人少年局が出した報告書『婦人の開発参加を促進し、性差別を排除するための国内調査』しかない。

今回、『日本婦人問題資料集成』第8、9巻(ドメス出版)で、日本近代の女性解放思想における「女性差別」に関わる用語を検討してみた。植木枝盛の「男女の同権」では、「同権」の対立語は「不同権」、福田英子は「不同等」(「獄中述懐」)。同じ福田の「社論=二重の戦ひ・他」では「階級的差別」という語がでてくるが、数行あとに「階級的差異」も使われている。この場合の「階級的」はマルクス主義用語におけるそれではなく上下関係を意味しており、「差別」自体は価値中立的である。平塚らいてうの「元始女性は太陽であった」では、「男性といい、女性という性的差別は(……)滅ぶべき仮現の我に属するもの」とあるが、この場合の「差別」も価値中立的な「差異」、「区別」にひとしい。

「差別」とはもともとは仏教用語で「しゃべつ」と発音したらしい。差別問題に詳しい三橋修さんは、現在のような意味で「差別」が使われたのは、吉野作造が一九一九年の『中央公論』で、朝鮮人に対する「差別的待遇」を問題にしたあたりからではないかと言う。たしかに『日本婦人問題資料集成』でも、一九二〇代以後のものには「差別的待遇」が二、三見られる。ここでの「差別」はもはやニュートラルではなく、非対称的な権力関係が含意されている。

そうした意味での「差別」問題が一気に浮上するのは、いまとなっては信じがたいことだが、一九六〇年代後半である。それまでは「女性差別」だけでなく、一般に「差別」問題自体がなかったといっていい。もちろん被差別部落問題への取り組みは水平社の時代からなされていたが、「特殊部落」、「未解放部落」と呼ばれていた。それが六〇年代後半になって「被差別部落」となり、「朝鮮人差別」「障害者差別」等、差別問題が一気の噴出した。その背景には、高度経済成長によって「一億総中流化」し、〈階級〉概念が空洞化したこと、戦後民主主義の「虚妄」が言われつつも、新憲法下で育った世代が成人を迎え、ようやく憲法十四条の「法の下の平等」が価値として定着したということがあるだろう。

六九年五月に出た『現代の差別と偏見』（新泉社）は、そうした差別問題を総体的に捉えた最初の本ではないかと思う。そこでは被差別部落、在日朝鮮人、沖縄、アイヌ等とともに「性別」による差別もとりあげられていて、もろさわようこさんが書いている。もろさわさんはまずメディアの女性蔑視に触れ、たしかに女の知的水準は男にくらべて劣っているが、それは「先天的なものではなく、社会的な状況が、女たちに強制した後天的現象である」という。しかし女性蔑視がまかり通るのは、「女たちに、部落の人たちと同じようなかたい団結とたたかいの歴史がなかったばかりか、その差別にむかって苦しくたたかう女たちに対し、女たち自身が石を投げるにひとしい愚行をおこなってもいるからだ」と女自身に批判を向けている。

女にとって差別とはなにか

「侵略＝差別と闘うアジア婦人会議」アピールは、こうした状況のなかで出された。「侵略＝差別とたたかう」といい「アジア婦人会議」といい、それまでの女性運動にはない鮮烈な名称である。しかし「侵略＝差別」とは、いったいどういうことなのか？

もちろんそこには、被害者意識と母性主義にまみれた戦後女性運動への批判がある。それについては第2部の主要論文1「どのように闘うことが必要とされているか」、9「〝戦後婦人解放〟とは何だったのか」にくわしい。アピールでは、六九年一一月の佐藤・ニクソン会談で出された日米共同声明を「日本人民を含むアジア人民に対する侵略宣言」とし、「米軍がひきつづきアジアに駐屯することの重要性を再認識すると同時に、帝国主義的に復活した日本資本主義が、自前の侵略者として海外進出することを保証したもの」という。そうした加害性をはらんだ日本国の女が、被害国の立場に即自的に身を寄せるのではなく、みずからの問題として日本帝国主義と対決するためにはどうあるべきなのか。

そこからでてくるのが「そのことは何よりも国内侵略であり、繁栄と近代化の名のもとに人間の生きる条件そのものがおかされていくこと」、「日米帝国主義のアジア侵略を私たちへの侵略ととらえ」という文言であろう。しかしこれでは、対外的な侵略は国内における抑圧強化とセットになっている、したがって対外侵略と国内抑圧はイコールである、といった単純な重ねあわせになりかねない。白ヘル集団などセクトの介入は、おそらくそのレベルでの認識による。

しかしそれでは「女」はみえない。「婦人会議」である必然性はどこにあるのか？　そこにおそらく、「侵略＝差別」である理由がある。アピール最後の大会目的の第一には、「社会変革のあとにつづく婦人解放（論）でなく」に続けて、「自己変革として差別問題をとらえる」、「私たち女性のうけている差別を部落や沖縄県民や在日朝鮮人のそれと同質のものとして明らかにしたい」という文言がある。これは八月大会へ向けての討議のなかでずいぶんたたかれ批判されたようだ。とくに女性差別を、被差別部落、沖縄、在日朝鮮人への差別と「同質のものとして」明らかにするという点に非難が集中した。部落差別がそんな生やさしいものだと思っているのか、朝鮮人は朝鮮人であるというだけで虐殺された。女がそんな目にあったことがあるか、というのだ。

それに対して飯島さんは、七〇年一一月に出した「女にとって差別とはなにか」（主要論文6）で次のようにいう。「差別というものは、どっちがゆるやかでどっちがきびしいとか、ランクをつけられるべきものではないし、さまざまな差別があるから成り立つのである」。その上で「より根源的な差別構造は何かといえばそれは性による差別である」と言いきる。この文章は八月の田中美津さんの批判をも受けとめつつ差別について全面展開したもので、このあと主要論文7「男への「同化」でない婦人解放運動の確立のために」、8「女にとって搾取とはなにか」、10「性の収奪」とつづく飯島差別論の基底をなす。

それはまず、近代社会が〈普遍〉の顔をしながら、じつはいかに男仕立てであるかを喝破することから始まる。

「世界そのもの、論理そのものが「男」のものである。国家権力をもつ体制側は勿論のこと、「革新陣営」といわれるもの、「労働者階級」、「労働組合」、すべて男の世界である」。

したがって、そこで「女も人間である」ということは、けっきょく男がつくった価値基準、近代においては貨幣価値への換算に帰結すると飯島さんはいう。そしてそれこそが女にとっての差別なのだとする。

「人権や人間性を意味するものとしての「人間」という言葉は、さまざまのマヤカシをもって使われる。（……）「女も人間である」という形での置き換えは、ブルジョワ的価値基準（交換価値・生産性）への置き換えであり、個のもつ特殊性・有用性を貨幣価値に還元するところの、きわめてブルジョワ的発想である」。

「現代的差別は等価関係（貨幣関係）の上に成り立つところの差別である。女も、部落民も、黒人も、朝鮮人も、……人間である。すなわち労働力商品として貨幣価値（量）におきかえられ、その相違（特殊性）が切り捨てられた上に成り立つところの差別であり、べっ視である。」

飯島さんにとって「根源的な差別構造」としての「性による差別」とは、「人間の基本的行為」としての

「生むこと」（子孫をつくる）と「生きること」（生活手段をつくる）」の分離の上に、「一方（物質生産・労働）が、他方（生命の生産行為）を差別すること」である。そして階級闘争とのアナロジーで未来の女性解放を語る。

「長い歴史上、男は女の性を卑しめ、商品化してきた。男は、女の群総体を占有し、女に深い深い自己規制・自己嫌悪・劣等感を植え付け、女が男の群総体を所有することを禁じてきた。生産手段が資本家階級の所有から労働者階級の手に移るということは、あらゆる価値観、所有観念そのものの転換をともなわずには出来ないように、女が男の群総体を所有するということは、現在、男のやっていることを女もやるということではなく、人間関係における私的占有そのものの否定、あらゆる「強要」の否定になるだろう」。

これはK・Tとの自己卑下に満ちた生活における存在をかけた思想的営為の結果でもあろう。社会学者の千田有紀さんは、この部分の最後にある「人間関係における私的占有そのものの否定、あらゆる「強要」の否定になる」をとらえて、これが飯島さんにとって性による差別が「根源的な差別」である理由としている（「帝国主義とジェンダー　『資料　日本ウーマン・リブ史』を読む」『文学史を読みかえる7　リブという〈革命〉』二〇〇三年　インパクト出版会）。千田さんのこの文章は、日本のリブを論じるにあたって「アジア婦人会議」に言及した貴重なものだが、このとらえ方には同意できない。さきに見たように、飯島さんにとって「根源的」なものとしての「性の差別」は、「生むこと」の「物質生産」への従属にある。これを踏まえなければ飯島差別論は成立しない。

たしかに飯島さんは、田中美津さんが新左翼を母体としながらも早々とそれを食いやぶり〈性〉に全面依拠したのに対し、あくまで〈階級〉を手放さなかった。アピールにある「社会体制の変革のあとにつづく婦人解放ではなく」は、階級一元論の否定ではあるが、〈階級〉そのものの否定ではない。しかし〈性〉とのかかわりを必死に理論化しようとした点で、この時期の飯島さんは、一九八〇年代に上野千鶴子さんによって紹介されたマルクス主義フェミニストとしてのそれだったといえる。

「女にとって差別とはなにか」は、早すぎたマルクス主義フェミニストの最初の提起であり、当時のリブたちに受け入れられたとはいいがたい。さらにこれをわかりにくいものにしたのは「女の論理」の提起だろう。飯島さんは、性差別の根源である物質生産優位の思想を、所美津子に依拠しながら「生産性の論理・物質生産偏重の思想」として否定し、「女の論理」を提起する。

「合理主義・有用主義・生産性の論理を否定するものとして女の存在を位置づけたい。スズメは害鳥である、○○虫は害虫である、雑草は無用である、○○菌は病原菌である、ということで、故に絶滅しなければならない、という論理。何々は、害鳥だとか無用だとか病原だとかいうことは、自然の中の一部分である人間にとってそうであるにすぎない。人間以外の他の自然に対する思いあがりとあなどりが、自然のバランスを崩し、自然に仕返しされる結果になった。みみずから微生物に至るまで万物は相互補完的であり、人間の生存条件を構成しているのであれば、つねに果たしてスズメが絶対的な害鳥であるのか、○○菌が絶対的に病菌であるのかは解らない。その解らないものとして残されている部分を全く切り捨てて、現代科学でもう解っているかのように錯覚する思いあがり。

我々婦人運動とは、そういう意味において、文明批判・合理主義批判として展開されるべきであり、婦人戦線も諸戦線ある中の一翼ではあるが、もっとも根源的に価値観の転換を鋭く突くものとして、先鋭的な斗いが展開される場であるはずだ。」

ここには八〇年代のエコロジカル・フェミニズムにつながるものがある。これに対しては「雲をつかむような一般論のなかで語られすぎていて実体が明らかでない」、「このように女を一般的に規定していいのだろうか」といった手厳しい批判が出されている（『資料　日本ウーマン・リブ史』Ｉ　一七七ページ）。たしかにここには、現在「本質主義」として批判されるような「女」のとらえ方がある。

しかしそこにある「近代批判」の徹底追求は、第二波フェミニズムの原点であると同時に、暴力と新自由主義が世界を席巻する二一世紀の現在において、あらためて問われるべき視点ではなかろうか。三池ＣＯ患者家族会の女たちに触れた部分も胸にしみる。彼女たちが患者を介護しつつ生活を支え、三井資本と闘っているのは、「労働者階級として……という概念に組み込めない、何か切り捨てられたところの間尺に合わぬ部分が支えているのではないだろうか」としたうえで、「それは、女にしかできない「生む」事をないがしろにされ、切り捨ててきた社会において、なお産みつづけてこなければならなかった甲斐性のようなものがそうさせている。それは生産性の論理からはみ出した不条理の世界であろう」。

これは現在、フェミニズムにとっても大きな意味を持っている「ケアの思想」そのものといえる。

飯島さんは「女の論理」について、二六年後の文章（補遺1）で次のようにいう。

「母・女＝共生・平和という即自的図式は成り立たない。つまり生産性、合理主義、近代の論理を否定するものとしての女の論理に辿りつく糸口は「反差別」にあったのではないか。反差別を女からとらえたとき、それは果てしない拡がりをもって私たちを遠い彼方へいざないます。（……）平等には基準となるべき数値、価値が必要だけれど、「反差別」には無限の多様性が要求され、それ故、共生の思想でもある」。

「女の論理」にある本質主義への批判をふまえ、近代合理主義、生産性の論理否定につなぐものとして「反差別」を位置づける。生産性の論理が貨幣価値に還元される一元的基準で人びとを選別序列化するのに対し、「反差別」はそうした構造自体を否定・解体する。「侵略＝差別」もそう考えてはじめて理解できる。つまり、侵略とは生産性の論理の極限的形態であり、それは根源的差別である性差別の上にある。したがって「侵略＝差別とたたかう」とは、そうした「反差別」に立つということであり、そこにひらかれるのは多様性と共生の世界だというのだ。

早すぎたマルクス主義フェミニストの孤独

このあと飯島さんは、「男への「同化」でない婦人解放運動の確立のために」（主要論文7）、「女にとって搾取とはなにか」（同8）、「性の収奪」（同10）とつぎつぎに論文を発表し、「女にとって差別とはなにか」で提起した「生む」ことの「物質生産」への従属について、理論の精緻化につとめている。それは八〇年代になって日本でも議論されたマルクス主義フェミニズムの問題構制、女が担わされている再生産過程の無償性を焦点化するものだった。これらは「アジア婦人会議」の資料だけでなく、『構造』、『女・エロス』など少部数とはいえ商業メディアにも掲載されているが、これをめぐって論壇やマルクス主義経済学者のあいだで議論が起こった気配はない。早すぎたマルクス主義フェミニスト飯島さんの孤独なたたかいに終わったようだ。

しかしこれらの論文は、いま読んでも新鮮な感動に満ちている。というよりは〈現在〉という時代においてこそ、ますます意義をもっているというべきだろう。

そのひとつは、「男への「同化」でない婦人解放運動の確立のために」にみられる「男並み平等」の徹底否定である。それは「平等」概念そのものの根源的再定義の上に立つ。

「社会的平等とは社会的力量が対等ならあえて平等とはいわないのであり、ハンディのあるものも同様に扱えというのが我々の側の平等要求である。体制側に言わせれば保護という。労基法改悪キャンペーンに伴う「女、過保護論争」を想起せよ。臨時工や身体障害者を平等に扱えという場合、本工や健康人と同じ待遇を与えよということなのであり、臨時工や身体障害者に「相応した」待遇であるなら、それを我々は差別という」。

一九九〇年代はじめ、アメリカのフェミニストたちは「男に出来ることは女にもできる」として女性兵士の戦闘参加を要求した。それはアメリカ社会に受け入れられ、現在ではアフガンでもイラクでも女性米軍兵士たちが殺戮に参加している。日本においても「男女共同参画」の方向性はアメリカ的ジェンダー平等にあるようだ。飯島さんの「平等」概念は、それを真っ向から否定するものだ。

こうした飯島さんの「差異あり平等」論や「女の論理」は、ジェンダー・バッシングが強まっている現在、男女特性論にたつバッシング派につながってしまう危険もないではない。しかし飯島さんの「差異あり平等」論はさきに引いた補遺1の「反差別」とイコールである。そこでいう「多様性」、「共生」は、「カラスの勝手でしょ」とばかり自己責任をいい格差を肯定する新自由主義体制の徹底変革なくしてはあり得ない。「臨時工や身体障害者を平等に扱え」というのは「本工や健康人と同じ待遇を与えよ」ということ、つまり結果の平等の完全保障である。さらに補遺1で飯島さんは、「反差別」発言につづけて言う。

「造船労働者のSさんが本工組合の自分は臨時工や社外工の問題を取り上げたとき、初めて階級的立場に立っていることを実感したと語ったように、階級性の内実は反差別のことではないか」。

ここでいう「階級的立場」、「階級性」は、たんに理論的概念ではなくすぐれて実践的なものである。臨時工や社外工を本工と同様に待遇する、機会の平等ではなく結果の平等を保障する。これは体制変革なくしてはあり得ない。『インパクション』一五一号（二〇〇六年四月）の特集は「万国のプレカリアート！「共謀せよ！」である。「プレカリアート」とは、最近の市場中心のグローバル化のなかで世界的に増大している「不安定（プレカリティ）状態におかれている人々」を指す。タイトルはその階級的自覚と変革への主体化を呼びかけるものだが、臨時工に着目した飯島さんの三五年前の提起はそれにつながる。

とはいっても、女性たちが飯島平等論に立つのは非常にむずかしい。それは女自身のなかに抜きがたい

「男並み平等」志向があるからだと、飯島さんは言う。七〇年二月の「アジア婦人会議」アピールに、「自己変革として差別問題をとらえる」とあるのはそのためだ。「自分という女の中に巣くっている自己卑下」、「男性優位主義」、そういうものに骨がらみになっている女自身の自己変革がないかぎり反差別の地平には立てない。これは飯島さん自身の、K・Tとの自己卑下にのたうつ日々から得た結論でもあったろう。しかし以来三五年、日本のフェミニズムは逆の方向に向かいつづけてきたようだ。

つぎの論文「女にとって搾取とはなにか」では、マルクス主義フェミニズムの中心課題である再生産労働の無償性の理論化に必死で取り組んでいる。そこで面白いのは搾取率という概念を出していることである。飯島さんは言う。そもそも賃金とは労働に対して支払われるのではなく、労働力の社会的再生産費である。それに男女で大きな違いがあるはずはない。にもかかわらず、男性賃金を一〇〇とした場合女は四八・二、しかもそれは絶対額における比較にすぎない。「賃労働者の働く労働が支払い労働部分（賃金部分）と不払い労働部分（剰余価値として資本家に取られる部分）の二つから構成されているのだから、今ひとつの側面として搾取率＝不払い労働／全労働として男と女のどちらがより搾取されているかの比較があるはずである」。そのとき、女の「男と異質である、子を産むという生命力は労賃としてどう計上されているのか」。女が無償で担っている再生産労働を視野に入れれば、女の搾取率は男の何倍にもなるだろう。

さらに飯島さんは、「資本制生産の進行は女をいかに収奪したか」という問いを立てる。マルクスの言う資本の原始的蓄積過程において、労働する人間と労働手段の分離が行われたが、「労働手段との分離過程は女にとってはさらに生産と消費の場の分離であり、生産と生殖の結合の解体でもあった」。それによって女を生産の場から疎外し、再生産を無償で担わせることによって利潤をあげる。つまり資本の原始的蓄積には再生産過程の分離が大きく関わっているという指摘である。

こうした飯島さんの理論的営為が、現在のマルクス主義フェミニズムの理論水準から見てどうなのかはしらない。上野千鶴子さんの『家父長制と資本制』(岩波書店　一九九〇年)によれば、マルクス主義フェミニズムには、家父長制と資本制をそれぞれ独立した変数と見る二元論と、統一したものと見る一元論の流れがあるらしい。前者はハートマン、ソコロフらアメリカの学者たち、後者はダラ・コスタなどヨーロッパのマルクス主義フェミニストたち。それでいうと、おそらく飯島さんは再生産過程が資本制に包摂されていると見る一元論の系列にあるのだろう。しかし当時の飯島さんはダラ・コスタもソコロフも知らず、ただかつて純粋培養されたマルクス・レーニン主義と、それに対する違和感を手がかりに必死の考察をつづけたのだろう。飯島さんはいわゆる論壇ともアカデミズムともまったく無縁、主要論文11以後は、小学校の給食調理士として働きながら書いている。

したがって飯島さんの場合、理論はあくまで運動者として実践的課題に立ち向かうための道具である。この論文のタイトルが「差別」ではなく「搾取」であるゆえんは、当時の優生保護法改悪、長時間保育問題、育児休業制度、労基法の保護規定撤廃、勤労婦人福祉法制定等を再生産過程における再編とみ、それによる女への抑圧強化に対決しうる階級的主体形成を願ってのことだろう。こうした再生産過程における搾取強化に対しては、既成の理論では太刀打ちできない。補遺1の文章で、「女にとって搾取とはなにか」についてこう書いている。

「生産過程からのみ見ていた搾取、収奪に新しい光を当てる作業でもありました。体制側の有形無形の、とくに労働力の再生産過程での再編を察知しての抵抗が七〇年代女の運動であったと思います。それはそれまでの労働運動がプロレタリアートとしてのそれであり、合理化反対、賃上げ、時短等であったのに対し、古典的階級概念からはみ出した女の運動の登場であり、またますます敵対的に分裂されてゆく生産と消費、生産と生殖、性と生殖の場の統一を希求する運動でもあったといえましょう」。

主要論文10「性の収奪」は、体制による再生産過程再編の重要な柱である優生保護法改悪反対運動のなかで書かれたものだ。改悪のねらいを生殖をてこにした性の国家管理と優生思想強化と見て論を立てているが、アジア政策と関連させてみているのは飯島さんならではの視点である。現在の少子化対策を考える上でも、これはぜひとも必要な視点だろう。

アジア婦人会議の終焉とそれ以後、そして死

一九七三年、日本の男たちが集団で、韓国に買春旅行に繰り出していることが明らかになった。いわゆるキーセン観光である。これに対して初めて日韓女性の連帯による反対運動が組まれ、「アジア婦人会議」も積極的に取り組む。主要論文12「キーセン観光の経済的背景」はそのなかで書かれているが、七五年一一月

の国際婦人年記念日本婦人問題会議に天皇皇后出席という事態もあり、飯島さんの問題意識にナショナリズムや天皇制が入ってくる。主要論文14「女・民族・天皇制」はそれに関わるものだ。

七五年の国際婦人年記念行事への天皇皇后出席に対して、「アジア婦人会議」では「婦人運動家たちよ、あなたは愛国婦人会への道を歩んでいませんか」の横断幕をもってデモ行進したのに引きつづき、七六年の「天皇在位五〇年」奉祝に抗議デモをする一方、天皇制連続講座を開設した。これは女性によるはじめての天皇制への取り組みとして画期的なものだった。雑誌『思想の科学』が「女性と天皇制」の連載をはじめたのは、七七年一月である。

補遺1「なぜ「侵略=差別とたたかうアジア婦人会議」だったのか」では、このあたりのことまでしか書かれていない。しかしこのころ、「組織」ではなく個に根ざした「運動体」をめざした「アジア婦人会議」は、そうであるが故の困難に直面していた。それについて飯島さんは、補遺1で次のように書いている。

「しかし、いつ頃の時期からかそれまでの流動的波に変化が始まっていました。多くの人に訴える必要を認めながらも、結局、個別の運動は直ちに再びその個別の場に戻ってゆかねばならない、(略)一般的呼びかけでは前進も深化もできない。たとえば職業病共闘会議であり、育休連絡会であり、優生保護法改悪阻止実行委員会であり、キーセン観光に反対する女たちの会でありと、焦点をしぼった形態が主要なものになってゆきました。

アジア婦人会議はいわゆる組織ではない、運動体である、あくまで個人の自発性に依拠する、多数決主義はとらないと言いつづけてきましたが、このように状況が変化するなかでアジア婦人会議のような形態のものの存在理由は何だろう——これが七五年大会の本音の課題だったと思います」。

これはいわゆるリブ運動全体についてもいえる。七三、四年になると、蓮見さん事件、K子さん事件、キーセン観光反対など個別闘争に分化していって初期の女たちの大きなうねりは終息していく。当然の成り行きだろう。しかし「アジア婦人会議」の場合、この文章では触れられていないが、じつはその「存在理由」を確認するための七五年大会で重大な危機を迎える。この大会のために飯島さん（たち）は、これまでの運動の総括と、体制による積極的ウーマンパワー利用という現状認識を踏まえ、今後の活動にあたっての基本姿勢を提起、確認した。

① 女に対する差別・抑圧が、きわめて日常的なものである今日、私たちの闘いも日常的にならざるをえない。「運動」と「生活」を一体のものにしてゆくことによって、はじめて支配構造の枠組みをこえた運動となりうるだろう。（下略）

② 自分に対する差別を許さないだけでなく、自分のなかにある差別性（女らしさ意識、男なみ志向、能力開発、生産性、近代合理主義、等）をも問い返し、克服してゆく。また、性差別以外の重層的差別構造に目を向けてゆく。

③ 私たちのめざす女性解放は、生産性の論理におかされた能力開発（パワー主義）や、改良主義的男女平等（男なみ志向）ではなく、労働と性の統一された復権をめざした女の解放である。そのことはまた、

女を総体的にとらえることであり、主婦意識と労働者意識のハザマから自分をひきだすことである。

これは飯島さんの思想そのものであり、「アジア婦人会議」の初心をあらためて確認したものといえる。しかしこれに対して、発足当初からの「同志」松岡洋子さんから手厳しい批判が出た。松岡さんは戦後すぐ誕生した婦人民主クラブの委員長をつとめた女性運動のリーダーだが、この当時は文化大革命下の中国への傾斜を強めていた。

彼女は「ソ連帝国主義」批判を中心にした世界情勢分析の必要性を唱え、飯島さんたちの、運動と生活の一致、みずからの差別意識の問い直し、生産性の論理否定を内容とする方針に反対した。約一年も話し合いを重ねたあげく、けっきょく松岡さんたちとはたもとを分かつことになる。そして「アジア婦人会議」自体も終焉に向かう。飯島さんがずっと手書きのガリ版刷で出していた会報は七八年一二月まで。そのあと三人の持ち回り編集体制、タイプ印刷でだされたが、八〇年一二月の六九号で終刊となる。

その過程で飯島さんは、「アジア婦人会議」が提起したものや運動のあり方等について、あらためて考えに考えただろう。七〇年代末からの「百姓志願」はそのひとつの帰結でもあったはずだ。七五年大会で提起した「運動と生活の一致」の実践ともいえる。そして彼女は八二年、奄美大島へ移住。さらに千葉の流山、石垣島と移動を重ねる。その度ごとにあらたなパートナーとの出会いと離（死）別がある。

まるで純粋培養マルクス・レーニン主義生活で失われた青春を取りもどすかのように、飯島さんはとりわけ年若い男を愛した。奄美にいっしょに入植し、そのガンによる死まで三年間をともに過ごした「中尾くん」

は彼女より一六歳下、最後のパートナー、藤原仙人掌さん、通称「さぼ」はなんと四〇歳も年下である。さぼに出会ったとき、飯島さんは六四歳だった。

もういいではありませんか
たくさんの恋をしたではありませんか
蝶を見てください
鳥を見てください
花をみてください
時はもう過ぎたのです
コズミック・ダンスを踊りつづけてきました
まだ愛されたいのですか
まだ愛し足りないのですか
体はまだほてっています
心はまだ波立つことがあります
それは永久運動なのですから

原稿を待ちかねているわたしのもとへ、こんなラブソングが送られてきたこともある。いい加減にしてよ、と腹を立てながら、一方ではとてもうらやましかった。

飯島さんの死の当日、宮地さんの電話で病院に駆けつけたら、ベッドのそばにさぼがぴったり寄りそい、意識のない飯島さんにしきりに話しかけていた。そのせいだろうか、心停止ののち呼吸器を抜いた飯島さんの唇は、いつもさぼと過ごしたあとに言う「あー、たのしかった」という形をしていたという。

通夜の日、服喪のためかさぼは頭を丸坊主にし、飯島さんとの旅の思い出をえんえんと語った。そして、たまたま訪れた造り酒屋で新しく醸された酒にふたりで名前をつけ、さぼの字をロゴにしたという酒「ありがとうございま酒」を通夜の客にふるまってくれた。

そんな幸せな〈遍歴〉のなかで、飯島さんは何を得たのだろうか。石垣島という日本国家の〈辺境〉にあって、海と大地の恵みに生きながら何を考えていただろうか。

最後の講演や手紙の断片からは、エコロジー的世界、もっといえば〈霊的〉世界への接近が感じられる。しかしそれは、いまのわたしには理解を絶する。何度か飯島さんはそれ的世界へ誘ってくれたが、そのたびにわたしは言を左右にして逃げた。いずれ「あの世」で出逢ったら、今度こそまじめに弟子入りするからね。その時はどうかよろしく、飯島さん。

付記・『侵略＝差別と闘うアジア婦人会議資料集成』が本書の刊行にあわせ刊行されます。

飯島愛子年譜（作成・石塚友子）

西暦 年齢 飯島愛子年譜

32年 0歳 1・12東京・品川で、裕福な開業医（産婦人科）の第4子として生まれる。父・直（なおし）42歳、母・あき40歳。長兄・武雄、姉・和子、次兄・俊吾と末子の愛子は全員2歳違いであった。愛子は生まれつき病弱のため親に特に大切に育てられた。父は人望・経済力があり愛情深い人だったが、母に対しては「だから女はだめなんだ」が口癖で、母は黙って従う人だった。

37年 5歳 千葉に越す。

6歳 小学校入学、集団生活が苦手で不登校気味だった。何をしても「かわいい」と叱ったことのない両親は「行きたくなければ、いかなくていい」と登校を強いなかった。休みがちだが成績は良く読書好きな愛子は国語が得意だった。この頃から小説家を夢見るようになる。

45年 13歳 千葉市立高等女学校入学。（病気で1年遅れ）

46年 14歳 2月からの天皇巡幸で人間天皇への反発を、また4月の第22回衆議院総選挙で39名の女性代議士が誕生したことで「これからは女性も社会変革に参加しなければ」との思いを強くした。2歳上の次兄の影響もあり、天皇制反対、旧支配体制打倒、女性解放の思いを持ち始めた愛子は初めて千葉県庁前広場での共産党演説会（野坂参三）を聞きに行く。

47年 15歳 次兄の中学の同級生・K・Tと出会う。自宅で兄が共産主義の勉強会を開いており、16歳ですでに青年共産主義者同盟に加入していたKも組織拡大のために参加していた。Kは樺太から引き揚げてきた医者の8人兄弟の末っ子。姉は一度だけだったが、愛子は「兄がやっていることは、自分もやっていい

国内外の動き

32年 1・28 上海事変
3・1 満州国建国宣言
5・15 5・15事件
12・13 大日本国防婦人会結成

36年 2・26 2・26事件

37年 7・7 盧溝橋事件

38年 12・13 南京占領。虐殺強姦事件

41年 12・8 アジア太平洋戦争開戦

45年 3・10 東京大空襲
4・1 米軍、沖縄本島上陸
8・6 広島、8・9長崎に原爆投下
8・15 日本無条件降伏
12・17 衆議院議員選挙法改正公布

46年 1・1 天皇、「人間宣言」

はず」とこの会に数回参加した。母が激怒し「桃色遊戯だ」と叱った言葉に「心臓が止まるようなショック」を受けた。何をしても許されてきた世界が初めて崩れた。男には許されても、女には許されない事が初めて剥き出しに出てきたと感じた。思想よりも、男女同席への母の嫌悪にショックを受けた。Kから恋文をもらい親に隠れて交際を始める。母への後ろめたさはあったが、男への憧れは即性エネルギーとなった。「性は汚いこと」とされている社会通念を抑圧として感じていたが、「性を認める。自分のしていることは、決して悪いことではない」との思いは、この後の愛子の原動力となる。

この頃愛子は、女学校の裁縫と書道の時間を拒否していた。「女らしさ」の強制への反抗だった。

48年 16歳 日本女子大付属高校入学、東京で寮生活。膵炎になる（24歳頃まで闘病）。このことをきっかけに漢方薬に興味を持ち始める。

49年 17歳 膵炎のため千葉淑徳女子校に転校、自宅から通学。共産党に入党し、歌声運動や第3回総選挙の運動に参加。Kに連れられ板橋区大山にあった哲学者・田中吉六宅の学習会に参加、主体的唯物論を学ぶ。理論は難解で理解できなかったが、「共産主義は完成した自然主義・人間主義である」という言葉は、愛子の心に響いた。

50年 18歳 高校3年で退学、その後通信制高校で高卒資格を取る。職業革命家を目指していたKは、恋人であるより「マルクス主義の教師と弟子」の関係を強調し、愛子にマルクス主義の勉強を日課として強いた。この頃愛子は、親や社会からの「女は劣っている」という意識の強制と、Kからの「知識の劣った弟子」という二重の圧力から、劣等感に苦しむようになる。同時に、性の快楽を求めた愛子はKの子どもを妊娠する。が婚前の妊娠が世間に知れることを恐れた父に、こらしめのためか麻酔なしで中絶手術をされた。

52年 20歳 6月、Kと結婚。Kの実家のある千葉の四街道に住む。

3・16 婦人民主クラブ結成（11月総会で松岡洋子が委員長に）
4・10 戦後第1回衆議院総選挙、初の婦人参政権行使。女性議員39名
5・3 極東国際軍事裁判、開廷
11・3 日本国憲法公布

47年
1・31 2・1スト中止命令
3・9 国際婦人デー
3・31 教育基本法公布・施行
4・7 労働基準法公布
4・20 第1回参議院議員選挙。女性議員10人当選
5・2 日本国憲法施行
10・26 不敬罪・姦通罪廃止
12・22 改正民法公布（家制度廃止）

48年
7・13 優生保護法公布
9・15 主婦連結成（会長・奥むめお）

50年
6・25 朝鮮戦争始まる。

51年
9・8 対日平和条約、日米安全保障条約調印

52年
5・1 血のメーデー事件

実家から月1万円の仕送りがあったが、Kは職業革命家で収入はない。そのため愛子は町工場で働く。缶詰工場・造花造り・電球・化粧品工場などの労働は肉体的には疲れたが、少ないなりにも自分で収入を得たことで精神的には満足していた。
また自分なりの目的を持つため大化の改新・壬申の乱を題材に130枚の戯曲を書き上げ、充実していた。
Kがトロツキズムの立場で活動を始める。

56年 24歳 2人の関係は生活苦もあり緊張したものになっていく。

57年 25歳 K、日本トロツキスト連盟結成。愛子は幹部の妻として本人の承諾なしにメンバーにされる。その後加入戦術で社会党に入党する。
9月Kは第4インターの国際会議に参加するため、翌年の1月までフランスへ。

58年 26歳 3月実家の経済事情から、仕送りが打ち切られる。経済的自立のため実家の医院に一人で住み込み看護婦助手となる。経済力のないKに対して愛子の両親は批判的であり、愛子は両者の間で苦悩する。心労からか7月に妊娠6ヵ月で流産する。愛子を労ろうとしないKとの生活を続けるのか自問の日々が続く。自分の本当の関心は革命ではなく、自分自身の生き方の変革だと考えるようになる。
12月日本トロツキスト連盟は1月の分裂後、国際主義共産党・第4インター日本委員会（ICP）となり、愛子は指導者の妻として引き続きメンバーとなり、やはり加入戦術で社会党に残る。

59年 27歳 12月一人暮らしを決意し上京するが、Kの両親の懇願により再びKと西日暮里で暮らし始める。生き方を考えるため、フロイトとシュールレアリズムに関心を持ち始め家に引き籠もる。

60年 28歳 反安保闘争が激化。自分自身を駆り立てるため、社会党荒川支部を通し、超党派の安保阻止国民会議の署名運動・街頭行動に参加し活発に活動する。社

7・21 破壊活動防止法公布

54年
3・1 第五福竜丸、ビキニで被曝。女性による原水禁運動ひろがる
4・15 高群逸枝『女性の歴史』第1巻刊行（〜58年までに3巻）

55年
2月 「主婦論争」始まる
5・8 砂川基地反対闘争始まる
6・7 第1回日本母親大会開催
10・13 社会党統一大会
11・15 自由民主党結成

56年
2・14 スターリン批判
5・24 売春防止法公布
7・17 経済白書「もはや戦後ではない」と規定
10・23 ハンガリー事件

58年
10・28 日教組勤評闘争

59年
3・28 安保条約改定阻止国民会議結成（社会党・総評・原水協など）
12・11 三池闘争始まる

60年
6・15 安保闘争で樺美智子、死亡

会党の女性党員は少なく活動家として注目される。演説、会議での発言、デモの楽しさで半年前が嘘のように毎日が充実していた。

しかし6月安保が批准されると、再びKとの生活に悩む日々となる。党の分裂、Kの恋愛問題で離婚を本格的に考え始める。

61年　29歳　両親が生前贈与として愛子のために品川区西小山に家を購入。生活は少し安定したが、Kへの思いは幻想だったのでは、と思い始める。と同時に「革命は知的に優れた人間が指導するもの」というKの考えにも疑問を持つようになる。心が疲れると一人になるために、新大久保の簡易宿舎に2・3日泊まり込み、休んだ。

62年　30歳　4月、社会党系組織として日本婦人会議が結成され、会員となる。社会党品川支部で労働運動や選挙活動をする。

63年　31歳　1月、社会党区議・中大路まき子（品川区）の秘書のアルバイトを始める。4月から中大路は都議となり、愛子は秘書を続ける。

ICPと社会党の二重党籍、Kとの関係に悩み苦しむ。

12月31日、Kに家を出てもらう。「年内に別れなければ」との思いで別居を始める。

64年　32歳　3月、Kと離婚。

65年　33歳　2月のアメリカによるベトナム北爆、4月の「ベトナムに平和を！市民連合」の結成に、心が揺さぶられる。

66年　34歳　7月三里塚・芝山連合空港反対同盟、結成。空港反対運動に関心を持つ。

67年　35歳　日本婦人会議の中央常任委員となる。

68年　36歳　10月、沖縄の首席公選への応援に派遣される。施政権返還を前提とした初めての首席公選で、基地の島の一丸となった本土復帰への悲願の熱気に圧倒された。

69年　37歳　1月、救援連絡センターができる。60年代後半の学生や反戦労働者への弾圧に対し、既存の国民救援会は救援活動を一切拒否していた。1月18・19の東

7・29　北富士演習場で農民300人、自衛隊・米軍の演習中止を要求

10・12　浅沼社会党委員長、刺殺

11・1　経済審議会、「所得倍増計画」

61年

2・1　「風流夢譚」事件

8・13　東ドイツ、ベルリンの壁構築

64年

6・7　高群逸枝死去

10・10　東京オリンピック開催

65年

2・7　米軍、北爆開始

6・22　日韓基本条約調印

67年

6月　高群逸枝『火の国の女の日記』

7・14　男女同一賃金に関するILO100号条約批准

7・23　北富士演習場、座り込み開始

11・7　国連「婦人に対する差別撤廃宣言」採択

68年

1・15　エンタープライズ寄港阻止闘争

1・27　所美都子死去

1・29　東大医学部無期限スト突入

2・20　金嬉老二人を射殺、人質籠城

大闘争で１０００人もの逮捕者が出る事態に、水戸喜代子さんらを中心に救援連絡センターを結成。

2月日本婦人会議主催で「２・４沖縄ゼネストに連帯し、撤去を要求する婦人集会」。ゼネスト中止に至る経過の中で、本土の繁栄が沖縄の犠牲の上にあることを痛感、今必要な闘いの本質は反戦・反体制であることを確信していく。

4月28日、復帰協・社会党・共産党・総評を中心とした反安保実行委員会主催の「沖縄の即時無条件全面返還、安保条約廃棄を要求する大会」沖縄からオルグ５００名が来るのに対し日本婦人会議が中心となり「4・28沖縄闘争婦人連絡会」結成。愛子は反戦青年委員会やべ平連の集会に参加。4・28統一行動で既存革新勢力は、反戦青年委員会と三派全学連を排除しようとしていた。「4・28沖縄闘争婦人連絡会」はその後、恒常的な連絡を持つために「安保を闘う婦人連絡会」と改称、事務所を日本婦人会議代表の松岡洋子事務所（銀座）に置き、愛子は事務局となる。この会の最初の活動として救援活動と『救援ノート』（初版）を作成。

10・10〜11「反安保婦人集会」で愛子は「婦人運動のとらえ直し」を提起する。終了後、千代田公会堂から数寄屋橋まで女性だけのデモ。

11月、父死去。

入管闘争が高まる。特に女性である中華民国からの留学生・劉彩品の「中華民国のパスポート更新を拒否するなら、日本人と結婚しているのだから日本に帰化せよ」という日本の入管に対し、「思想信条・中国人の良心から中華民国を拒否し、中華人民共和国の国籍を選ぶ。日本には帰化しない」という闘いに、衝撃を受けた。同化を拒否し、主体性を主張する姿は男性への同化により平等を勝ち取ろうとしていた自分を見つめなおすきっかけとなる。

12月、「安保を闘う婦人連絡会」の場で松岡洋子、「アジアの闘う女性を招いて集会を開こう」と提案。

3・10 三里塚現地闘争、５０００人が機動隊と衝突
4・5 チェコ、プラハの春
5・1 電電公社、育児休職制度実施
5・27 日大使途不明金事件で、全学共闘会議結成
6・15 東大医学部安田講堂占拠
7・5 東大全学共闘会議結成。
10・13 陸上自衛隊、初の女性自衛官募集試験
10・21 国際反戦デー、騒乱罪適用。
11・10 初の沖縄首席公選、屋良朝苗当選

69年
1・18 東大安田講堂に機動隊導入
1月 石牟礼道子『苦海浄土』
3月 所美都子『わが愛と叛逆』
4・28 沖縄デー、各地で集会・デモ
5・23 初の『公害白書』発表
8・4 日本婦人会議、母親大会不参加を表明
9・5 全国全共闘連合結成大会
11・16 佐藤首相訪米阻止闘争。逮捕者多数。

70年
2・3 東京のコインロッカーに嬰

70年　38歳

2月、「侵略＝差別と闘うアジア婦人会議」の集会名・アピール文が決まる。体制変革を担う新しい婦人運動を目指し、次の視点を打ち出す。「第一に戦後民主主義の特徴であった『婦人解放』をその根源からとらえ直す過程にしたい。そのことは社会体制の変革の後に続く婦人解放ではなく、自己変革として差別問題をとらえることであり、また私たちのうけている差別を部落や沖縄県民や在日朝鮮人のそれと同質のものとして明らかにしたい。」「第二にアジア的視点で今後の闘いのあり方を考えたい。それは日米帝国主義のアジア侵略を私たちへの侵略ととらえ、私たち自身の個別の闘いを追求し、同時に運動の先進国としてのアジアから学ぶ」

この頃愛子は、所美都子の組織論・高群逸枝の思想に大きな刺激を受ける。

4月「社会党東京都本部1970年活動方針への意見書」（救援活動）執筆

6月「婦人運動と差別について」（『侵略＝差別と闘うアジア婦人会議議討議資料』第一集）執筆

7月日本婦人会議第8回総会で「アジア婦人会議は新左翼との共闘」と非難され、愛子ら参加者は役員から排除される。この後、愛子は社会党から離れていく。

8・22～23、「侵略＝差別と闘うアジア婦人会議」開催。のべ2000人参加。大会終了後、解散せず大会名称を会の名称として連絡体制を残す事となり銀座の松岡洋子事務所に婦人会議事務所を置き、愛子を唯一の専従とする。会は「長をおかない」「多数決主義をとらない」「個人参加を原則とする」を申し合わせとする。連絡・事務処理を行うために松岡洋子・愛子を含む26人が雑役係となる。アジア婦人会議は「組織ではなく、運動体」「組織を自己目的化せず、各自の成長と運動の推進を目的とする」「すべて大衆討議で決める」という会であった。討論の場として婦人労働・女子差別教育・入管などの分科会ができた。

8月「同化＝差別＝侵略」（『侵略＝差別と闘うアジア婦人会議討議資料』第

児死体。以後続出

3・14　大阪で万博開幕（～9・13）

3・31　赤軍派、よど号ハイジャック

4・28　沖縄デー、全国各地で集会、20万人が参加

5・1　米、北爆再開。カンボジア侵攻

6・22　政府、安保条約の自動延長声明。反対行動に全国で77万人参加

7・7　盧溝橋33周年集会で、華青闘の告発

9・30　三里塚、空港公団の立ち入り調査阻止闘争

10・21　国際反戦デーで田中美津ら、リブとして初のデモ

11・14　初のリブ集会「性差別への告発」開催（亜紀書房主催）

11・25　三島由紀夫、市ヶ谷の自衛隊内で決起を呼びかけ失敗、割腹自殺

12・8　「侵略に向けて女は産まない育てない」集会

12・20　沖縄・コザ暴動

71年

2・17　京浜安保共闘、銃砲店襲撃

2・22　成田空港建設第1次強制代執行開始

二集）執筆

11・4アジア婦人会議内部討論会で「女にとって差別とは何か」報告

11・14「性差別への告発」集会（亜紀書房主催）で発言。

12・25〜1・22まで中日友好協会から「基地で闘う婦人を中心に訪中するように」との招待を受け、訪中団を組織。松岡洋子団長、長谷川タケ副団長の下、愛子は秘書長として三里塚・日本原・板付・救援センターの7名と共に訪中した。国交のない中国への初めての招待として内外から注目される。中国では周恩来首相とも面会した。

71年　39歳

1・23　訪中帰国報告会。

アジア婦人会議は三里塚闘争現地集会参加、街頭ビラまき、デモ、空港公団への抗議行動で闘う。また労基法改悪を見据えて、婦人労働についての討論会、女子差別教育分科会、中国革命思想の読書会等を活発に行った。

5月「男への同化でない婦人運動の確立のために」（『構造』5月号）執筆

72年　40歳

6月優生保護法改悪阻止闘争始まる。厚相へ反対声明文を提出する。

7月「女にとって搾取とは何か」（アジア婦人会議大会討議用、シンポパンフ第一集）執筆

11・3〜4「日本帝国主義の女性支配と女性解放闘争シンポジウム」開催。

70年大会で掲げた「新しい婦人運動」の内実の深化が目的であった。保育・育児休業法・能力開発・女子差別教育・優生保護法・臨時、パートなどの分科会では女性への攻撃の質や差別の現れ方等をめぐっての討論は深化したが、入管・部落・沖縄等の分科会では「女にとって」の視点からの討論とはならず、結局この大会では「アジア婦人会議としての運動の組織化の方向性」を出すには至らなかった。このことは、アジア婦人会議を拠り所として個人として運動に関わる無党派メンバーと、組織に属しその組織の主張を広げる場とする党派活動家メンバーの立場の違いから発したものであった。そしてこの後もこの違いは、運動のあり方・組織問題として議論となっていく。

5・8「ぐるーぷ闘うおんな」など、「女の子殺しに連帯する」集会。

6・17　沖縄返還協定、調印

7　中核派全学連30回大会で「性差別」告発

8・15　ニクソン米大統領、ドル防衛策発表（ドルショック）

8・21　長野県飯山市で第1回全国リブ合宿。以後各地にリブ誕生

9・16　成田空港建設第2次強制代執行、警官3名死亡

9・27　天皇・皇后訪欧出発

72年

2・19　連合赤軍、浅間山荘に籠城

2・27　米中共同声明

4・18「蓮見さんのことを考える女性の会」発足

5・5　ウーマンリブ大会（〜7日）

5・15　沖縄の施政権返還、沖縄県発足

5・26　優生保護法改正案国会提出

5・30　日本赤軍、イスラエルのテルアビブ空港で自動小銃乱射

7・1　勤労婦人福祉法公布・施行

7・7　田中角栄内閣成立

9・25　田中首相訪中。9・29日中

73年　41歳

4月「戦後婦人解放とは何だったのか」を『明治学院大社会学会誌』13号に発表

8月「性の収奪―女の性から優生保護法改悪をみる」アジア婦人会議・優生保護法討議資料

10月「体制内・二つの潮流」『アジア婦人会議しんぶん優生保護法特集』に執筆

11月よりキーセン観光反対のビラまきを始める。

12・21「キーセン観光に反対する女たちの会」結成。

12・25羽田空港で横断幕「恥を知れ！買春めあての観光団」を掲げる。空港内でビラまきも。それまで空港内で運動のビラがまかれたことはなかった。

アジア婦人会議の枠を越えて実行委員会や個別支援グループの形で優生保護法・長時間保育・育休・職業病・キーセン問題等、運動は広がったが、部落・沖縄・入管分科会はほとんど党派メンバーのみの活動となり、具体的な運動は見られなくなった。（分科会は78年頃まで報告を出していた）

74年　42歳

3・8国際婦人デー実行委員会主催で「キーセン観光に反対する集会」

4・10私たちの春闘をかちとろう婦人労働者集会。

7月アジア婦人会議の専従を辞める。

8月都内公立学校の給食調理士のパートを始める。

75年　43歳

3・8国際婦人デー「どう闘うか国際婦人年」討論集会。国際婦人年の位置付けをめぐり、女性運動内部に分岐が始まる。

4・10「差別・分断と闘おう！　4・10婦人労働者春闘討論集会」。

5月キーセン観光反対、日韓閣僚会議反対のビラまき・集会。

6・6実行委員会主催で「育休反対決起集会」

8月、11月のアジア婦人会議発足5年目の大会に向けて、準備が始まる。5年間の活動を総括し、具体的な運動を創り出すための討論は①戦後婦人運動の総括②70年以降の運動状況③アジア婦人会議5年間の総括の三つを分担し

共同声明

9・30「ぐるーぷ闘う女」など、リブ新宿センター開所。

11・14 無認可保育所竹の塚ベビーセンターで乳児窒息死（径ちゃんの会）

73年

1・27 ベトナム和平協定調印

2・3「未婚の母」K子さん、法務大臣に直訴

2・14 円が変動相場制に移行

3・20 水俣病裁判、チッソの過失認める

5・11 優生保護法改正案、国会に再上程。12日反対する女性団体、厚生省に座り込み。74年6・3廃案

6・11 東京湾の魚からPCB検出

8・8 金大中拉致事件

10・25 第1次石油ショック

12・25「キーセン観光に反対する女たちの会」羽田空港でデモ

74年

1・7 田中首相、東南アジア5ヵ国歴訪に出発。各地で反日デモ

1・26「家庭科の男女共修をすすめる会」発足

8・1「アジアの女たちの会」発足

て行う。
10・29〜11・1国際婦人年記念日本婦人問題会議への天皇・皇后出席に抗議のビラまき。「ヒロヒト・ナガコ出席11・5・6国際婦人年会議糾弾」の内容。
11・4・抗議集会
11月「私たちはどこへ向かおうとしているのか」『日本の女は発言する』執筆
11・23アジア婦人会議「戦後婦人運動の総括と展望」大会。南部労政会館。午前は全体会、午後は分科会。この大会でアジア婦人会議の壁とは何かを提起する。「大衆に依拠し一人一人が運動の担い手になる開かれた組織と、運動内容を目指しながら、分科会活動が運動母体となれなかった点、個別闘争が他との共闘組織へと発展する中で、問題がアジア婦人会議全体のものとならず、また共闘内部でもアジア婦人会議の独自性を明確化しえないことを通じて、『それではアジア婦人会議とは私たちにとっていったい何なのだろう』との疑問が生じてきたのです。」（基調報告より）
12・14大会総括会議。
12・21四谷三栄町にアジア婦人会議事務所を移転。

76年　44歳

1月、75年大会の基調報告をめぐり、アジア婦人会議内部で路線論争が始まる。松岡洋子を中心とする矛盾論グループは「婦人運動はマルクス・レーニン主義の下に進められるべきであり、ソ連の覇権主義の台頭に抗することが現時点での最重要課題」と主張、愛子ら運営委員会グループは「性差別との闘いを基軸にした具体的な運動を」と主張した。これはアジア婦人会議の目指す女性解放運動の本質に関わる論争となり、翌年まで続いた。

3・8国際婦人デー「女性解放と天皇制」集会。以後6、7、9月と5回に渡って「講座　天皇制を考えよう」を開催。

3・25実行委員会主催「労基法改悪阻止集会」。

4・10「不況下における婦人労働を考える」集会。

4月「性差別・天皇・国際連帯国際婦人年をふりかえって」『新地平』執筆

8・30　東アジア反日武装戦線、三菱重工本社爆発
11・26　田中首相、金脈問題で辞任

75年

1・13　「『国際婦人年』をきっかけとして行動を起こす会」発足
4・30　南ベトナム・サイゴン陥落
6・19　国際婦人年世界会議開催（メキシコ）
7・17　皇太子夫妻、沖縄「ひめゆりの塔」前で火炎瓶を投げられる
8・4　日本赤軍、クアラルンプルで米大使館等を占拠。獄中者7人の解放を日本政府に要求、5人釈放
9・29　行動を起こす会「ワタシつくる人、ボク食べる人」CMに抗議
9・30　天皇・皇后、初の訪米。
11・4、5〜6日開催の政府主催「国際婦人年記念日本婦人問題会議」反対のデモ
12・5　第30回国連総会、76〜85年の10年間を「国連婦人の10年」と決定

76年

2・4　ロッキード事件

77年 45歳 11・9「天皇在位50年式典抗議」デモ・アピール。婦人民主クラブ、キリスト教団体との共同行動。

正規職員への採用闘争に参加、78年に正規職員となり82年12月まで働く。

アジア婦人会議の路線論争が続く。


78年 46歳 1月　母死去。

1・15愛子ら運営委員会グループは矛盾論グループと同じ組織での行動は不可能との結論を出し、通信連絡費納入者の全てに、「どちらのグループと行動するか」の意思表示を求め、2つの組織に分かれた。

中尾正和（30歳）と三里塚闘争を通じて知り合う。中尾は同志社大卒で、三里塚の農民から農的経験・自然との関わりを学んでいくグループ「しだれ梅」（市民科学者・高木仁三郎さんが中心）のメンバー。

品川・西小山の家をポストに、東急線沿線のアジア婦人会議友人らと、三里塚の野菜の共同購入を始める。

10・1アジア婦人会議、今後の展望を見い出すための討論会議。

12・1最後のパンフ「再出発をめざす」発行で、論争終結。


80年 48歳 4月中尾と三里塚東峰で自主耕作を始める。

品川区西小山の愛子の家で、中尾と共同生活を始める。

12・27会報69号を発行し、アジア婦人会議の事実上の活動が終わる。

81年 49歳 12月末から、中尾と入植地の探索を始める。二人で熊本、屋久島、奄美、沖縄。宮古、石垣、西表を旅する。

83年 51歳 1月学校給食調理職を退職。
4月奄美大島宇検村平田に中尾と共に移住。ここには既にアジア婦人会議メンバーが住んでいた。開墾をし、田畑を耕作する。「農業をすると自然に帰れる。気持ちがいい」

84年 52歳 5月第1回有機農業祭りを友人夫婦とともに開催。二家族で約30世帯に無農薬野菜と卵の産直を始める。

7・2　南北ベトナム統一
7・27　ロッキード事件で田中角栄元首相逮捕

77年
10・22　中国、4人組事件を公表。
5・8　三里塚・芝山空港反対同盟、鉄塔撤去に抗議、機動隊と衝突。10日支援者1名、催涙弾直撃で死亡

78年
1・10　総理府、初の婦人白書発表
8・12　日中平和友好条約調印
10・17　閣議、元号法制化を決定

79年
1・1　米中、国交回復
2・11　イラン革命
1・17　第二次石油ショック
3・28　米スリーマイル島原発事故

80年
5・18　韓国、光州事件

82年
3・15　参院予算委員会で村上正邦（自）が、優生保護法「改正」（中絶条件からの経済的理由の削除）を厚生大臣に約束させる。
11・3　優生保護法改悪阻止集会（山手教会・二千人参加）83年3月、

85年 53歳 耕運機を購入、ニンニク栽培をする。

86年 54歳 4月、中尾が胃ガンと判明。

5月、いわき市の食養道場に移る。

6月、中尾、死去。遺骨を中尾の親と子・愛子で分骨。

愛子は西小山で一人暮らしを始める。

87年 55歳 A・M（60）と流山市で同居、農業を始める。A・Mは三里塚に通っていた北海道の元炭鉱夫。千島で漁師をした後北海道へ。閉山後、集団就職で東京へ。

品川の家を賃貸アパートに建て直し、家賃収入を得るようになる。

88年 56歳 奄美で親交のあった「無我利道場」メンバーが、奄美住民からの追放運動を起こされたため、「関東ムガリを支える会」結成に関わる。

89年 57歳 A・Mとの同居を解消。愛子は流山に残り、A・Mは筑波山の麓に移りそれぞれに農業を始める。

90年 58歳 「関東ムガリを支える会」を「久志の人権を見守る会」と改称し連絡先となる。

7月「なぜ追い出すの！」現地報告の集い。東京中野。

8月「人権尊重奄美大集会集会」奄美名瀬。

92年 60歳 12・29沖縄県石垣島へ移住。石川真治（70）と同居。石川とは「現代農業」の種交換欄で知り合い文通をした。

石川は沖縄生まれ、満州で終戦となり敗戦後シベリアに抑留。帰国後琉球政府の公務員・高校教員を経て40歳から石垣で農業をしていた。

94年 62歳 11・15石川との同居を解消。

95年 63歳 石川の紹介で、家を借りる。

96年 64歳 3月『銃後史ノート戦後篇8 全共闘からリブへ』に「なぜ『侵略＝差別と闘うアジア婦人会議』だったのか」を寄稿。

11月 藤原仙人掌（24歳）とTM瞑想の講習会で出会う。瞑想を始めてから心身の調子が良くなってくる。

改悪案の上程は阻止された。

85年 6・24 参院、女子差別撤廃条約承認

7・26 ナイロビで「国連婦人の十年」最終年世界婦人会議開催

86年 4・1 男女雇用機会均等法施行

4・26 チェルノブイリ原発事故

87年 4・1 国鉄分割・民営化

6・15 広島高裁、男女間の定年年齢格差の段階的解消を違憲と判決

89年 11・20 「連合」が発足

1・7 裕仁天皇没

6・4 天安門事件

11・9 ベルリンの壁、崩壊

90年 8・2 イラク、クウェート侵攻

10・3 東西ドイツ統一

91年 1・2 湾岸戦争勃発

4・26 海上自衛隊掃海艇ペルシャ湾へ

92年 12月 ソ連解体

11・30「銃後史ノートのつどい」でパネラーとして発言。他の発言者は酒井和子・舟本恵美・松井やより、司会・加納実紀代。

97年 65歳 チベット仏教や、人間の霊性について関心が深まる。

98年 66歳 12月インド仏跡を辿る旅行。たくさんのチベット人に出会う。活仏から祝福を受け、感激する。

99年 67歳 「今までの歴史観は文化だの文明だのといいながら、実は物質的なことの歴史ばかりで、人類の魂の進化・歴史という点では全く問題にしてこなかった。今、そのことに多くの人が気づき始めているのだと思います。今、人々の意識が人間の霊性を認める方向に急激に変わってきていて、人間が霊的な進化に向かって大きく進みだしたと信じたいし、私個人の方向もそれに重なり、一致していると思える時は、かすかなときめきを感じます。どうぞ、そうでありますように。そうでなかったら、この暗い事件続きの中で犠牲になっていく方々があまりにも可哀相です。」(9・1藤原への手紙)

石川の紹介で野底の家を購入し転居。

00年 68歳 10・24乳ガンの手術(千葉の病院)。退院後、熊野大社へ旅行。乳ガンが発見される。

01年 69歳 2月、ブータンへ旅行。

卵巣ガンが発見され西洋医学以外の治療を求め、種々の代替医療を試みる。

「子どもの時から弱くて沢山病気をしてきたけれど、やっぱり癌っていう奴は一段とエライい奴(つまり、いろんなことを気づかせる)だと、思いました。まけおしみ、強がりでいっているのではないのよ。癌から立ち治ろうとする殆どの人が、昨日までありふれて見えていた道端の草花や、空や、風や、そして人との関係も、キラキラと輝いて、いとおしく見えると言います。これって本当にすごいことだと思うの。それは脳で考えることではなく、生命の危機に直面した1コ1コの細胞がそう感じさせるンだと思うの。私も癌だと知った時、まわりの景色、葉っぱの一枚一枚が輝いて見えました。」(10・7友人・川鍋恵介への手紙)

6・15 国連平和維持活動(PKO)協力法成立

94年
10・13 自衛隊、カンボジアに出発
6月村山富市内閣成立

95年
1・17 阪神・淡路大震災
3・20 地下鉄サリン事件

96年
4・12 日米、沖縄米軍基地普天間飛行場の返還に合意

97年
9・23 新ガイドライン発表

99年
8・9 国旗・国歌法、通信傍受法成立
9・30 東海村核燃料加工施設で臨界事故

2000年
7・21 九州・沖縄サミット

01年
1月小泉内閣成立
9・11米貿易センタービルなどが攻撃され崩壊
10・7 米英軍アフガン攻撃
11・16 海上自衛隊、米軍支援のためインド洋へ

02年　70歳　病状悪化により、上京して治療を受けることを決意。

03年　71歳　9・12鴨川の亀田病院にて卵巣ガン手術。手術は成功し、経過は良好であった。

04年　72歳　3月帰島。藤原と国内各地を旅行。石垣での一人暮らしに戻る。

6・10国際シンポジウム（ドイツ—日本研究所・広島市立大学共催）「ジェンダーと国家」で、基調講演。

12月上京し、品川の昭和大学病院に検査入院。引き続き1月抗癌治療始まる。病院はいつも誰かしら友人が訪ねており、車椅子での散歩やおしゃべりを楽しんでいた。洗濯・食事など身の回りのことは友人たちが手分けしてサポートしていた。

05年　73歳　5・4昭和大学病院にて死去。

5・7品川・安楽寺にて告別式（友人葬）。遺骨は千葉の実家・石垣島に分骨。

5・29石垣島での友人らによる「お別れ会」。

6・19友人らにより、石垣島の海に散骨。

02年
9・17　日朝平壌宣言
10・15　北朝鮮による拉致被害者5名、帰国
12・16　海上自衛隊、イージス艦をインド洋に派遣。
03年
3・20　米英軍、イラク攻撃
5・15　個人情報保護法成立
6・14　有事関連法成立
04年
10・23　新潟県中越地震

飯島愛子主要執筆リスト

この執筆リストは、著者が生前、本書掲載のために作った論文リストを元に作成した。ゴチックは本書所収論文。掲載は発表順。初出誌紙掲載順ではありません。

1968年
「階級的婦人運動を確立するために」（小山晶子名）『変革』（日本社会党革命同志会機関誌）3号、7月

1969年
「職場に70年安保たたかえる組織を」『婦人しんぶん』4月15日刊
「沖縄選挙斗争に参加して」『変革』5号、冬季号
「沖縄斗争の質的転換とは何か」『変革』6号、春季号　5月刊
「母親大会にかんする問題についての私の考え」10月7日日本婦人会議内討議用資料
「どのように斗うことが必要とされているか」「婦人解放＝自己解放は階級解放の結果としてあるのか」10月10日反安保婦人集会での問題提起
「日本婦人会議一九六九年反安保の斗い」日本婦人会議内討論69年12月　『変革』8号、70年7月刊

1970年
座談会「70年と婦人運動」松岡洋子・近藤悠子・原田清子・清水澄子・今村千沙子・飯島愛子『婦人しんぶん』1月1日刊
「〝侵略＝差別と闘うアジア婦人会議〟に参加しよう」2月25日
「救援活動に参加し、あるいは、それを支持している全都の婦人党員および婦人会議会員の皆さんへ」品川地区救援会に参加している婦人党員有志「七〇年活動方針案（救援活動について）の相談会（3月29日）呼びかけ文　3月
「一九七〇年活動方針案（日本社会党東京都本部）救援活動に関する意見書」提案者＝婦人党員、日本婦人会議会員、救援活動者会議　4月
「婦人運動と〝差別〟について」『侵略＝差別と斗うアジア婦人会議討議資料第一集』6月刊
「同化＝差別＝侵略」『〝侵略＝差別と斗うアジア婦人会議〟大会討議資料第二集』8月刊

1971年

「女にとって差別とは何か」侵略＝差別と闘うアジア婦人会議　70年11月4日の討議用、『変革』9号、71年2月刊

3・8国際婦人デー基調報告

「70年代婦人運動のあり方とアジア婦人会議の総括と今後」侵略＝差別と闘うアジア婦人会議大会討議用　3月28日

「男への『同化』でない婦人解放運動の確立のために」『構造』5月号

「（無題）『基地で闘う日本婦人代表団　中国を訪れて』アジア婦人会議、71年7月刊

「私たちはアジア婦人会議に結集することによってなにを目指そうとしたのか」アジア婦人会議8月20・21日忍草忍野温泉合宿基調

1972年

「天の半分をささえる女」『月刊キリスト』4月号

勤労婦人福祉法・優生保護法改悪に反対する集会基調　6月9日

「女にとって搾取とは何か」アジア婦人会議大会討議用、シンポパンフ『〝日本帝国主義の女性支配と女性解放闘争〟シンポジウムへ向けて　討議資料第一集』　8月刊

侵略＝差別と闘うアジア婦人会議シンポジウム基調11月

シンポジウム総括「女性差別以外の差別との関係、ア婦の組織・運動のあり方について」12月刊

「〝戦後婦人解放〟とは何だったか」4月14日執筆、『社会学会誌』13号、明治学院大学社会学会、9月刊

1973年

「影山裕子著『女性の能力開発』についてなぜ問題にするか――影山は女性解放論者か」アジア婦人会議討議用4月25日

育休反対アピール　6月8日

「性の収奪――女の性から見た優生保護法」アジア婦人会議討議資料8月20日提起、『女・エロス』1号、11月刊

「体制内二つの潮流」『優生保護法改悪に反対するしんぶん』（全紙型）10月1日

1974年
「キーセン観光の経済的背景――女の性から見た優生保護法」（ペンネーム・小山睦美）『性侵略を告発する』キーセン観光に反対する女たちの会、4月刊

1975年
「国際婦人年をめぐる経過と問題点」3・8国際婦人デー「どう闘うか国際婦人年」討論集会討議資料
「座談会　アジア侵略と女性解放」北沢洋子・松井やより・福田美代子・中村栄治・飯島愛子『日中』5月号
「敗戦30周年　私たちは何をなすべきか」中島正昭・光岡玄・新里金福・山口幸夫・飯島愛子、司会・針生一郎『日中』10月号
アピール　国際婦人年記念日本婦人問題会議　天皇出席に抗議して　11月5日
「私たちはどこへ向かおうとしているのか」『日本の女は発言する―JAPANESE WOMEN SPEAK OUT 1975』「日本における性差別」白書刊行委員会著、491発行、11月刊
75年アジア婦人会議大会基調　11月23日

1976年
「性差別・天皇・国際連帯――国際婦人年をふりかえって」『新地平』2月号
3・8国際婦人デー「女性解放と天皇制」討論集会へ向けての問題提起
「不況下における婦人労働を考える」討論集会、集会基調　4月11日
「ヤスクニ・女・天皇制を考える集会」パネラー森山重子・小林初枝・小川武満・飯島愛子『婦人新報』（矯風会誌）9月号
「私たちは『天皇在位五十年を祝わない！』」天皇在位五十年祝賀に反対する女たち共同ビラ
「私たちは抗議する――天皇在位五十年祝賀」集会基調　11月9日集会　11月
「私たちは天皇在位五十年を祝わない」集会。天皇在位50周年祝典に反対するアピール、11月9日
「天皇制を視る――侵略の歴史的連続性の中から」『新日本文学』1月号（アジア婦人会議パンフに、**「女・民族・天皇制」**と改題し転載）

1977年
「座談会　天皇と天皇制をいま問題とするとき」呂雲峯・林歳徳・山川暁夫・飯島愛子『アジアの胎動』4号、1月20日刊

1978年　「座談会　男尊女卑を支えるもの——儒教思想」湯浅れい・李文子・飯島愛子『アジアの胎動』5号、6月20日刊

「女性解放運動と社会主義運動」（小山晶子名）『思想の科学』8月号

「アジア婦人会議の『分裂』と現状を70年代女性解放の潮流から見る」『再出発をめざす』アジア婦人会議討論78年10月　パンフ12月刊

1987年　『中尾く〜ん』6月14日発行

1990年　「追放運動をやめて下さい」「久志の人権を見守る会」から奄美大島宇検村住民への手紙、6月

「シマを愛する皆様へ」「久志の人権を見守る会」から奄美大島宇検村住民への手紙、8月

1991年　「シマを想う」奄美大島久志の住民追放運動に反対して久志の人権を見守る会のパンフ『シマを想う』に掲載

「この一年をふり返って」久志の人権を見守る会のパンフ『シマを想う』

1996年　「なぜ『海の日』は7月20日か」「八重山毎日新聞」7月9日論壇

「なぜ『侵略=差別と闘うアジア婦人会議』だったのか」『銃後史ノート戦後篇8　全共闘からリブへ』7月刊

2004年　「国際シンポジウム『ジェンダーと国家』基調講演」6月10日　東京ウィメンズプラザでの講演

付録

侵略＝差別と闘うアジア婦人会議活動年表

１９７０年12月～１９７４年11月（東京周辺）

侵略＝差別と闘うアジア婦人会議活動年表

１９７６年

ここに掲載した1970年から74年までの年表は、75年の基調作成時の討議段階で出されたもの。付録の76－77年は分裂論争時、74年までのものとあわせて侵略＝差別と闘うアジア婦人会議の運動総点検の討議資料として加えられた。筆耕は飯島愛子。

?74.TT

（記載もれ沢山あります
ことに備考欄はメモにすぎません）

備考

69
12/〜　城石斗争

8/30　ア婦に参加しての総括集会（リブ＝田中…）

9/6　侵略戦争阻止婦人集会（婦人解放同盟）
9/24　刘さん 在留許可下りる
10/21　反戦デーリブ独自デモ

11/7　労基法改悪婦人労仂者集会（中核）
11/14　性差別を告発する（亜紀書房主催）

12/8　侵略と差別と斗うおんな集会（リブ）
12/12　リブと斗うおんな集会

女性解放論

11/4　なぜ性の解放か（田中みつ）
女にとっての差別とは（飯島）

婦人労仂問題

12/17　テーマ「仂きがい」について

…参加
…参加

侵略＝差別と闘うアジア婦人会議 活動年表 1970.1～19
（東京周辺）

1970年

1/22 アジア婦人会議大会話合い
1/31 〃

2/10 大会呼びかけ文 作成討論
2/20 〃
2/25 〃

3/17 大会打合せ会

4/17 〃
4/23 4・28デー警備問題で 都知事へ抗議

5/8 大会打合せ

6/5 大会打合せ
6/16 〃 （差別について）
6/14 6・14参加と大会ビラまき1万枚
6/21 6・21 〃 〃 〃
6/30 大会打合せ。

7/14 大会打合せ
7/19 北富士集会参加 バス3台 母の会と交流会

8/4 大会打合せ
8/11, 13, 16 大会基調討論
8/22－23 大会（第1日＝全体会 第2日＝分科会）

9/12 大会総括会議

10/8 三里塚現地集会 参加
10/6 全体会（今後のこと，刘支援総括、女解論討論することときめる）

11/21 全体会（3・8とりくみ 婦人労働、女子教育、入管、公害、討論きめる）

12/23 全体会（訪中者へ要望をいう会）
12/25 訪中団出発
12/8 三里塚現地集会へバス1台。

大会へ向けての討論

4/1 救援活動座談会
4/23 戦後婦人運動座談会

5/14 婦人労働座談会

6/9 婦人労働座談会

7/4 性差別座談会

7/23 刘さん囲む会へ参加（石田 和田 主催）
7/30 刘彩品さんを囲んで 訴えをきく（ア婦）
在留署名運動に参加

9/3 刘さんに在留許可を．婦人連絡会
9/24 〃 緊急会

11/5 刘さん支援総括（ア婦で）

女子差別教育分科会

3/19 女子差別教育＝交流

3/12 女子差別教育＝戦前の歴史

4/22 女子差別教育＝女子高生から

5/27 女子差別教育

入管分科会

4/27 朝鮮人の中の日本
読書会

10/16 沖縄について

備考

3/6 リブと70年代階級斗争（キう女）
3・8へ向けて
3/28 労基学習会（リブ、めだか）

4/18 女の子殺しに連帯するデモ

6/4～ 入管シリーズ第1回
「劉さんに在留許可を、婦人連絡会」→「劉道昌支援」
→「入管体制を知るための会」へ改組。第1回目

7/1 中核派全学連30回大会（女差別問題）

8/21-24 リブ合宿（長野）

12/20 岩本さん労災認定下る

1971年

1/23 訪中団帰国報告会

2/6 全体会（3・8デーについて）
2/8 「仲よしの家」問題で都庁交渉
2/9 3・8デーへ向けて連絡会議 ①
2/23 〃 ②
2/16 三里塚斗争 街頭ビラまきとカンパ
2/19 〃
2/27 〃

3/4 3・8デー連絡会議 ③
3/8 3・8国際婦人デー
3/20 全体会（3・8反省と3・28とりくみ）
3/24 三里塚とりくみ相談
3/28 アジア婦人会議討論集会（ア婦の総括と展望）

4/17 全体会

5/31 沖縄＝全軍労平安常次氏の話

7/17 全体会（合宿へむけて）
7/21 三里塚街頭カンパ
7/25 北富士集会へ参加

8/20－21 合宿（

9月 ア婦として差入れ開始
9/15 三里塚街頭ビラ
9/16 空港公団へ抗議に行く
9/17 三里塚連帯婦人デモ（水谷橋～）
9/18 三里塚ビラまき
〃 全体会

10/9 9・17ビラについて
10/18 全体会（9・17ビラについて）
10/23 〃（〃）
10/21 空港公団へ抗議、ビラまき

11/6 沖縄討論
11/12 全体会（9・17ビラ、沖縄斗争）
11/14 沖縄＝婦人デモ（婦民主催）参加

12/8 全体会（世話人改選）

女性解放論

1/28 所美津子論

中国革命の思想 読書会

5/1 中国革命の思想読書会 ①
5/24 〃 ②
6/7 〃 ③
6/24 〃 ④
7/13 〃 ⑤
7/27 〃 ⑥
8/3 〃 ⑦
8/28 〃 ⑧
9/9 〃 ⑨
9/23 〃 ⑩

婦人労働分科会

2/2 婦人労働＝労基法と母性保ゴ
2/18 〃 〃

3/9 婦人労働＝労基法と職業病

4/20 泉州労働者を囲んで

5/18 婦人労働＝A社の組織拡大

9/2 婦人労働
9/30 婦人労働＝婦人部活動

10/7 婦人労働＝女の賃金
10/12 〃 〃
10/28 女の賃金からみた家事労働
10/30 ソニー，岩本問題
10/28 岩本さんを守る共斗会議参
11/1 〃 共斗ビラまき
11/13 婦人労働＝婦人部活動について
11/16 岩本さんを囲んで
11/25 岩本さんについて
11/27 岩本さんビラまき（駅頭）
11/30 〃 〃

12/2, 9, 10, 16, 23
岩本さんビラまき（駅頭）
12/20 共斗会議参加

入管分科会	部落分科会	女子差別教育分科会	保育分科会
3/3 入管（徐勝問題）	3/5 狭山裁判について	2/17 女子教育（中教審答申）	2/27 保育の会
3/14 アリランの歌 読書会 ①	3/11 狭山 〃	3/17 〃	3/19 〃
			3/26 〃
4/4 〃 ②	4/7 部落問題（結婚）	4/14	4/2 保育の会 三里塚見学
4/25 〃 ③			4/23 保育の会
5/4 〃 ④	5/20 部落問題	5/18 女子教育	
6/19 〃 ⑤			
6/27 〃 ⑥			
	7/13 部落問題	7/4 女子教育	7/15–16 保育の会 合宿
			7/30 保育の会（長時間保育）

備考

- 3/ 青年出版Iさん 解雇
- 2/ 反安保労研
- 3/4 中核、国際婦人デー
- 3/8 フロント 〃
- 3/8 リブ「女がひとりで生きるため」デモ
- 4月 蓮見さんのことを考える女性の会 発足
- 4/30 リブ大会前夜祭
- 4/ 田中さん（加藤製作）、新井さん（東芝レイオバック） 解雇
- 5/5–7 リブ大会 分科会＝働くこと 子もち女、蓮見さん、重赤、
- 7/ 岡久和子さん逮捕 救対連絡会発足

「婦人部活動」	「女子差別教育」	「老人」	「保育」	「入管」	「沖縄」	「部落」	「女の意識 男の意識」
9/26 〜	8/17 〜	8/16 〜	8/20 〜	9/9 〜	8/29 〜	8/31 〜	9/27 〜

- 9/ リブ・センター発足
- 11/ 千代田計算センター 若尾さん解雇
- 12/8 パールハーバーを忘れない女反戦デモ（リブ）

1972年

1/19 全体会（財政、「速報」を「会報」に改める
　　　徐勝君、狭山とりくめの提起あり）
2/14 全体会（3・8デー、ソニー岩本さんについて）

3/8 国際婦人デー
3/13 全体会（シンポジウム提案）
　　　3/19 立川反基地集会参加
3/23 シンポ準備討論

4/6 シンポ準備
4/10 全体会（自己批判ということ）
4/15 シンポ準備（呼びかけ文討論）
4/25 沖縄―新崎盛暉氏の話

5/2 シンポ準備（呼びかけ文討論）
5/8 全体会（沖縄返かんについて）
5/15 沖縄返かんに抗議する婦人デモ
5/19 シンポ準備（呼びかけ文討論）
5/25 〃（〃）

6/15 沖縄―由井さんの話
　　　（復帰を迎えた沖縄の女たち）
6/20 全体会（シンポについて）

7/18 シンポジウム実行委員会①

シンポにむけての討論
- 7/22 女にとって搾取とは
- 7/26 戦後婦人運動について

8/21 全体会
- 8/3 婦人関係法
- 8/10 日英の婦人政策

9/12 シンポジウム実行委員会②
- 9/8 戦前・戦後の婦人運動について
- 9/19 婦人政策の推移

10/3 シンポジウム実行委員会③
10/24 〃 ④
- 10/10 戦後婦人運動をどうみるか

11/3―4 シンポジウム
　　　第1日目 全体会、第2日目 分科会
11/21 参加者感想会

12/12 全体会（シンポ総括）
12/23 府中療育センター斗争支援 街頭カンパ行動

整風文献学習会

1/7 整風文献学習会 ①
1/27 〃 ②
2/16 〃 ③
3/2 ④
3/16 ⑤
3/30 ⑥
3/31 運営について討論
4/20 整風文献学習会 ⑦
5/11 〃 ⑧

婦人労働分科会

3/2 岩本支援婦人集会
　　　ア婦主催
3/3 職業病討論集会
3/28 勤労婦人福祉法
　　　について ①
4/11 〃 ②
5/9 〃 ③
5/22 婦人関係法勉強会

優生保ゴ法分科会

6/5 優生保ゴ法討論
6/8 優生保ゴ法反対声明
　　　斉藤厚相に手交

6/9 勤労婦人福祉法、優生保ゴ法改悪に
　　　反対する婦人集会

シンポジウム分科会に向けての討論

「優生保ゴ法」
〜

8/1 「婦人労働」
- 「育児休職」 9/23 〜
- 「職業病」 9/13 〜
- 「職域拡大」 9/25 〜
- 「 」

12/7 青い芝の会
　　　と話し合い

分科会	育休分科会	入管分科会	沖縄分科会	備考
育の会	2/17 育児休職分科会			2/1 K子さんの会 発足（働く母・未婚の母 差別裁判に抗議する会）
育の会	3/21 分科会	3/27 アリランの歌 読書会 3/31 朝鮮独立血史 読書会	3/22 沖縄分科会	3/26 怪一ちゃん…の会 発足
育の会 4/22 保育労働者交流会発足	4/18 分科会		4/26 沖縄分科会	
育の会（保母の労働条件）	5/9 6・8の実行委員会	5/5 出入国法勉強会		5/12 エブリン・リード講演会
育の会（会の今後）	6/8 育休討論集会（実行委）80人 6/19 分科会			6/9 入管体制を知るための会 入管法反対デモ
	7/18 育休連絡会議発足		7/16 沖縄分科会	
育の会（出産と保育）	8/21 分科会		8/17 沖縄分科会	8/23−27 リブ合宿（式根島）
育の会 9/30 長時間保育に反対する会発足	9/10 分科会			9/13 三菱石油 柴崎, 六斗会議・発足
育の会	10/8 分科会 10/30 討論集会			
育の会	11/20 育休連絡会議			11/17〜18 女性解放集会（4センター）
育の会（共同保育について） 12/16 長時間保育に反対する会—都児童委員 岡田氏に答申をきく。	12/21 育休連絡会議 都内婦人部大会の報告			12/8 家庭科教育の検討（婦選主催） ↓ 家庭科の男女共修をすすめる会 発足 12/21 キーセン観光に反対する女たちの会 発足 12/29 三省堂社長、嶋田さんらに謝罪（74、2より復職） 12/8 物価・キーセンでデモ（リブ・婦民）

1973年

1/21 シンポジウム司会者，世話人合同会議
1/25 全体会（シンポ．優生保ゴ法について）

2/15 世話人と入管分科会の話し合い
2/ 世話人と部落分科会の話し合い
2/22 全体会

3/8 3・8国際婦人デー
3/13 全体会（組織問題）
3/24-25 蔑視に働く婦人の中央集会へビラ
優．育休．K子さん．径ちゃん 等のビラ

4/10 4・10三法案反対集会とデモ（水谷公園）
4/17 4・10の反省会
4/25 全体会（部落問題）

5/

6/20 全体会（世話人改選．新聞発行について）

7/25 全体会（優生保ゴ法斗争 中間総括）

8/

9/25 全体会

10/24 都職労婦人部大会へビラ入れ
優生保ゴ法．育休反対のビラ
10/29 韓国の最近の情況をきく 山本剛士氏

11/12～ キーセン観光反対のビラまき
11/15 全体会（キーセン観光について）

12/6 キーセン観光反対の相談
12/15 〃 ビラまき
12/22 〃 ビラまき
12/14 全体会（今後のあり方，戸村選挙のこと）
12/21 キーセン観光反対の相談 →「キーセン観光に反対する女たちの会」つくる
12/25 「女たちの会」で羽田ビラまき

職業病学習会

3/15 職業病学習会
3/29 〃
5/8 職業病学習会

女子差別教育分科会

7/9 女子差別教育
再開
8/2 女子差別教育

優生保ゴ法分科会

1/7 優生保ゴ法分科会
1/17 〃
2/8 〃
2/24～ 毎週土曜
駅頭ビラ，カンパ
3/20 改悪反対．国会行動（婦民と）
3/26 〃 （独自）
3/26 屋外集会とデモ（ア婦，婦民，赤い6月，斗う女）
3/29 討論集会
4/5 分科会
4/19 国会行動
5/20 討論集会（阻止実）
5/12，15，21
厚生省座りこみ（阻止実）
6/16 分科会
6/30～7/1
全国集会（阻止実）
7/20 分科会
7/31 集会とデモ（阻止実）
9/10 分科会
9/26 デモ（阻止実）
12/17 分科会

保育分

2/4 保育
3/21 保育の
4/1 保育
4/2
5/13 保育
6/17 保育
7/
7
8/19 保育
9/15 保育
9/
10/14 保育
11/18 保育
12/16 保育
/
/

…に反対する女たちの会

…へ抗議

…F

…集会

…集会反省会

…た

…た 日本にもある
「キーセンハウス」デモ、抗議

…旅行社抗議行動

…の会、いかに斗うか
討論集会

…パンフ

…夫のキーセン旅行」について
相談

毎日新聞社と団交

…・サンケイの
…特集に抗議する デモ

…ード来日阻止行動参加

4・10から

4/10 4・10集会

4/22 4・10の反省会

5/29 4・10実行委

6/26 〃
（職業病と労基法）

7/10 〃
（職業病と労基法）

9/21−23 全労交
第2日 婦人交流会

11/30 雇用保険法 労基法改悪反対
婦人集会

備考

1/31 西山・蓮見判決

3/26 K子さん最高裁却下

5/5〜 ベビーカー問題 デパート、消防庁 団交（こむうね）

5/4 婦民「女解の視点をさぐる」集会

5/7 沖電、島添さんカイコ

5/11 刑法改悪反対婦人会議発足

6/29 戸村氏に連帯する婦人集会

7/27 アジア青年集会婦人分科会

1/12〜 女解講座（統一）（インター）

9/1 子をなくした親の会（準） 保育園等で

11/23 保育シンポジウム

1974年

1/29 全体会（キーセン観光、3・8）

2/7 3・9集会の相談
2/12 4・10 〃 〃
2/25 〃 〃
2/15 戸村一作氏にきく
2/27 全体会（3・9、4・10のこと）

3/9 国際婦人デー「キーセン観光に反対する集会」
主催 実行委
3/15 4・10実行委
3/27 全体会

4/9 全金本山婦人労働者を囲んで
4・10実行委
4/10 4・10「私たちの春斗をかちとろう
婦人労働者集会」
4/22 4・10の反省と今後

5/8 全体会（内ゲバについて）
5/11-12 働く婦人中央集会へビラまき
（優、4・10アピール）

6/21 全体会（内ゲバについて）

7/9 全体会（内ゲバについて
今後のあり方等）
〈事務担当者交代〉
7/19 松岡洋子さん中国帰国報告

8/29 全体会（ア婦総括①）

9/27 全体会（ 〃 ②）
9/ 中国婦人歓迎実行委
10/29 全体会（ 〃 ③）
10/10 三里塚現地集会へ参加

11/13 三里塚、農振法等、話しあい
11/26 全体会（ア婦総括④）

優生保ゴ法分科会

1/21 優生保ゴ法分科会

2/2 2/2 実行委

3/2 実行委 成長の家デモ
3/24 〃 集会と行

4/23 社労委へ行動、街頭ビラまき

5/9 社労委 傍聴
5/12 実行委 デモ

5/16-28 社労委傍聴

7/15 分科会（社労委後は）

8/9 分科会（人口問題から）

9/20 分科会（人口会議から）

10/14 分科会（母子保険法から）

育休分科会

3/4 育休連絡会
3/19 育休分科会

キーセン観光

1/30 JATA、

3/6 ビラまき
3/9 3・9集

4/16 3・9集
4/25 打合せ
4/27 「つぶせ

6/ 読売旅
6/19 女たちの

7/31 合評会

8/12 婦人公論
8/14、19、28 も

10/12 毎日・日
韓

11/17-19 フォー

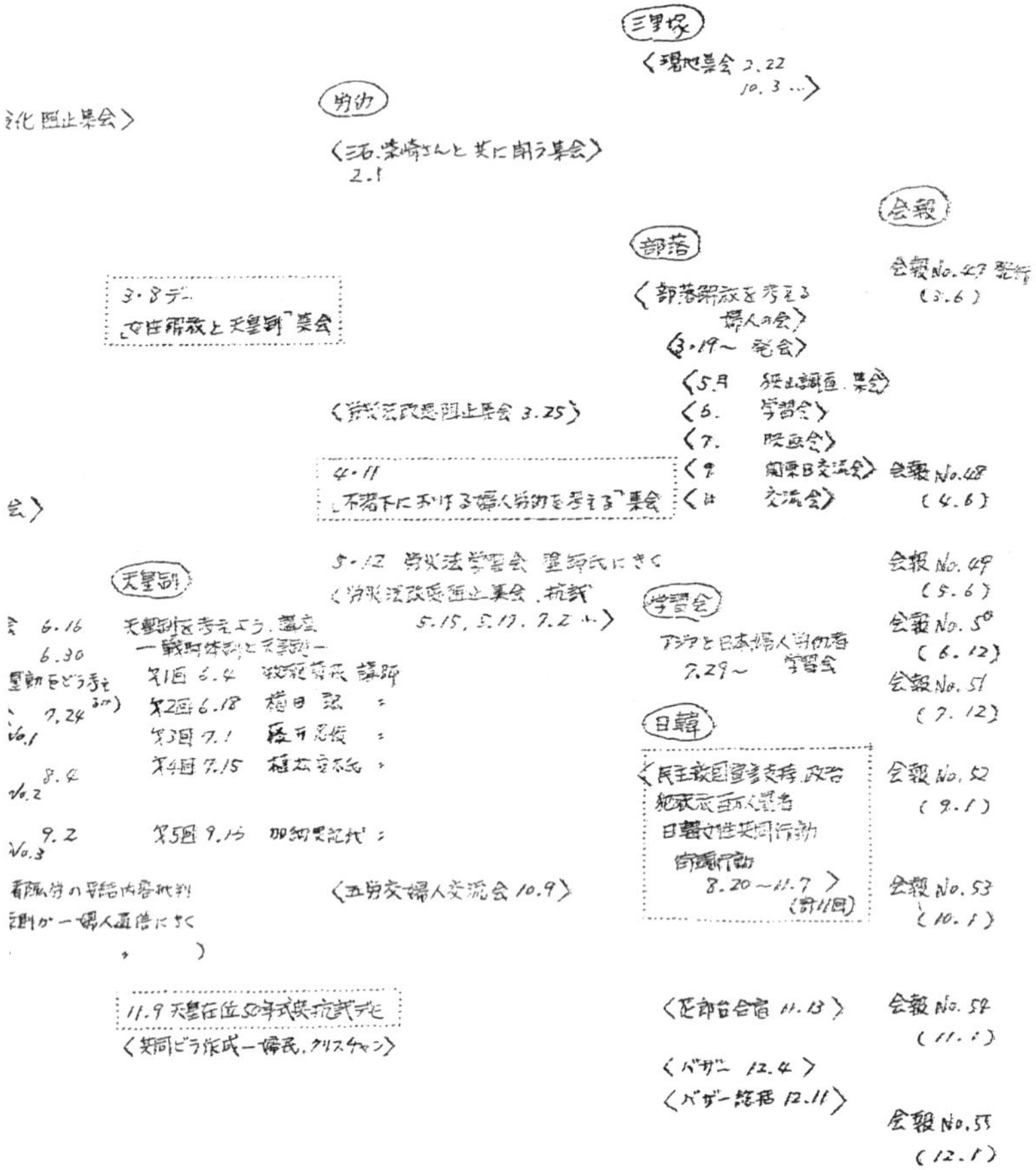

三里塚
〈現地集会 2.22 10.3…〉
労働
〈三石・柴崎さんと共に闘う集会 2.1〉
化阻止集会〉
会報
部落
会報No.47 発行 (3.6)
3・8デー「女性解放と天皇制」集会
〈部落解放を考える婦人の会〉
〈3・19〜 発会〉
〈5月 実態調査・集会〉
〈6. 学習会〉
〈7. 映画会〉
〈9 関東B交流会〉
〈11 交流会〉
〈労基法改悪阻止集会 3.25〉
4・11「不況下における婦人労働を考える」集会
会報No.48 (4.6)
会〉
5・12 労基法学習会 塩沢氏にきく
〈労基法改悪阻止集会・抗議 5.15、5.17、7.2…〉
会報No.49 (5.6)
天皇制
6.16 天皇制を考えよう・講座 ―戦時体制と天皇制―
6.30
第1回 6.4 講師
第2回 6.18 =
第3回 7.1 =
第4回 7.15 =
7.24
8.4
第5回 9.15 =
9.2
学習会
アジアと日本婦人労働者 7.29〜 学習会
会報No.50 (6.12)
会報No.51 (7.12)
日韓
〈民主救国宣言支持・政治犯釈放署名 日韓女性共同行動 街頭行動 8.20〜11.7〉(計11回)
会報No.52 (9.1)
〈五労交婦人交流会 10.9〉
会報No.53 (10.1)
11.9 天皇在位50年式典抗議デモ
〈共同ビラ作成―婦民、クリスチャン〉
〈花郎台会館 11.13〉
会報No.54 (11.1)
〈バザー 12.4〉
〈バザー総括 12.11〉
会報No.55 (12.1)

(イ) 付録

1976年

(全体会)

1月全体会
1.5 '75大会総括
(松岡発言 ―「大会以後の報告」P.3)

2月全体会
2.10 大会基調についてシリーズNo.1 松岡より
(松岡提起)
(2.10全体会報告 ― 会報No.47)
(茂木・富田「松岡さんへの反論」― 会報No.48)
2.19 大会基調についてシリーズNo.2 飯島より
差別と階級について

3月全体会
3.18 大会基調について シリーズNo.3 大久保より
ゆきつづけるについて
3.25 再び松岡さんからの提起
(大会基調反論「我々も加害者論、価値転換
では体制変革につながらない」― 会報No.49)

4月全体会
4.28 4.11集会総括, 労災法相談

5月全体会 5.24交流, 育休について

6月全体会
6.24 加地さん 東南アジアの話
訪中報告をきく

8月全体会
8.30 日韓共同行動について相談

10月全体会
10.21 天皇在位50年式典抗議について

11月全体会
11.19 大石さん 中国帰国報告

(集会託児)
集会託児パンフ発行

2.21, 3.5
3.8デーについて相談

3.22, 3.29
4.11集会について相談

集会託児交流会 5.9

(訪中)
〈婦人の第1次訪中〉
12.10〜12.24

(矛盾論学習会)
矛盾論学習会グループ発足
2.28〜

(北部地区会議)
北部地区会員会議発足
3.11〜

北部会議と
久米との交流会 9.4

(育休)
〈2.18
育休集会

〈5.26 集会

育休討論会
〃
(育休反対運
育休学習会
〃
〃
〃

(No.1 東京都と
No.2 なぜ四歴
No.3 〃

について 4.5
会 8.18
問題
深ご
.7
.5
地区 家
～ 5月より～
1回
準備

天皇制
パンフ
発行相談
次の企画
相談
1.22
～
2.11
天皇制
パンフ発行

日韓
〈1.14
共同ビラまき〉
〈1.19
日韓友好の
つどい〉
〈2.15
日韓武運
抗議デモ〉
〈3.1
3.1をどう
受けとめるか〉
〈3月
日韓女性文集
を発行〉

労働
〈1.9
2.16
労災集会〉
〈3.9
労働省
3.11
労基局
行動〉
〈3.25
労災集会〉
〈9.21
六労交
婦人交流
会〉
アジアと日本
婦人労働者
学習会
7.8
7.29
9.29
5月まで
学習会
相談
（今後の
行動
について）

訪中
1.20
第2次訪
相談
4.12
訪中希望者
の会
7.15
訪中者の
会
〈1.29
婦人の翼 報告会〉
〈6.20
7.7
日中友好と交流
をめざして、集会〉
〈9.18
日中平和友好条約
締結促進婦人集会〉
〈婦人の翼 パンフ発行〉
5月
7月、訪中パンフ発行
第2次訪中
9.20～10.4

部落
〈2月 交流
3月 広島
婦人集会
5月 狭山、集会
6月 交流
8月 厚生省交渉
同和婦人
集会
10月 狭山集会
11月 活動交
会代〉

三里塚
〈現地と東京
集会〉
〈2.6
3.27
4.9 T.
4.17
5.8
5.15 T.
5.29
6.19 T.
7.26
8.12 チビ
動員
10.5 T.
10.9
〉駅前ビラ
情報発行
5.15 援農相談
5.21 から援農
（毎月、土日に
可能なかぎり
つづける）
7.21 援農反省会
10.25 〃
12.11－13
12.16
（取香の土地の作
すきや掘
すわりこみとビラまき）

会報
会報 No.56
（1.25）
会報 No.57
（3.1）
会報 No.58
（5.23）
会報 No.59
（7.3）
会報 No.60
（10.1）

1978年2月全体会（2.5）
運―「一つの組織内で共に運動することは不可能である
横田―「女性論学習グループと運営委員会の路線のちがいをめぐって 12.22 横田幸子」
宇都―「今、みんなが自分にとってアジア婦人会議とは何かを出すことが必要なのではないか どうでしょう 宇都」
女―「11.12 全体会まとめ 11.17 女性論学習会」
女―「運営委の私たちは何と闘い、誰と連帯するのかに答える 11.12 女性論学習会」
女―「10.12 全体会の疑問に答える」女性論学習会」
中山」

1977年

（全体会）

2月全体会（2.11）

(学)—「矛盾論学習会からの提起 2.11」

2.11全体会討論のまとめ

〃　　対立点の整理

〃　　報告（会報No.57）—

(学)—「私たちはこれ迄に何を学び、今後何を目指すのか」（会報No.57）

4月全体会（4.8）

(運)—「4.8全体会へ、運営委員会からの提起 4.8」

松岡—「運営委員会について 松岡洋子」

（これは4.8に配布、のち「会員のみなさんへ 5.21」として郵送）

(学)—「運営委について話し合う前に—矛盾論学習会よりの提起つづき、3月」

（これは上記「会員のみなさんへ」と一緒に郵送）

4.8全体会報告 4.29—運営委員会

7月全体会（7.2）

(運)—「組織問題について—運営委員会 7.2」

(運)—「1970年代女性解放闘争に向けて 運営委 7.2」

（情勢を知るための講座の提起）

7.2全体会報告—運営委員会

7月全体会（7.30）

(学)—「いま侵略＝差別と闘うとは—70年以降の変化と婦人解放運動の方向をとらえよう

（情勢を知るための提起）　矛盾論学習会」

(学)—「組織のあり方について—矛盾論学習会よりの提言 7.30」

(学)—「7.2全体会報告の事実と問題点について—矛盾論学習会より 7.30」

7.30全体会報告—組織問題について—運営委員会

(学)—「私たちをとりまく世界情勢を正しくつかもう—運動の方向を見定める為に」（会報No.59）

(学)—「　〃　その二　〃　その三」（〃No.60）

(学)—「北方領土をとりもどそう、座談会—矛盾論学習会 批判」（〃No.62）

10月全体会（10.12）

(運)—「『北方領土を取り戻そう』の座談撤回、雑誌発表時態度について 10.12 運営委員会」

北部地区会員会議—「私たちは中山さんの運営委立候補に反対する 10.12」

(学)—「全体会の確認について 10.12 矛盾論学習会」

11月全体会（11.17）

(運)—「私たちは何と闘い、誰と連帯するのか—矛盾論学習会の『世界情勢……』について— 11.17 運営委員会」

(学)—「『北方領土をとり戻そう』に対する運営委員会の反論について 矛盾論学習会」

中山—「婦人解放の前進のために共に進もう—北部地区会議の運営委立候補に反対するに応えて— 11.17」

名古屋メンバー—「11.18記 侵略＝差別と闘うアジア婦人会議名古屋メンバー」

（矛盾論学習会）

（北部地区会議）

岸崎さん支援

うちの運動再

Kさん残業拒

同上

全電労連、母性

差別賃金につ

（南部会）

5.16

6月

11月

〈侵略＝差別〉の彼方へ
あるフェミニストの半生

2006年6月10日　第1刷発行

著　者　飯島愛子
発行人　深田　卓
装幀者　田中　実
発　行　㈱インパクト出版会
東京都文京区本郷2-5-11　服部ビル
Tel03-3818-7576　Fax03-3818-8676
E-mail：impact@jca.apc.org　http://www.jca.apc.org/~impact/
郵便振替　00110-9-83148

モリモト印刷

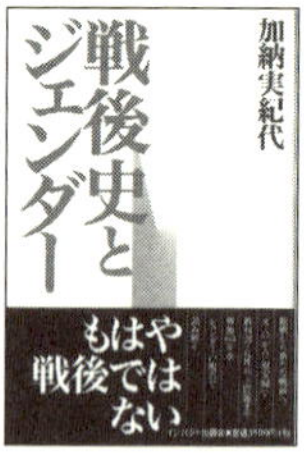

戦後史とジェンダー

加納実紀代著　四六判上製460頁　3500円+税　05年8月発行
ISBN 4-7554-0155-0 装幀・田中実

もはや戦後ではない。敗戦から新たな戦前へ。8・15から「慰安婦」・教科書・女性兵士問題まで、戦後60年をジェンダーの視点で読み解いた戦後女性史の決定版。1章　女たちの8月15日　2章〈独立〉から高度成長へ　3章　戦前化する戦後　4章〈銃後の女〉から〈前線の女〉へ　5章「慰安婦」と教科書問題をめぐって

天皇制とジェンダー

加納実紀代著　四六判上製315頁　2000円+税　02年4月発行
ISBN 4-7554-0119-4 装幀・藤原邦久

母性天皇制から女帝問題まで、フェミニズムからの天皇制論。第1章　民衆意識の中の天皇制
第2章　母性と天皇制　第3章　女帝論争・今昔
第4章「平成」への発言

まだ「フェミニズム」がなかったころ

加納実紀代著　四六判上製324頁　2330円+税　94年8月発行
ISBN 4-7554-0038-4 装幀・貝原浩

リブで幕を開けた70年代は、女たちにとってどんな時代だったのか。働くこと、子育て、母性、男社会を問うなかから、90年代の女の生き方を探る。銃後史研究の第一人者が、みずみずしい文体で若者たちに贈る1970年代論。

女たちの〈銃後〉 増補新版

加納実紀代著　四六判上製382頁　2500円+税　95年8月発行
ISBN 4-7554-0050-3 装幀・貝原浩

女たちは戦争の主体だった！　三原山の自殺ブームで幕を開けた1930年代からエロ・グロ・ナンセンス、阿部定、そして国防婦人会・大日本婦人会へ。一五年戦争下の女性を描く女性史の決定版。筑摩書房版に大幅に増補した決定版。跋文・森崎和江。

リブという〈革命〉

加納実紀代責任編集　A5判並製320頁　2800円＋税　03年12月発行
ISBN 4-7554-0133-x　装幀・貝原浩

文学史を読みかえる・第7巻
上野千鶴子・加納実紀代「フェミニズムと暴力―〈田中美津〉と〈永田洋子〉のあいだ」、水田宗子「フェミニズム文学の前衛」、江刺昭子、阿木津英、河野信子、川田文子、川村湊、長谷川啓、種田和加子、秋山洋子、羽矢みずき、浜野佐知、千田有紀、他

リブ私史ノート　女たちの時代から

秋山洋子著　四六判並製310頁　1942円＋税　93年1月発行
ISBN 4-7554-0030-9　装幀・ローテ・リニエ
「肉声のウーマンリブ史が遂に出た、ってかんじです」 ── 田中美津。かつてあれほど中傷、偏見、嘲笑を受け、しかも痛快で、生き生きとした女の運動があっただろうか。あの時代、ことばはいのちを持っていた！「ウルフの会」の一員としてリブの時代を駆け抜けた一女性の同時代史。「ウルフの会」の資料多数収載。

女に向かって　中国女性学をひらく

李小江著　秋山洋子訳　四六判上製268頁　2000円＋税　00年5月発行
ISBN 4-7554-0099-6　装幀・田邊恵理香
国家に与せず自らの生活実感を基盤に「女に向かう」ことを提唱し続ける現代中国女性学の開拓者・李小江の同時代史。「まだ自前のフェミニズムを十全に展開させ得ていないうえに、そこそこに体制化し弱体化が危惧される日本のフェミニズムにとって本書から学ぶべき点は多い」(『Fifty : Fifty』中島美幸)

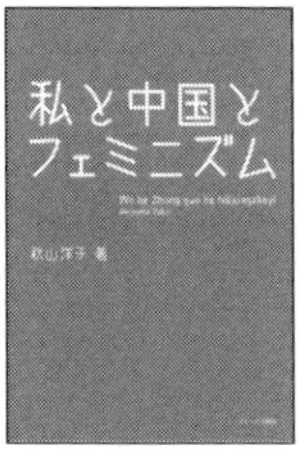

私と中国とフェミニズム

秋山洋子著　上製321頁　2400円＋税　04年11月発行
ISBN 4-7554-0141-0　装幀・田邊恵里香
社会主義は女たちに何をもたらし何をうばったか。丁玲、蕭紅ほか革命の時代を生きた作家たちや新世代による文学、映画などにみる女性の表象、李小江ら女性学研究者たちの試みを通じて、中国女性の自由と解放への模索を、筆致豊かに描きだす。

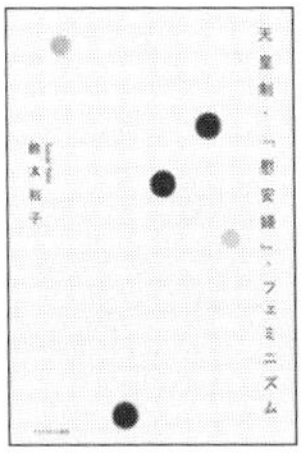

天皇制・「慰安婦」・フェミニズム

鈴木裕子著　四六判上製286頁　2000円＋税　02年9月発行
ISBN 4-7554-0124-0 装幀・田邊恵里香

女性天皇で男女平等ってホント!?　隠されていた天皇・天皇制の罪を「慰安婦」問題を問う視点からいまここに炙り出す。第１章　女帝論とフェミニズム／第２章「慰安婦」問題と天皇制／第３章 「慰安婦」問題の十年／第４章　女性国際戦犯法廷／終章 「女性」の視点からいまを問う

声を刻む　在日無年金訴訟をめぐる人々

中村一成著　四六判並製231頁　2000円＋税　05年6月
ISBN 4-7554-0153-4 装幀・田中実

国籍を理由に、年金制度から排除される在日一世のハルモニたち。人生の晩年を迎えて今、国を相手に訴訟に立ち上がった彼女たちが、それぞれのライフストーリーを語る。彼女たちによって生きられた現実、それは、この国の近現代史の紛れもない一部である。いったいいつまでこの国は、排外の歴史を続けるのか。

銃後史ノート 戦後篇 全8巻

女たちの現在を問う会編　1500円〜3000円+税

①朝鮮戦争 逆コースの女たち
②〈日本独立〉と女たち
③55年体制成立と女たち
④もはや戦後ではない？
⑤女たちの60年安保
⑥高度成長の時代・女たちは
⑦ベトナム戦争の時代・女たちは
⑧全共闘からリブへ

侵略＝差別と闘うアジア婦人会議資料集成

編集　侵略＝差別と闘うアジア婦人会議
資料編刊行会
定価38000円＋税（3分冊分売不可）
Ｂ５判　総ページ数＝1142ページ
３冊セット箱入り
解説・森川侑子
現在のリブ・フェミニズム運動史研究に不可欠の「侵略＝差別と闘うアジア婦人会議」のパンフレット全20点を完璧に復刻刊行！

第１分冊
「侵略＝差別と斗うアジア婦人会議」討議資料第一集［1970年6月発行］
「侵略＝差別と斗うアジア婦人会議」討議資料第二集［1970年8月発行］
「侵略＝差別と斗うアジア婦人会議」大会報告と総括［1970年10月発行］
討議資料　第三集　婦人労働について［1971年8月発行］
討議資料　第四集　女子差別教育［1971年8月発行］
基地で闘う日本婦人代表団　中国を訪れて［1971年7月発行］

第２分冊
「日本帝国主義の女性支配と女性解放闘争」シンポジウムへ向けて　討議資料第一集［1972年８月発行］
　同　討議資料第二集［1972年９月発行］
　同　討議資料第三集［1972年10月発行］
　同　討議資料第四集［1972年11月発行］
女の解放・子どもの解放—保育問題を考える［1972年10月発行］
「日本帝国主義の女性支配と女性解放闘争」シンポジウム報告集［1973年５月発行］

第３分冊
優生保護法改悪を阻止するために　資料集その一［1972年６月発行］
「優生保護法」改悪を阻止するために　資料集その二［1972年７月発行］
「優生保護法」改悪を阻止するために　資料集その三［1973年５月発行］
優生保護法改悪阻止闘争の中で［1974年１月発行］
合理化攻撃・女性差別を拡大する育児休業制度を粉砕しよう！［1975年９月発行］
女が天皇制にたちむかうとき［1977年２月発行］
1975年アジア婦人会議大会基調　戦後婦人運動の総括と展望［1975年11月発行］
再出発をめざす　矛盾論学習会グループとの対立を経て［1978年12月発行］
付録　侵略＝差別と闘うアジア婦人会議活動年表